8 Z 385

Paris
S.D.

Schiller, Frederich von

Correspondance

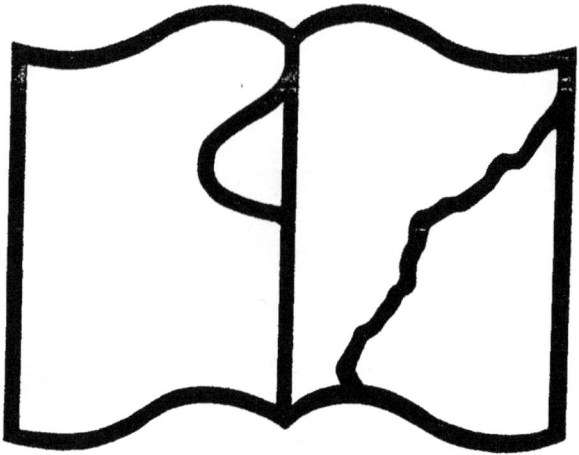

Symbole applicable
pour tout, ou partie
des documents microfilmés

Texte détérioré — reliure défectueuse

NF Z 43-120-11

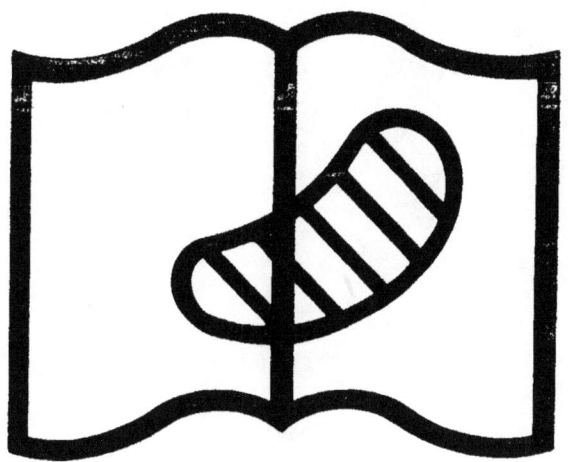

**Symbole applicable
pour tout, ou partie
des documents microfilmés**

Original illisible

NF Z 43-120-10

1. BOULANGER

CORRESPONDANCE
CHOISIE
DE GŒTHE ET SCHILLER

TRADUCTION FRANÇAISE
AVEC INTRODUCTION ET NOTES

PAR M. J. GÉRARD

PARIS
IMPRIMERIE ET LIBRAIRIE CLASSIQUES
DE J. DELALAIN et FILS

CORRESPONDANCE
DE GŒTHE ET SCHILLER
TRADUCTION FRANÇAISE.

Nouvelle Collection de Classiques allemands, éditions économiques, sans notes explicatives, précédées de notices littéraires et historiques par *H. Grimm*; format in-18.

Chamisso (Adelbert de). Pierre Schlemilh, édition avec notice littéraire par *H. Grimm*; in-18.

Gœthe. Hermann et Dorothée, édition avec notice littéraire par *H. Grimm*; in-18.

Gœthe. Iphigénie en Tauride, édition avec notice littéraire par *H. Grimm*; in-18.

Gœthe. Le Tasse, édition avec notice littéraire par *H. Grimm*; in-18.

Herder. Le Cid, poëme, édition avec notice littéraire par *H. Grimm*; in-18.

Herder et *Liebeskind*. Les Feuilles de Palmier, première partie, édition avec notice littéraire par *H. Grimm*; 1 vol. in-18.

Lessing. La Dramaturgie, articles choisis de critique sur l'art dramatique édition avec notice littéraire par *H. Grimm*; in-18.

Lessing. Laocoon, suivi d'un choix de Lettres Archéologiques, édition avec notice littéraire par *H. Grimm*; 1 vol. in-18.

Lessing. Lettres choisies sur la littérature moderne, édition avec notice littéraire par *H. Grimm*; 1 vol. in-18.

Lessing. Minna de Barnhelm, édition avec notice littéraire par *H. Grimm*; in-18.

Schiller. Histoire de la Guerre de Trente ans, premier et deuxième livres, édition avec notice littéraire par *H. Grimm*; in-18.

Schiller. Guillaume Tell, édition avec notice littéraire par *H. Grimm*; in-18.

Schiller. Jeanne d'Arc, édition avec notice littéraire par *H. Grimm*; in-18.

Schiller. La Fiancée de Messine, édition avec notice littéraire par *H. Grimm*; in-18.

Schiller. Le Neveu et l'Oncle, édition avec notice littéraire par *H. Grimm*; 1 vol. in-18.

Schiller. Marie Stuart, édition avec notice littéraire par *H. Grimm*; in-18.

Schiller. Révolte des Pays-Bas, premier et deuxième livres, édition avec notice littéraire par *H. Grimm*; 1 vol. in-18.

Schmid (Chanoine). Fridolin et Dietrich, édition avec notice littéraire par *H. Grimm*; 1 vol. in-18.

Schmid (Chanoine). Henri d'Eichenfels, édition avec notice littéraire par *H. Grimm*; in-18.

Recueil de Lettres extraites des meilleurs écrivains allemands, accompagné de notices, de remarques et de notes, par *M. E. Hallberg*, professeur de littérature étrangère à la faculté des lettres de Dijon; 1 vol. in-12.

CORRESPONDANCE

CHOISIE

DE GŒTHE ET SCHILLER

TRADUCTION FRANÇAISE

AVEC INTRODUCTION ET NOTES

Par M. J. GÉRARD

PROFESSEUR A LA FACULTÉ DES LETTRES
DE CLERMONT-FERRAND.

PARIS.
IMPRIMERIE ET LIBRAIRIE CLASSIQUES
De J. DELALAIN et FILS
RUE DES ÉCOLES, VIS-A-VIS DE LA SORBONNE.

Toute contrefaçon sera poursuivie conformément aux lois; tous les exemplaires sont revêtus de notre griffe.

1877.

INTRODUCTION.

« Il y a peu de plus nobles spectacles que l'amitié de deux grands hommes, et l'histoire de la littérature ne présente rien de comparable à l'amitié de Gœthe et de Schiller. L'amitié de Montaigne et de la Boëtie a été peut-être plus passionnée et plus complète ; mais c'était l'union de deux natures sœurs, qui, dès le premier moment, découvrirent leur affinité, non l'union de deux rivaux sans cesse mis en opposition par leurs partisans, et naturellement disposés à s'éloigner l'un de l'autre. Oui, Gœthe et Schiller ont été des rivaux, et ils le sont encore aujourd'hui ; à bien des points de vue, il y avait entre leurs deux natures un antagonisme direct. Chefs de deux camps opposés, s'ils se sont rapprochés dans une union fraternelle, c'est par l'effet de ce qu'il y avait de plus élevé dans leurs natures et leurs tendances. »

Ainsi parle M. Lewes dans le remarquable ouvrage qu'il a consacré à l'étude de la vie et des ouvrages de Gœthe[1]. On ne peut exprimer plus heureusement les caractères qui font de la correspondance de nos deux grands hommes un monument à part dans l'histoire littéraire de l'humanité. Il ne s'agit pas seulement, en effet, de l'association toujours féconde et instructive de deux grands esprits qui, naturellement engagés dans la même voie, se soutiennent de leurs conseils, de leurs encouragements, au besoin de leurs critiques. Ce n'est pas un Racine et un Boileau allemands, s'aidant l'un l'autre, d'abord à bien comprendre, puis à atteindre et à réaliser la même perfection classique. Ce sont deux génies absolument opposés, qui n'ont naturellement en commun que les traits les plus généraux du caractère national. On imaginerait difficilement un contraste plus frappant, et portant sur plus de points à la fois. Étudiez la vie de l'un et de l'autre, comparez leurs œuvres, et dans ces œuvres,

---

1. *The life of Gœthe*, by George Henry Lewes.

cherchez à pénétrer l'inspiration secrète, la tendance native, la vocation littéraire ou poétique constamment affirmée : tout est matière à opposition et à antithèse. On dirait deux mondes opposés l'un à l'autre, orientés en sens contraire, destinés à s'éloigner de plus en plus sur les orbites infinies que la nature leur a tracées. Et ce qui n'est pas l'un des traits les moins curieux de leur histoire, tant qu'ils ne se connaissent que par leurs œuvres, par leur renommée, par les impressions produites sur des tiers, non-seulement ils comprennent eux-mêmes cet antagonisme de leurs natures, mais ils le ressentent jusqu'à le traduire par l'antipathie la plus franchement accusée. Pour que les mystérieuses affinités qui doivent les unir, puissent se révéler, il faudra qu'ils se rencontrent et se touchent âme à âme, qu'ils mettent à nu l'un devant l'autre les plus intimes profondeurs de leur génie.

Entendez-les se juger l'un l'autre, au moment où, arrivés tous deux à l'apogée de leur renommée, sinon à la suprême perfection de leur talent, ils tiennent l'admiration de l'Allemagne en suspens : « Je détestais Schiller, parce que son talent vigoureux, mais sans maturité, avait déchaîné à travers l'Allemagne, comme un torrent impétueux, tous les paradoxes moraux et dramatiques dont je m'étais efforcé de purifier mon intelligence... Je cherchais à nourrir en moi, je me disposais à communiquer aux autres les conceptions les plus pures, et soudain je me sentais étranglé entre Ardinghello et Charles Moor[1]. » Ainsi parle Cœthe, froissé, blessé dans les convictions esthétiques, qui sont l'expression même de son génie mûri par un constant travail sur lui-même. Les intempérantes hardiesses de Schiller lui font peur ; cette sorte d'effervescence morale qui s'agite et bouillonne partout dans les œuvres de l'auteur des *Brigands*, est une menace pour l'équilibre harmonieux et serein qu'il cherche partout dans la poésie, dans la vie elle-même. A son tour Schiller n'est frappé que des apparences de froideur que revêt parfois le génie puissant et maître de lui-même

---

1. Charles Moor, le type des *révoltés enthousiastes* que Schiller s'est complu à représenter. — Ardinghello, le héros du roman audacieusement sensuel de J. J. Heinse.

G.

de son émule, et il s'exprime sur son compte en termes violents et outrés.

« Je serais malheureux, dit-il, si je me rencontrais souvent avec Gœthe. Il n'a pas un seul moment d'expansion, même avec ses amis les plus intimes..... Il annonce son existence par les bienfaits, mais à la manière des dieux, sans se donner lui-même... Le plan de sa vie est parfaitement calculé pour les jouissances suprêmes de l'amour-propre. Les hommes ne devraient pas permettre à un tel être d'approcher trop près d'eux. Pour moi, je le déteste... »

Faites la part des exagérations de la passion, et ce double jugement peut donner une idée assez exacte de l'opposition des deux génies.

C'est par la profondeur et la puissance des émotions morales que Schiller est surtout poëte. Le spectacle des luttes humaines, le développement des caractères généreux ou pervers est pour lui un sujet toujours nouveau d'enthousiasme ou d'indignation. Et c'est cet accent ému d'une âme sympathique à toutes les grandeurs, comme à toutes les souffrances de l'humanité, qui donne à ses drames leur physionomie particulière et leur attrait. On aperçoit peut-être trop souvent l'auteur derrière ses personnages ; mais on ne songe pas à en vouloir à cette âme noble et généreuse de se peindre si volontiers dans les sentiments qu'elle prête aux autres. Au début, toutefois, ces grandes qualités s'étaient révélées avec une impétuosité, une fougue de jeunesse qui, en provoquant les applaudissements d'un public avide de fortes émotions, avaient bien souvent dépassé la mesure. Les ardeurs de l'âme, quand le poëte n'est pas encore complétement maître de son art, se traduisent plus d'une fois par l'exagération et l'emphase. Il n'est donc pas étonnant que Gœthe ait vu, au milieu de ses conceptions plus harmonieuses et plus calmes passer avec une sorte de malaise et d'effroi les héros violents et déclamateurs, les figures et les scènes outrées des premiers drames de Schiller. Imaginez un Grec voyant apparaître tout à coup, au milieu du cortége souriant des divinités de l'Olympe, la sombre et farouche légion des dieux du Walhalla.

Gœthe ressent pour la nature humaine un intérêt d'un tout autre genre, dans lequel semblent se fondre les dispo-

a.

sitions du poëte et celle du naturaliste. Tout comprendre et tout peindre; chercher en tout la lumière de la connaissance intime et approfondie, et la répandre sur son œuvre en rayons de beauté harmonieuse et sereine; voilà l'esprit de sa poésie. Il ne faut pas exagérer, sans doute, cette sorte de froideur olympienne que ses critiques lui ont souvent reprochée. Il serait étrange de refuser à l'auteur de *Werther* et de *Faust* le sens profond des grandes passions, l'expérience personnelle des grands troubles de l'âme. Mais Gœthe ne s'abandonnait pas à ses émotions avec l'ardeur fébrile de Schiller; doublé d'un observateur toujours en éveil, le poëte savait se surveiller et se contenir. D'ailleurs, la poésie avait pour lui une vertu singulière d'apaisement; il a raconté lui-même combien ses propres agitations se trouvaient calmées, ses souffrances adoucies, quand il en avait une fois répandu l'expression dans ses poëmes. La création poétique, la production du beau avait pour lui je ne sais quel enivrement sans trouble ; là était pour lui la source de l'enthousiasme. Plus artiste que Schiller, plus amoureux de la perfection de la forme, il avait aussi l'esprit plus vaste et plus compréhensif. Nul n'a mieux que lui réalisé ce qui semble l'idéal de l'esprit germanique, cette intelligence universelle des hommes et des choses, intelligence poétique qui ne saisit pas seulement les caractères et les rapports abstraits des êtres, mais en goûte et en fait sentir le charme et la beauté. « La nature, a-t-on dit[1], était devenue sa loi, sa poésie, sa philosophie, sa religion. » Mais son esprit ferme et pratique, épris de la réalité et de la vie, la sentant et la comprenant sous toutes ses formes, ne se laissa pas aller cependant à ces ardeurs de spéculation qui sont souvent le défaut et l'écueil de semblables tendances. Son intelligence, admirablement pondérée, et se complaisant, en quelque sorte, dans le sentiment de son équilibre, sut constamment unir à l'étendue des pensées, à la profondeur des sentiments, la netteté concrète de la forme, si rare chez les écrivains de son pays.

Par un contraste curieux et bien fait pour nous éclairer

1. M. Saint-René Taillandier. *Correspondance entre Gœthe et Schiller*, tome I, p. 147.

sur la différence des deux génies, c'est Schiller qui, malgré la vocation plus spécialement poétique de son esprit, a le plus de penchant pour la spéculation philosophique. Il s'approprie le système moral de Kant, si bien fait d'ailleurs pour s'accorder avec ses nobles aspirations; il se fait le commentateur de la *Critique du jugement* et se crée une esthétique qui ne manque ni d'originalité ni de profondeur. La gravité enthousiaste de son esprit se complaît dans ces recherches abstraites; il y poursuit avec une confiance solennelle, il croit y trouver le secret de la poésie, arraché aux profondeurs de l'analyse de nos facultés. Esprit bien plus sérieusement philosophique, Gœthe ne se laisse aller que par occasions assez rares à spéculer sur ces questions. C'est dans le domaine des sciences positives qu'il cherche une solide satisfaction à son amour de la vérité; dans le domaine des lettres et de la poésie, il tend au contraire à ramener Schiller de la spéculation à la pratique, et, s'il mêle parfois ses réflexions aux siennes, c'est toujours pour traduire sous une forme plus sensible et plus vivante les conceptions un peu nuageuses de son ami.

Ces deux natures si diverses furent placées par le hasard de la naissance au milieu des circonstances les plus propres à développer l'opposition de leurs qualités. De toutes les influences auxquelles furent exposées leur enfance et leur jeunesse, il n'y en a qu'une qui les rapproche quelque peu, c'est le doux ascendant exercé par leurs deux mères sur le premier épanouissement de leur imagination et de leur cœur. Encore la différence est-elle grande entre la gravité touchante, le dévouement simple et pieux, la sincérité un peu naïve de la mère de Schiller, et la grâce inspirée, la vive gaieté, l'imagination souple et brillante de la mère de Gœthe. Pour tout le reste, le contraste est frappant.

Gœthe était de dix ans plus âgé que Schiller : il vint au monde le 28 août 1749, à Francfort-sur-Mein; son père appartenait à la bourgeoisie et à la magistrature de la ville, il était riche ou tout au moins jouissait d'une grande aisance, et le jeune Gœthe fut élevé au milieu des ressources d'une vie large et facile; aucun nuage ne passa sur son enfance vive et joyeuse; malgré la sévérité du caractère paternel, son éducation n'eut point à souffrir la gêne d'une régularité excessive; il eût toute liberté de développer à son aise les riches penchants de sa nature et de donner carrière à son ardente curiosité, de bonne heure éveillée pour toutes choses. La variété de ses premières études, dangereuse peut-être pour une intelligence moins active, fournit à son esprit les aliments qui lui convenaient le mieux, et stimula en lui la disposition naturelle à étendre le plus possible l'horizon de ses connaissances. Au milieu des occupations de toute sorte qui se disputent son temps, c'est en réalité le secret mais sûr instinct de son génie qui le dirige, c'est lui-même qui est de bonne heure son propre guide.

Les événements se chargèrent d'ailleurs de jeter dans son éducation des occasions inattendues de développer le germe de ses facultés d'observateur et d'artiste. La ville de Francfort, au milieu de cette période agitée du dix-huitième siècle, fut le théâtre de bien des scènes faites pour captiver l'attention du jeune Gœthe et pour faciliter l'essor de son esprit. Ce fut d'abord l'occupation française, en 1759, qui, en amenant dans la maison du père de Gœthe le comte de Thorane, en fit pendant quelque temps un lieu de réunion pour les artistes de Francfort. En même temps, une troupe d'acteurs parisiens s'établissait dans la ville, et Gœthe, assidu à leurs représentations, où ses parents ne voyaient qu'une occasion pour lui d'apprendre le français, y prenait ou plutôt achevait d'y prendre ce goût du théâtre, qui devint comme l'une des formes essentielles de son esprit. Plus tard, ce seront les fêtes du couronnement de l'empereur[1], qui lui fourniront une nouvelle et ample moisson d'observations et de souvenirs, en faisant défiler sous ses yeux les personnages les plus importants de l'Allemagne.

Quand il quitta Francfort, à seize ans, pour aller suivre les cours de l'université de Leipzig, il y avait peu de sujets que l'insatiable avidité de son esprit n'eût déjà abordés : les arts, les langues et les littératures anciennes, les langues orientales mêmes, il avait tout embrassé avec une mobilité un peu fébrile, qui ne lui laissait peut-être pas le temps de

---

1. L'empereur Joseph II, qui succéda en 1763 à François Ier, de la maison de Habsbourg-Lorraine.

tout approfondir, mais qui savait recueillir de tout la fleur et le suc.

C'est pendant son séjour à Leipzig que son esprit, impatient du joug solennel des vieux classiques allemands, dégoûté de la stérile abondance des Gottsched et des Gellert, ardemment épris des idées nouvelles dont Lessing était le représentant, commença à comprendre sa vocation et à chercher sa voie. Ce ne fut toutefois ni cette période un peu orageuse de sa jeunesse, ni les dix-huit mois qu'il passa ensuite dans sa famille (du mois d'août 1768 au printemps 1770), qui décidèrent véritablement de sa carrière d'homme et de poëte. C'est à l'Alsace, c'est à Strasbourg, suivant les expressions d'un des critiques qui ont le mieux connu et compris notre poëte, qu'il faut réserver l'honneur d'avoir formé le véritable Gœthe[1]. Là, sous l'influence de Herder, qui l'initie à la philosophie de l'histoire littéraire et lui fait comprendre Shakspeare, peut-être aussi grâce à l'empire bienfaisant de la passion la plus noble et la plus pure qu'il ait jamais ressentie[2], il acheva de prendre possession de son génie et conçut la première idée de quelques-unes de ses plus grandes œuvres, entre autres de *Faust*, dont il avait ébauché les premières scènes, et de *Gœtz de Berlichingen*, qu'il portait tout entier dans son esprit lorsqu'il revint à Francfort.

Les quatre années qui suivirent virent paraître l'ouvrage qui fonda la réputation de Gœthe en Allemagne et celui qui la répandit dans le monde entier, le drame féodal de *Gœtz* et le roman passionné de *Werther*. Le poëte était alors enrôlé parmi ces esprits avides de nouveauté qui secouaient avec impatience les traditions de l'imitation française, et se précipitaient violemment dans le domaine de la nature réelle et de l'imagination libre. Il a joué son rôle dans ce que les Allemands appellent la période d'irruption et d'assaut (*Sturm und Drangperiode*). Mais les lecteurs de *Gœtz* et de *Werther* savent combien la précoce maturité de son esprit sut mettre

---

1. M. Saint-René Taillandier, *Correspondance entre Gœthe et Schiller*, vol. I, p. 28.
2. Tout le monde connaît dans les *Mémoires de Gœthe*, le touchant récit dont Frédérique de Sessenheim est l'héroïne.

de mesure et d'harmonie dans ces œuvres, où l'on sent bouillonner partout la double ardeur de la révolte littéraire et de la passion.

Dès cette époque (1774), Gœthe, qui n'avait encore que vingt-cinq ans, fut illustre. Il ne connut pas les luttes du génie, obligé de s'imposer à ses contemporains à force de chefs-d'œuvre : du premier coup, il avait emporté l'admiration, l'enthousiasme de tous. Deux ans plus tard, le jeune duc de Saxe-Weimar, Charles-Auguste, l'appelait auprès de lui, pour l'aider à réaliser les projets que lui inspirait sa passion pour la gloire. « Précédé d'une réputation immense, jeune, passionné, aussi beau que les jeunes dieux de la Grèce, Gœthe entra comme une apparition idéale au milieu de cette cour de Weimar, ravie et fascinée[1]. » La supériorité des dons que la nature avait répandus sur lui dominait l'envie et imposait l'amour. Wieland, qu'il allait détrôner, célébrait sa venue avec enthousiasme et ne pouvait se lasser de vanter son nouvel ami. Le jeune duc se lia bientôt avec le poëte d'une étroite amitié ; il fit de lui le compagnon de ses plaisirs, et peut-être Gœthe oublia-t-il un instant, au milieu de cette vie bruyante et agitée, la haute vocation poétique qu'il avait annoncée avec tant d'éclat. Dix ans s'écoulent (1776-1786) sans qu'il sorte de sa plume d'autres œuvres que ces *Lieder*, ces petits poëmes accomplis, œuvres de sculpture poétique, dans lesquels il enfermait avec un charme si pénétrant et si exquis, le plus pur de ses émotions et de ses pensées. Mais bien d'autres ouvrages se dessinent dans son imagination : des romans, des drames, des poëmes, qu'il médite à loisir, attendant l'inspiration et comme le moment d'une maturité qu'il ne faut pas presser. La première idée de *Wilhelm Meister*, d'*Iphigénie*, d'*Hermann et Dorothée*, de *Torquato Tasso*, date de cette période : c'étaient autant de germes jetés dans l'esprit du poëte, se nourrissant peu à peu de ses observations, de ses rêveries ; grandissant avec le progrès même de son génie, aspirant à un épanouissement dont l'heure n'est pas encore venue.

Gœthe sent qu'il lui manque encore quelque chose pour

---

1. Saint-René Taillandier, *Correspondance entre Gœthe et Schiller*, t. I, p. 49.

réaliser la perfection qu'il a rêvée; amoureux de la beauté de la forme, il faut qu'il sorte de « cette Allemagne informe et sans contours arrêtés[1], » qu'il aille visiter le pays des horizons lumineux, des profils nets et harmonieux, le pays qui a inspiré les Raphaël et les Vinci, l'Italie. Il part donc, à l'insu de ses amis, de Charles-Auguste[2] lui-même, tant il a besoin d'être seul pour ouvrir son âme à ces influences nouvelles, dont il pressent la fécondité. Il parcourt la péninsule : Venise, Florence, Rome, Naples et Palerme reçoivent tour à tour sa visite. C'est là que s'achèvent les ébauches commencées, et qu'une inspiration plus facile et plus sûre transforme, vivifie les premières conceptions du poëte. *Iphigénie* (1787), *Egmont* (1788), *Le Tasse* (1790), bien que publiés après le retour de Gœthe en Allemagne, portent la marque de l'Italie, où ils ont été achevés ou presque entièrement composés. Ils inaugurent une manière nouvelle du poëte, où la profondeur plus grande de la pensée s'allie à une perfection plus simple, plus sobre et plus sûre d'elle-même. Gœthe est désormais en pleine possession de toutes les ressources de son génie; il semble qu'il n'ait plus qu'à vouloir, pour que des créations nouvelles sortent de ses mains, pour que les plans longtemps caressés deviennent des œuvres achevées et parfaites. Et pourtant une période relativement improductive va s'écouler encore; il y a comme une halte nouvelle dans le développement de son esprit, comme un nouveau besoin de se recueillir et de concentrer ses forces. Quelque chose encore lui fait défaut : dans cette haute sphère à laquelle il s'est élevé, il finit par se trouver isolé; il lui faut les excitations fécondes d'un esprit du même ordre que le sien; il lui faut l'intimité d'une belle intelligence et d'une âme ardente : c'est dans Schiller qu'il va la rencontrer.

Né à Marbach, le 10 novembre 1759, Schiller avait été soumis à bien des épreuves, avait eu à livrer bien des luttes que Gœthe ne connut jamais. Son père, d'abord chirurgien-barbier, puis sous-officier dans un régiment de hussards, et plus tard chargé, avec le titre de capitaine, de la direction

---

[1]. Expression de Gœthe dans son ouvrage intitulé : *Morphologie, Geschichte meines botanischen Studiums.*

[2]. C'était le nom du grand-duc de Weimar.

des jardins de *la Solitude*[1], avait à peine de quoi suffire aux charges de sa famille, et ses modiques revenus ne lui permettaient pas de songer pour son fils à l'éducation variée et raffinée que Gœthe avait reçue. Ce fut un modeste pasteur de campagne, Moser, qui apprit au jeune Schiller les éléments du grec et du latin, et il ne connut guère, jusqu'à treize ans, d'autres horizons que ceux de la maison paternelle et de l'école. Mais, dans cette vie simple et retirée, la vivacité, on pourrait presque dire la ferveur du sentiment moral, allait en lui se concentrant chaque jour. Il rêvait de devenir pasteur, et d'expliquer aux hommes la parole de Dieu ; ses parents songeaient même à le faire entrer dans une des quatre écoles théologiques du Wurtemberg ; la vocation morale s'annonçait en lui avant la vocation poétique, dont elle allait devenir et rester la source. Mais la destinée réservait au jeune inspiré de treize ans la plus rude de toutes les épreuves qui puissent être imposées à un caractère tel que le sien. Le duc Charles de Wurtemberg, dont l'attention avait été attirée par les succès enfantins de Schiller, le demanda à sa famille pour le faire entrer dans l'Académie militaire qu'il avait fondée à Stuttgart. Cette académie tenait du cloître et de la caserne. Séparés du monde entier, les élèves y étaient soumis à une discipline impitoyable qui semblait avoir pour but de les transformer en machines obéissantes et savantes, et qui s'efforçait de régler et de contenir jusqu'aux mouvements les plus secrets de l'âme. Schiller y entra, malgré ses parents et malgré lui. Il lui fallut renoncer à ses chères études de théologie, endosser l'uniforme, se plier à toutes les exigences du plus impérieux des règlements.

On devine quels durent être les effets de cette rude discipline sur l'âme impétueuse de Schiller. L'étude de l'antiquité, en enchantant son imagination, ne put le distraire du sentiment de plus en plus vif et profond qui finit par absorber toutes ses facultés : l'indignation naïve et enthousiaste contre l'espèce de tyrannie intellectuelle à laquelle lui et ses camarades étaient soumis, le besoin de protestation et de révolte contre cette oppression de tous les instants qui l'étouffait. Il ne manquait pas, parmi ses compagnons, d'esprits ardents

[1] *La Solitude*, château ducal, aux environs de Stuttgart.

comme le sien, agités des mêmes émotions, disposés, comme lui, à voir dans l'école de Charles une image de ce monde dans lequel ils allaient entrer, et dont les séparait encore une barrière infranchissable : violences, abus, injustices, triomphe du crime habile et audacieux, écrasement des bons et des faibles, voilà ce que leurs imaginations enflammées leur faisaient voir partout dans la société, et, avec la naïve confiance de la jeunesse, ils se croyaient appelés au rôle de réformateurs, de revendicateurs des droits méconnus ou foulés aux pieds. C'est au milieu de cette fièvre de sentiments surexcités par la contrainte, l'âme remplie de cette trompeuse image d'une réalité encore inconnue pour lui, que Schiller composa son premier drame, « drame sauvage, monstrueux, tout rempli de déclamations forcenées, drame de génie toutefois, et dont les violences mêmes attestaient un poëte de premier ordre[1], » les *Brigands*. Son héros, Charles Moor, le bandit généreux qui déclare la guerre à une société corrompue, pour former une société plus juste, c'est l'incarnation des colères et des haines, mais aussi des enthousiasmes et des espérances dont l'esprit du poëte s'était nourri pendant les sept années de son séjour à l'académie militaire (1773-1780).

Schiller avait achevé son drame lorsqu'il sortit de l'école avec le titre de chirurgien militaire. Après avoir employé une partie de l'année 1784 à l'arranger pour la scène, sur les indications du directeur du théâtre de Mannheim, Dallberg, il eut la joie de le voir applaudir avec transports, lors de sa première représentation, le 13 janvier 1782. Il se trouvait qu'à la veille de la période agitée et convulsive qui clôt le dix-huitième siècle, le jeune poëte s'était mis, sans s'en douter, à l'unisson des sentiments qui couvaient partout dans les esprits. Du premier coup, malgré ses exagérations et ses défauts, il donnait une forme supérieure aux inspirations nouvelles que les Klinger, les Lenz, les Wagner, n'avaient que médiocrement réussi à exprimer jusqu'alors. Le public salua dans son drame l'avènement définitif, sur le théâtre allemand, du genre et de l'esprit que tout le monde

---

1. Saint-René Taillandier, *Correspondance entre Gœthe et Schiller*, t. I, p. 87.

semblait attendre et que personne encore n'avait pu réaliser.

Mais, en dépit de ce premier succès, Schiller n'était pas encore libre : le poëte acclamé restait le chirurgien de régiment, soumis au pouvoir ombrageux du duc Charles, et les violences de son drame n'étaient pas faites pour le rendre agréable à son souverain. C'était en cachette qu'il avait pu assister à la première représentation des *Brigands*; une nouvelle tentative pour échapper à la surveillance dont il était l'objet à Stuttgart, devient pour lui le signal de la disgrâce. Sévèrement réprimandé, mis aux arrêts, ayant en perspective la terrible forteresse de Hohenasperg [1], il n'y a plus pour lui qu'un moyen de sauvegarder sa liberté: il part, il s'enfuit sous un déguisement et un nom emprunté, préférant les hasards, les luttes, les souffrances d'une existence précaire, d'un sort toujours menacé, à la dépendance où l'on voulait réduire son génie. André Streicher, le compagnon de sa fuite, nous a laissé l'émouvante histoire de cette période tourmentée de la vie du poëte. Il lui fallut frapper à bien des portes, essuyer bien des déceptions, traverser bien des angoisses, avant de trouver enfin auprès de vrais amis un peu de paix et de calme. Et cependant, au milieu des agitations de cette vie errante, aiguillonné par le ressentiment de ses maux, il écrivait la *Conjuration de Fiesque* et *Louise Miller* (depuis, *Intrigue et amour*). C'était, malgré la diversité absolue des sujets, comme l'achèvement d'une vaste trilogie dont les *Brigands* seraient le premier acte. Après la protestation fiévreuse contre l'ensemble des institutions sociales, la satire violente de la société politique et de la société civile. Il semble que Schiller se complaise à généraliser ses propres souffrances, et que, menacé par un prince impérieux, rebuté par quelques faux amis, il veuille rejeter sur les vices généraux de l'humanité les traverses de sa destinée individuelle.

Mais enfin des jours plus heureux vont luire pour le poëte exilé. Un asile s'ouvrit pour lui à Bauerbach, dans la demeure hospitalière de Mme de Wolfzogen; et là, réconcilié avec le sort par les soins presque maternels de sa noble patronne, il apprend à maîtriser cette violence d'indignation

1. Prison d'État du Wurtemberg.

misanthropique à laquelle il s'était jusque-là abandonné tout entier ; les agitations tumultueuses provoquées par l'oppression et le malheur s'apaisent peu à peu, et, en préludant dans son *Don Carlos* aux grandes tragédies historiques qui illustrèrent la fin de sa carrière, il y montrera combien les mêmes inspirations peuvent revêtir de formes différentes, lorsqu'elles partent d'une âme aigrie par la souffrance ou calmée par le bonheur. Don Carlos, le marquis de Posa, sont encore, par les aspirations que leur prête Schiller, de la famille de Charles Moor, de Verrina, de Ferdinand de Walther ; mais la fougue révolutionnaire des premiers héros du poète a fait place à je ne sais quelle sérénité d'espoir et de confiance dans un avenir meilleur. Ils sont si sûrs de la justice et du bonheur de demain, qu'ils ne songent pas à s'indigner des injustices et des misères d'aujourd'hui.

Don Carlos fut joué à Mannheim en 1788 ; à cette époque Schiller avait trente ans, et s'il n'était pas encore fixé dans une position qui lui assurât l'aisance et la sécurité, il avait du moins triomphé des difficultés qui avaient pesé sur les débuts de sa carrière, et il avait formé la plupart des liens qui devaient le plus contribuer au bonheur de sa vie. Il avait fait la connaissance de Kœrner, ami sûr et fidèle, dont l'influence fut, après celle de Gœthe, la plus heureuse sur le cœur et l'esprit du poète. Il avait rencontré la femme d'élite, toute intelligence et toute grâce, à laquelle il devait unir un peu plus tard sa destinée, Charlotte de Lengefeld. C'est l'époque du plein épanouissement de son bonheur, sinon encore de son talent ; c'est le moment où, bien revenu de ses sombres fantaisies d'autrefois, il laissait échapper de son cœur les immortelles strophes à la Joie [1].

Son activité ne se ralentit pas, on peut le penser, sous ces bienfaisantes influences ; mais elle prit un autre cours. Déjà, après avoir fait représenter sa dernière tragédie, il en avait écrit le commentaire dans *ses lettres* sur *Don Carlos* ; et il avait commencé à révéler les aptitudes philosophiques de son esprit. Appelé en 1789 à remplir à Iéna la chaire d'histoire, ses fonctions de professeur d'abord, puis un goût de

---

[1]. Voir dans le *Recueil de ses poésies*, la pièce intitulée : An die Freude.

plus en plus prononcé tournèrent son esprit vers les études historiques, et il composa l'histoire de la *Guerre de trente ans*. Dans le même temps il étudiait l'esthétique de Kant, et la renouvelait par des pensées originales, surtout par cette profondeur d'intuition de l'homme qui ne spécule pas seulement sur les questions d'art et de poésie, mais qui, poëte et artiste lui-même, peut en saisir le secret dans son propre génie. L'effervescence de la première période poétique de sa vie s'est calmée; il sent lui-même quelle longue préparation de réflexions et de travaux lui est nécessaire, pour donner dans des œuvres plus achevées la mesure complète de son talent. Mais pour un esprit comme le sien, il y avait là une épreuve qui n'était pas sans danger. Épris des spéculations philosophiques, absorbé dans cette poursuite de l'idéal par la réflexion, qui s'appelle l'esthétique, il était à craindre que le penseur ne fît, en lui, tort au poëte. Sans doute Schiller songe déjà à son drame de *Wallenstein*, et il en prépare les matériaux; mais sortira-t-il de la période des recherches, des méditations, pour arriver à la période active et vivante de la création poétique? Pour le moment, les œuvres qui sortent de sa plume sont des œuvres de philosophie et de critique: les Essais sur le sublime, sur la grâce et la dignité, sur la poésie naïve et sentimentale, les Lettres sur l'éducation esthétique du genre humain. Il y a là une admirable philosophie de l'art; mais ne risquerait-elle pas de faire oublier à son auteur l'art lui-même? Gœthe se trouva là comme pour parer à ce danger, et pour dénouer les chaînes subtiles dans lesquelles les méditations et les recherches philosophiques menaçaient d'enfermer le génie de Schiller.

Rien de plus curieux que leur rencontre et la rapidité merveilleuse avec laquelle, une fois en présence, ces deux natures si opposées sentent qu'elles sont faites pour se compléter l'une par l'autre. Pendant longtemps, obéissant à l'espèce d'aversion instinctive dont nous avons parlé, ils se sont évités avec soin; Iéna est bien près de Weimar, et c'est à peine cependant si les deux poëtes se sont trouvés rapprochés par quelques circonstances officielles, dont ils n'ont jamais voulu profiter. Mais voici qu'un jour, à Iéna, au commencement de l'année 1794, à la fin d'une séance de la société d'Histoire naturelle, Gœthe et Schiller se rencontrent en sortant; la conversation s'engage précisément sur le sujet qui vient d'être traité, sur ces études naturelles dont Gœthe s'occupe avec tant d'ardeur et avec qui Schiller a été familiarisé, dès sa jeunesse, par ses études médicales. « Schiller, nous dit Gœthe lui-même dans ses *Annales*[1], paraissait s'intéresser à ce qui s'était dit; mais il fit la réflexion judicieuse et sage, et chez moi très-bien venue, que cette manière morale de traiter la nature ne pouvait nullement charmer le profane, qui s'engagerait volontiers dans ces études. Je répondis que cette manière pourrait bien déplaire même aux initiés; mais qu'il y en avait peut-être une autre qui, au lieu de prendre la nature isolément, la présenterait vivante et agissante, tendant de l'ensemble aux parties. Il demanda des éclaircissements, mais sans dissimuler ses doutes; il ne pouvait accorder que des assertions telles que les miennes se pussent déduire de la simple expérience.

« Nous arrivâmes devant sa porte. La conversation m'entraîna chez lui. J'exposai vivement la métamorphose des plantes et, en quelques traits de plume cractéristiques, je fis naître sous ses yeux une plante symbolique. Il saisit et considéra tout cela avec un grand intérêt, avec une grande force de conception; mais quand j'eus achevé, il remua la tête et dit : Ce n'est pas une expérience, c'est une idée! Je fus surpris et un peu fâché, car le point qui nous séparait venait d'être signalé de la manière la plus décidée. Les assertions de *Grâce et Dignité*[2] me revinrent à la pensée, la vieille colère allait reprendre le dessus; cependant je me possédai et je répliquai : Je puis être fort satisfait d'avoir des idées sans le savoir et de les voir même de mes yeux.

« Schiller, qui avait plus de mesure et de savoir-vivre que moi, répondit en habile kantien, et mon réalisme obstiné ayant fourni ample matière à une vive controverse, nous

---

1. *Œuvres de Gœthe*, traduction Porchat, vol. X, p. 222.
2. Schiller, dans son *Essai sur la dignité et la grâce*, avait désigné Gœthe comme le type des poëtes qui doivent tout à la nature, et rien à la volonté libre, et qui, par suite, « retournent bien vite à la matière dont ils sont nés. »

disputâmes longtemps, et puis une trêve fut conclue......
Cependant le premier pas était fait. La force attractive de
Schiller était grande; il s'attachait tous ceux qui s'approchaient de lui. Je m'intéressai à ses projets; je promis pour
les *Heures*[1] quelques productions inédites. Sa femme, que
j'avais aimée et estimée dès son enfance, contribua à consolider notre liaison; tous les amis communs en furent
réjouis, et c'est ainsi que nous scellâmes une alliance qui
ne fut jamais rompue et qui fut suivie d'heureux résultats
pour nous et pour d'autres.

« Pour moi en particulier, ce fut un nouveau printemps,
dans lequel on vit tout germer, tout éclore, des semences et
des rameaux épanouis. »

Ainsi rapprochés, il n'y eut plus qu'une chose que les
deux poëtes ne purent comprendre, c'est comment ils
avaient pu si longtemps demeurer séparés. Sous les divergences de leurs natures et l'opposition des aptitudes de leur
génie, il y avait en tous deux ce qui suffit pour expliquer la
soudaineté et l'intimité de leur liaison : la même élévation
d'âme et d'esprit, la même puissance de conception qui leur
permettait de s'entendre à demi-mot et d'entrer l'un avec
l'autre en pleine communion d'idées, en passant en quelque
sorte par-dessus la tête des autres hommes. Chacun d'eux
trouvait en l'autre ce qu'il avait vainement cherché jusquelà : l'intelligence et la sympathie du génie pour le génie.
Devant cette grande cause d'union, toutes les causes d'opposition disparurent; ou plutôt la diversité de leurs penchants
ne fit que rendre leur liaison plus féconde. Ainsi, avec
l'échange fréquent et bientôt journalier de leurs pensées,
commence pour tous deux une époque de rajeunissement,
une sorte de renaissance de leur talent. Les dernières paroles de Gœthe que nous avons citées sont également vraies
pour tous deux; et l'on peut dire que ce ne fut qu'après
s'être connus, après s'être appuyés fraternellement l'un sur
l'autre, qu'ils donnèrent la pleine mesure de leur génie.

Ce serait empiéter sur le recueil même que nous publions
et sur les introductions spéciales dont nous avons fait précéder les différentes parties de la correspondance des deux

---

1. Voir l'introduction spéciale de la première partie de ce recueil.

poëtes, que d'entrer ici dans le détail des idées échangées entre eux. Il suffit que nous ayons fait connaître, avec les traits rapides de leur histoire, les caractères essentiels de leur génie et montré ainsi de quels points opposés ils sont partis pour se rencontrer dans la plus heureuse et la plus féconde des unions. Une fois rapprochés, Gœthe et Schiller ont, en quelque sorte, une conscience littéraire et une puissance poétique à deux; ils s'élèvent, ils s'épurent, ils s'affinent l'un par l'autre; ce sont deux métaux précieux qui se fondent en une substance plus précieuse encore et d'un plus admirable éclat. On dirait parfois qu'ils s'empruntent l'un à l'autre les éléments les plus personnels de leurs deux natures : on retrouve dans le *Wallenstein*, dans la *Marie Stuart*, et surtout dans la *Jeanne d'Arc* et le *Guillaume Tell* de Schiller, quelque chose de la perfection classique de Gœthe; et peut-être ce dernier doit-il à son ami quelques-unes des inspirations les plus touchantes de son *Faust* et de son *Hermann et Dorothée*.

On peut comprendre par là toute la valeur de leur correspondance, monument vraiment unique dans l'histoire des littératures, et l'on ne peut qu'applaudir au choix qui en a été fait pour l'étude et l'explication dans les classes d'humanités de nos lycées. Les lettres de Schiller et de Gœthe ne contiennent pas seulement des confidences pleines de charme et d'intérêt; elles forment un véritable cours de littérature où les questions les plus importantes de l'art et de la poésie sont traitées avec la largeur de vue et le sentiment profond qui n'appartiennent qu'au génie. Ce sont deux poëtes qui nous livrent, en quelque sorte, le secret de leur art, qui nous initient à leurs plus intimes préoccupations et nous font entrer ainsi dans ce qu'a de plus profond leur esprit particulier d'abord, et ensuite l'esprit de leur race[1].

J. G.

[1]. Nous ne pouvons terminer sans recommander aux élèves qui voudront se faire une idée plus complète des rapports si attachants et si instructifs des deux poëtes, le bel ouvrage dans lequel M. Saint-René Taillandier en a retracé l'histoire (*Correspondance entre Gœthe et Schiller*, par M. Saint-René Taillandier, membre de l'Académie française). On consultera aussi avec fruit le savant travail de M. Mézières sur Gœthe et le volume de M. Bossert : *Gœthe et Schiller*.

CORRESPONDANCE
CHOISIE
DE SCHILLER ET GŒTHE.

PREMIÈRE PARTIE.
Les Heures. — Wilhelm Meister.
1794-1796.

La librairie Cotta de Tübingen[1] avait proposé à Schiller la direction d'un journal littéraire mensuel, ayant pour titre *les Heures*, et destiné à réunir par les liens d'une coopération active tous les écrivains distingués de l'Allemagne. Le poëte traça lui-même le programme du nouveau recueil, et l'adressa, vers le milieu de juin 1794, à toutes les célébrités de son temps, à Kant, Fichte, Herder, Jacobi, Guillaume de Humboldt, et même à Klopstock et à Voss, ces représentants de l'ancienne école poétique que les jeunes gloires allaient bientôt éclipser. Gœthe, bien entendu, ne fut pas oublié : ce fut l'occasion des premières lettres échangées entre les deux poëtes, et le principe du rapprochement intime qui résulta pour eux de cette correspondance. Dans les lettres de cette première période (1794-1796), c'est Schiller qui joue le principal rôle ; il va au-devant des confidences de Gœthe, il sollicite ses conseils. Tantôt il sonde curieusement les différences et les ressemblances de leurs deux génies (lettres 3, 4 et 5) ; tantôt il apprécie longuement, en poëte et en philosophe, le livre que Gœthe achève en ce moment, les *Années d'apprentissage de Wilhelm Meister* (lettres 9, 13, 14, 15, 16, 17, 19, 24, 25, 26, 27, 29, 31 et 52), ou bien quelqu'une de ses œuvres poétiques, l'idylle d'*Alexis et Dora*, par exemple (lettres 23 et 28). On ne lira pas non plus sans intérêt le jugement de Schiller, si épris, on le sait, de la philosophie kantienne, sur Kant, Fichte (lettre 8), et Herder (lettre 23).

---

1. Ce n'est que plus tard que Cotta transporta à Stuttgard le siège de sa librairie, l'une des plus importantes d'Allemagne.

1.

Lettre de Schiller. Il annonce à Gœthe la prochaine publication du Recueil des Heures, et sollicite son concours.

Très-illustre monsieur,
Très-honoré conseiller intime,

La feuille ci-jointe vous fera connaître le vœu d'une société qui est animée pour vous d'une admiration sans limites ; il s'agit d'un recueil périodique, et nous sollicitons pour lui l'honneur de votre collaboration sur la valeur et l'importance de laquelle il n'y a qu'une voix parmi nous. Si vous consentez, très-illustre monsieur, à soutenir cette entreprise de votre concours, votre résolution sera décisive pour un heureux succès, et c'est avec le plus grand empressement que nous nous soumettons à toutes les conditions que vous voudrez nous dicter.

MM. Fichte[1], Woltmann[2] et de Humboldt[3], se sont associés

---

1. Fichte, illustre philosophe allemand, disciple et successeur de Kant, né à Rammenau, dans la Saxe, le 19 mai 1762, mort à Berlin le 17 janvier 1814. Son principal ouvrage est la Doctrine de la Science (Wissenschaftslehre), publié en 1794. Fichte y professe un idéalisme absolu.

2. Karl-Ludwig Woltmann, écrivain et publiciste allemand, né en 1770 à Oldenburg, mort à Prague en 1813 ; son ouvrage le plus remarquable est un roman, *les Mémoires du baron de S...a* ; il composa aussi une histoire de l'Allemagne dans la période saxonne.

3. Guillaume de Humboldt, l'un des hommes d'État et des écrivains les plus distingués de l'Allemagne, né à Postdam (Prusse), en 1767, mort à Tegel (Prusse) en 1835. Il a écrit des considérations esthétiques sur le poème de Gœthe, *Hermann et Dorothée* ; et il s'est fait connaître comme philosophe et philologue par ses travaux sur l'origine du langage, et son livre sur la diversité de la constitution des langues. Il a composé aussi un Essai politique sur les limites de l'action de l'État, le seul de ses de ses ouvrages qui ait été traduit en français. Fort lié avec Schiller, il a échangé avec lui une correspondance pleine d'intérêt, qui a été publiée en 1830. Il ne faut pas le confondre avec son frère cadet Alexandre de Humboldt, savant illustre, auteur du *Cosmos*, né en 1769 à Berlin, mort en 1859 dans la même ville.

1.

ici même, à Iéna, pour la publication de ce recueil ; et comme en vertu d'un arrangement indispensable, tous les manuscrits présentés devront être soumis au jugement d'un comité spécial, nous vous serions infiniment obligés si vous nous permettiez de vous demander, de temps à autre, votre appréciation sur quelques-uns de ces manuscrits. Plus la participation dont vous honorerez notre œuvre sera active et intime, plus cette œuvre aura de valeur aux yeux du public éclairé dont l'approbation a pour nous le plus d'importance.

J'ai l'honneur d'être avec le plus grand respect, très-illustre monsieur, votre très-humble serviteur et votre admirateur très-sincère.

FRÉDÉRIC SCHILLER.

Iéna, 13 juin 1794.

LES HEURES [1].

Sous ce titre paraîtra au commencement de l'année 1795, une feuille mensuelle, pour la rédaction de laquelle s'est formée une société d'écrivains connus. Elle comprendra tous les sujets qui peuvent être traités avec intérêt et dans un esprit philosophique, et sera par conséquent ouverte aux recherches philosophiques, comme aux productions poétiques et historiques. Tout ce qui ne pourrait offrir d'intérêt qu'aux savants ou aux lecteurs sans instruction, en sera exclu ; mais elle s'interdira surtout, et d'une manière absolue, tout ce qui a trait à la religion et à la politique. Son but est de procurer aux gens du monde des connaissances propres à former leur esprit, tout en ouvrant une voie aux savants pour la libre recherche de la vérité, et en facilitant l'échange fécond des idées. En s'efforçant d'enrichir la science elle-même par la valeur du fond, on espère, par l'agrément de la forme, élargir le cercle des lecteurs.

Au milieu du grand nombre de recueils de même nature, il peut paraître difficile de trouver des lecteurs, et après tant de tentatives malheureuses du même genre, il est en-

---

1. Les *Heures* : c'est le nom du nouveau recueil ; le morceau suivant, joint à la lettre de Schiller, est le programme du journal, adressé à Gœthe, comme à toutes les personnes dont les éditeurs recherchaient le concours. (*Voyez* p. 1.)

core plus difficile d'inspirer de la confiance. Les espérances des éditeurs du présent recueil sont-elles plus fondées ? c'est ce dont on pourra juger surtout par les moyens que l'on a su trouver pour atteindre le but.

La valeur intrinsèque d'une entreprise littéraire peut seule lui assurer auprès du public un succès durable, et d'autre part il n'y a que ce succès qui puisse donner aux fondateurs de l'entreprise le courage et la force de faire de sérieux efforts pour lui assurer cette valeur. La grande difficulté est donc que le succès devrait être déjà réalisé dans une certaine mesure, pour rendre possibles les dépenses sans lesquelles on ne peut songer à sa réalisation. Il n'y a qu'un moyen de sortir de ce cercle : c'est qu'un homme entreprenant hasarde, sur la foi de ce succès problématique, autant qu'il est nécessaire pour le rendre certain.

Il ne manque pas, pour des recueils de ce genre, d'un public nombreux ; mais trop de journaux spéciaux se partagent ce public. Si l'on faisait le compte des abonnés de tous ces journaux, on en trouverait un nombre suffisant pour faire marcher l'entreprise la plus coûteuse. Ce nombre est à la disposition du journal qui saura réunir à lui seul les avantages que les autres se partagent, sans toutefois élever sensiblement son prix au-dessus du leur.

Chaque écrivain de mérite a dans le monde des lecteurs son cercle à lui, et le plus lu de tous n'a toujours que son cercle. La culture intellectuelle n'est pas encore poussée assez loin, en Allemagne, pour que l'ouvrage qui plaît à l'élite des lecteurs se trouve dans les mains de tout le monde. Mais que les meilleurs écrivains de la nation se réunissent dans une association littéraire, ils réuniront par là même le public précédemment divisé, et l'œuvre à laquelle ils prendront tous part, aura pour public le monde des lecteurs tout entier. De cette manière on peut assurer à chaque écrivain tous les avantages que l'auteur le plus favorisé ne pouvait attendre que du cercle le plus étendu de lecteurs et d'acheteurs.

Un éditeur, à tous points de vue fait pour cette entreprise, vient de s'offrir à nous dans la personne de M. Cotta, libraire à Tubingue : il est prêt à commencer la publication dès qu'on aura réuni le nombre nécessaire de collaborateurs. Chacun des écrivains, auxquels on envoie cette annonce, est, par là même, invité à faire partie de l'association, et l'on espère avoir pris tous les soins nécessaires pour qu'il ne paraisse pas devant le public dans une compagnie indigne de lui. Mais comme l'entreprise n'est possible qu'à condition de réunir un nombre suffisant de collaborateurs, on ne peut autoriser aucun écrivain à ajourner son adhésion jusqu'après la première apparition du journal ; car on a besoin, avant de pouvoir penser à la publication, de savoir d'avance sur qui l'on peut compter. Mais dès que le nombre nécessaire de collaborateurs aura été atteint, on en instruira immédiatement chacun d'eux.

On est convenu qu'il paraîtra chaque mois une livraison de neuf feuilles, papier grand-raisin ; la feuille d'impression sera payée en or, à raison de .... louis. Mais, en retour, l'auteur s'engage à ne livrer à la publicité aucun des écrits imprimés dans le journal, trois ans après leur apparition, à moins de leur avoir fait subir des changements importants.

On n'a sans doute à craindre des auteurs dont on espère le concours rien qui ne soit entièrement digne d'eux et du journal ; on a dû cependant décider, pour des motifs faciles à comprendre, qu'aucun manuscrit ne serait livré à l'impression, avant d'avoir été soumis à l'examen d'un comité spécial. MM. les collaborateurs se prêteront d'autant plus facilement à cette convention, qu'ils peuvent être assurés d'avance qu'on ne pourra mettre en question que l'opportunité relative de leurs articles par rapport au plan et à l'intérêt du journal. Ni le rédacteur ni le conseil ne se permettront jamais de leur chef aucun changement dans les manuscrits. Si quelque modification était nécessaire, il va de soi qu'on inviterait l'auteur à l'exécuter. La publication des manuscrits aura lieu dans l'ordre de réception, autant que cet ordre pourra s'accorder avec la variété des sujets nécessaire dans chaque livraison. Cette variété même exige qu'aucun écrit ne soit continué pendant plus de trois livraisons, et ne remplisse plus de soixante pages de la même livraison.

Les lettres et les manuscrits doivent être adressés au rédacteur en chef, qui en répondra à MM. les auteurs, et sera toujours prêt à leur en rendre compte, dès qu'ils le désireront.

Il est presque inutile d'avertir qu'on ne doit donner à ce programme aucune publicité.

Iéna, le 13 juin 1794.

FRÉDÉRIC SCHILLER,
Conseiller aulique et professeur à Iéna.

2.

Réponse de Gœthe à la proposition de Schiller.

Très-honoré monsieur,

Vous m'ouvrez une perspective doublement agréable, en m'annonçant le journal que vous vous proposez de publier, et en m'invitant à participer à sa rédaction. Je serai des vôtres avec joie et de tout mon cœur.

Si, parmi mes œuvres inédites, il se trouvait quelque chose qui pût convenir à votre recueil, je vous en ferais part bien volontiers ; mais sans doute un rapprochement plus intime avec des esprits aussi vaillants que vos collaborateurs ranimera en moi bien des choses engourdies.

Ce sera déjà une fort intéressante occupation que de nous mettre d'accord sur les principes d'après lesquels on devra juger les manuscrits, comme aussi d'en surveiller le fond et la forme, afin de donner à ce recueil une place à part, et de lui assurer par une réelle supériorité au moins une durée de plusieurs années.

J'espère m'en entretenir bientôt avec vous de vive voix; recevez mes meilleurs compliments pour vous et vos dignes collaborateurs.

Weimar, le 24 juin 1794.

GŒTHE.

3.

Lettre de Schiller. Sur les caractères du génie de Goethe et le développement de son esprit.

Iéna, 23 août 1794.

On m'a apporté hier l'agréable nouvelle de votre retour à Weimar[1]. Nous avons donc l'espoir de vous revoir bientôt parmi nous ; pour ma part, je le souhaite de tout mon cœur. Mes derniers entretiens avec vous ont mis en mouvement la masse entière de mes idées ; ils ont touché à un sujet qui m'occupe vivement depuis plusieurs années. Sur bien des questions que je n'avais pas complétement éclaircies, la contemplation de votre esprit (je ne puis désigner autrement l'impression générale de vos idées sur moi) a jeté une lumière inattendue. Ce qui me manquait, c'était un objet, un corps pour soutenir mes spéculations ; vous m'avez mis sur sa trace. Votre regard observateur, qui se repose sur les choses, si tranquille et si clair, vous met à l'abri des écarts auxquels se laissent aller si facilement et la spéculation et l'imagination, cette faculté supérieure, et qui n'obéit qu'à elle-même. Ce que l'analyse recherche péniblement, votre intuition pénétrante le saisit d'un seul coup et bien plus complétement ; et c'est parce qu'elle forme en vous un tout indivisible, que votre richesse vous est cachée ; car il est malheureusement vrai qu'on ne connaît que ce qu'on divise. Aussi des esprits tels que le vôtre savent-ils rarement à quelle profondeur ils ont pénétré, et combien ils ont peu besoin de faire d'emprunts à la philosophie qui ne peut, au contraire, rien apprendre que d'eux. Décomposer ce qui lui est une fois donné, est, en effet, son seul pouvoir ; mais donner un objet à ce travail n'est pas l'affaire de l'analyse ; c'est le propre du génie qui, sous l'influence obscure mais

---

[1]. Il s'agit du voyage que Goethe venait de faire de Weimar à Iéna, pour conférer avec Schiller sur le nouveau projet de journal, et commencer plus directement avec lui cet échange fécond d'idées et de sentiments qui remplit la correspondance.

sûre de la pure raison, enchaîne ses conceptions d'après des lois objectives.

Depuis longtemps déjà, quoique de loin, j'observe la marche de votre esprit, et je considère avec une admiration toujours nouvelle la voie que vous vous êtes tracée. Vous cherchez ce qu'il y a de nécessaire dans la nature ; mais vous le cherchez par une route si difficile, que tout esprit moins puissant que le vôtre se garderait de s'y engager. Vous embrassez la nature tout entière, pour vous éclairer sur les détails, et c'est dans l'universalité de ses manifestations que vous cherchez l'explication fondamentale des individus. De l'organisme le plus simple, vous vous élevez pas à pas à un organisme plus compliqué, afin de construire enfin génésiquement, à l'aide des matériaux de l'édifice de la nature tout entier, le plus compliqué de tous les organismes, l'homme. En retrouvant ainsi l'enchaînement des créations successives de la nature, vous cherchez à pénétrer les mystères les plus cachés de son art ; idée grande et vraiment héroïque, qui montre suffisamment combien votre esprit sait maintenir dans une belle unité l'ensemble de ses conceptions ! Vous ne pouvez jamais avoir eu l'espoir que votre vie suffirait pour atteindre un tel but ; mais ouvrir une telle voie est plus beau que d'en parcourir jusqu'au bout aucune autre ; et comme Achille dans l'Iliade, vous avez choisi entre Phtie [1] et l'immortalité. Si vous étiez né en Grèce, ou seulement en Italie, et qu'une nature choisie et un art idéaliste vous eussent entouré, dès le berceau, votre route aurait été singulièrement abrégée ; peut-être même eût-il été absolument inutile de vous y engager. La première intuition des choses vous aurait découvert la forme du nécessaire, et, dès les premiers essais, le grand style se serait développé en vous. Mais comme vous êtes né en Allemagne, comme votre esprit grec a été jeté au milieu de cette nature septentrionale, il n'y avait d'autre alternative possible pour vous que de devenir un artiste du Nord, ou de rendre à votre imagination, par le secours de la pensée, ce que la réalité lui refusait, et de tirer du fond de vous même, suivant

---

1. Phthie est la patrie d'Achille ; choisir entre Phthie et l'immortalité, c'était pour le héros grec préférer la gloire au retour et au bonheur dans sa patrie.

une méthode rationnelle, toute une Grèce véritable. A ce moment de la vie où l'âme se forme un monde intérieur à l'image de celui qui l'environne, entouré de formes imparfaites, vous aviez comme reçu en vous une nature sauvage et septentrionale; mais votre génie, triomphant de ces matériaux défectueux, reconnut leur imperfection par une révélation intérieure que la connaissance de la nature grecque vint plus tard confirmer extérieurement. Il vous fallut alors corriger, d'après le modèle plus parfait que s'était formé votre esprit créateur, la vieille et imparfaite nature déjà entrée dans votre imagination, et vous n'avez pu y réussir qu'en suivant la direction donnée par de pures conceptions. Mais cette direction logique que l'esprit de réflexion est contraint de prendre, ne s'accorde pas avec la direction esthétique, suivant laquelle seule il peut créer. Vous avez donc un travail de plus à accomplir: comme vous vous êtes élevé d'abord des données de l'expérience sensible à l'abstraction, il vous a fallu, à l'inverse, transformer les pures conceptions de l'esprit en images, et les pensées en sentiments; car ce sont là les seuls agents qui puissent servir aux créations du génie.

C'est ainsi que je juge la marche de votre esprit: ai-je raison? vous pouvez le savoir mieux que personne. Mais ce que vous ne savez pas, sans doute, parce que le génie demeure toujours pour lui-même le plus impénétrable des mystères, c'est l'admirable accord de votre instinct philosophique avec les plus purs résultats de la raison spéculative. Au premier abord, on pourrait croire qu'il n'y a rien de plus opposé que l'esprit spéculatif qui part de l'unité, et l'esprit intuitif qui part de la diversité. Si pourtant le premier cherche avec franchise et sincérité à se rapprocher de l'expérience; si le second, avec une énergie active et libre, s'efforce d'atteindre la loi, ils ne peuvent manquer de se rencontrer à moitié chemin. L'esprit intuitif, il est vrai, n'a affaire qu'aux individus, l'esprit spéculatif qu'aux genres. Mais si l'esprit intuitif est créateur, et cherche dans les données de l'expérience le caractère de nécessité qu'elles recèlent, les objets de sa création seront des individus, sans doute, mais des individus revêtus des caractères du genre. Si, à son tour, l'esprit spéculatif est vraiment créateur, et ne perd pas de vue l'expérience, tout en s'élevant au-dessus d'elle il ne produira que des types généraux ; mais ces types conserveront la possibilité de la vie, et auront avec les objets réels des rapports fondés.

Mais je m'aperçois qu'au lieu d'une lettre, c'est une dissertation que je suis en train d'écrire ; pardonnez-le-moi en pensant au vif intérêt que ce sujet m'a inspiré ; et si vous ne reconnaissez pas votre image dans ce miroir, n'allez pas, pour cela, je vous en supplie, le rejeter loin de vous.

M. de Humboldt voudrait garder quelques jours encore le petit écrit de Moritz[1] ; je l'ai lu moi-même avec grand intérêt, et je lui dois plus d'un enseignement important. C'est un plaisir véritable de pouvoir se rendre clairement compte d'une manière de procéder tout instinctive, qui pourrait facilement conduire à l'erreur, et de rectifier ses sentiments par des lois. Lorsqu'on poursuit le cours des idées de Moritz, on voit peu à peu une belle ordonnance pénétrer l'anarchie de la langue, et si l'on découvre à cette occasion à la fois l'imperfection et les limites de notre idiome, on apprend aussi à connaître sa force, et l'on sait comment et à quoi on peut l'employer.

L'ouvrage de Diderot[2], surtout dans la première partie, est fort intéressant, et, pour un semblable sujet, il est traité avec une décence des plus édifiantes. Permettez-moi de le garder aussi pendant quelques jours encore.

Il serait bon qu'on pût bientôt mettre le nouveau journal en train ; dans le cas où il vous serait agréable d'ouvrir vous-même la première livraison, je prendrais la liberté de vous demander si vous ne voudriez pas y faire paraître

---

1. Il s'agit sans doute du *Traité sur l'Imitation artistique du Beau* (Ueber die bildende Nachahmung des Schönen) que Moritz publia au retour d'un voyage en Italie, où il s'était rencontré avec Gœthe (1788). Moritz, né en 1757 à Hameln (Hanovre), mort en 1793, se distingua par ses écrits sur l'art ; Gœthe s'était lié avec lui d'une étroite amitié, et on croit qu'il inspira la composition du *Traité* cité plus haut.

2. Diderot est l'un des écrivains français que les Allemands ont le plus goûté ; il avait inspiré en partie la réforme dramatique de Lessing ; il excite l'enthousiasme de Schiller, qui va jusqu'à excuser les moins excusables écarts de son génie, y voyant toujours quelque chose de poétique, d'humain et de naïf. (Voir la dissertation de Schiller sur la poésie naïve et sentimentale.)

votre roman, parties par parties. Que vous le destiniez ou non à notre journal, vous me feriez une grande faveur, si vous vouliez bien me le communiquer. Mes amis et ma femme se rappellent à votre bon souvenir.

Je suis avec un profond respect votre très-obéissant serviteur,
SCHILLER.

4.

Réponse de Gœthe. Observations sur le jugement émis par Schiller dans la lettre précédente.

Pour l'anniversaire de ma naissance[1], qui aura lieu cette semaine, je ne pouvais recevoir de présent plus agréable que votre lettre. Vous y tracez d'une main amie le résumé de mon existence, et l'intérêt que vous me témoignez m'excitera à faire de mes forces un usage plus assidu et plus actif.

Il n'y a point de pure jouissance ni de vraie utilité qui ne soit réciproque; aussi me fais-je une fête de vous dire un de ces jours quels avantages j'ai retirés de votre conversation; moi aussi je date une époque nouvelle de ces jours passés avec vous[2], et je suis bien heureux d'avoir, sans grands encouragements, persisté dans ma voie, puisqu'il semble aujourd'hui qu'après une rencontre si inattendue, c'est ensemble que nous continuerons notre marche. J'ai toujours apprécié la conviction si noble et si rare qui paraît dans tout ce que vous avez écrit et fait, et je puis avoir quelque droit d'être mis au fait par vous-même du développement de votre esprit, surtout dans ces dernières années. Quand nous nous serons mutuellement éclairés sur le point où nous

---

1. Gœthe était né le 28 août 1749, à Francfort-sur-le-Mein; il avait à cette époque quarante-cinq ans; Schiller, né le 10 novembre 1759 à Marbach (Wurtemberg), était plus jeune que lui de dix ans.

2. Ces expressions méritent d'être remarquées; elles prouvent toute l'importance que Gœthe attachait à ses rapports avec Schiller, et ce qu'il en espérait pour le développement de son propre génie. Il emploie les mêmes termes, en écrivant à d'autres amis, à Meyer, à Madame de Kalb.

sommes parvenus, nous pourrons poursuivre avec plus de continuité le cours de nos travaux communs.

Je vous communiquerai avec joie tout ce qui me concerne, tout ce qui est en moi ; car je sens moi-même très-vivement que mon entreprise dépasse de beaucoup la mesure des forces humaines et leur durée terrestre, et je pourrai bien en déposer en vous une bonne part, non-seulement pour la conserver, mais encore pour la vivifier.

Vous verrez bientôt vous-même quels avantages je retirerai de l'intérêt que vous prenez à mes travaux ; une connaissance plus intime vous découvrira bien vite en moi une sorte d'obscurité et d'indécision, que je ne puis toujours dominer, malgré la conscience très-claire que j'en ai. De semblables dispositions se rencontrent souvent dans notre nature, et, à condition qu'ils ne soient pas trop tyranniques, nous nous laissons assez volontiers diriger par elles.

J'espère passer bientôt quelque temps auprès de vous ; nous aurons alors bien des choses à nous dire.

Ettersburg [1], le 27 août 1794.

GŒTHE.

5.

Lettre de Schiller. Il compare son génie à celui de Gœthe.

Iéna, le 30 août 1794.

A mon retour de Weissenfels [2], où j'avais un rendez-vous avec mon ami Kœrner [3] de Dresde [4], j'ai reçu votre avant-der-

1. Ettersburg, sur l'Ettersberg, résidence d'été du grand-duc, à une lieue et demie de Weimar.
2. Weissenfels, petite ville de 12,000 âmes, dans la Saxe prussienne.
3. Ch. Kœrner, l'un des amis les plus intimes et les plus fidèles de Schiller, qu'il ne faut pas confondre avec Th. Kœrner, le poète lyrique de la guerre de l'indépendance allemande. Né à Leipzig, en 1756, et mort à Berlin en 1813, il exerça sur l'esprit de son ami une influence féconde, attestée par leur correspondance ; il s'est distingué comme critique et publiciste.
4. Dresde, capitale du royaume de Saxe.

nière lettre, dont le contenu m'a causé une double joie ; car elle me montre que l'idée que je me fais de votre nature répond à votre propre sentiment, et que la franchise avec laquelle j'ai, sur ce sujet, laissé parler mon cœur ne vous a pas déplu. Votre connaissance tardive, mais si pleine pour moi de belles espérances, est à mes yeux une preuve nouvelle qu'on fait souvent bien mieux de laisser agir le hasard, que de chercher à le prévenir par un empressement excessif. J'ai toujours vivement désiré, sans doute, d'être uni à vous par des relations plus intimes que celles qui sont possibles entre l'esprit d'un écrivain et celui d'un lecteur attentif ; mais je comprends parfaitement que les voies si différentes où nous nous trouvons engagés, ne pouvaient pas amener entre nous, avant le moment actuel, une rencontre profitable. Désormais, j'ose l'espérer, pour tout le chemin qui nous reste encore, nous marcherons de compagnie, et nous en profiterons d'autant plus que, dans un long voyage, ce sont toujours les derniers compagnons qui ont le plus de choses à se dire.

N'attendez pas de moi cette grande richesse d'idées, que je trouve chez vous. Mon besoin, ma tendance est de faire beaucoup avec peu ; quand vous aurez appris à connaître de plus près ma pauvreté en tout ce qu'on appelle connaissances acquises, vous trouverez peut-être que j'y ai réussi dans plus d'un de mes ouvrages. Le cercle de mes pensées étant petit, je le parcours d'autant plus vite et plus souvent ; je puis ainsi tirer de mon petit avoir un plus grand profit, et demander à la forme la variété qui manque au fond. Vous vous efforcez de simplifier le vaste monde de vos idées ; je cherche la variété pour mon petit domaine. Vous avez un empire à gouverner ; je ne règne que sur une petite famille d'idées dont je serais bien heureux de pouvoir faire un petit monde.

Votre esprit procède par intuition dans une mesure extraordinaire, et toutes vos facultés puissantes semblent s'être entendues, avec l'imagination, comme avec leur commun représentant. En réalité, c'est le plus haut degré que puisse atteindre l'homme qui sait généraliser ses perceptions, et donner à ses impressions la valeur d'une loi. C'est là ce but que vous poursuivez ; à quel degré ne l'avez-vous pas déjà atteint ? Mon esprit à moi procède d'une manière plus symbolique, et je flotte comme un être hybride entre le concept et la perception, entre la règle et le sentiment, entre la raison technique et le génie. C'est ce qui, surtout dans ma jeunesse, m'a donné un air passablement gauche, aussi bien dans le champ de la spéculation que dans celui de la poésie. Car presque toujours la tendance poétique s'emparait de moi, là où j'aurais dû philosopher, et l'esprit philosophique là où je voulais être poëte. Maintenant encore il arrive souvent que l'imagination vient troubler mes abstractions, et la froide raison mes inspirations poétiques. Si je parviens à maîtriser assez ces deux facultés pour pouvoir leur tracer à mon gré leurs limites, je puis avoir encore un bel avenir en partage ; mais malheureusement, depuis que j'ai commencé à connaître mes facultés et à savoir en user, la maladie menace de miner mes forces physiques. Je risque bien de n'avoir pas le temps d'accomplir en moi une révolution intellectuelle profonde et générale, mais je ferai ce que je puis ; et, si à la fin l'édifice s'écroule, peut-être pourrai-je sauver de la ruine quelque chose qui mérite d'être conservé.

Vous m'avez permis de vous parler de moi, et j'ai usé de la permission. C'est avec confiance que je vous soumets ces aveux, et j'ose espérer que vous les recevrez avec d'affectueuses dispositions.

Je n'entrerai aujourd'hui dans aucun détail sur votre article, qui va mettre nos entretiens sur la voie la plus féconde. Mes propres recherches, dirigées dans un sens différent, m'ont conduit à un résultat à peu près semblable, et vous trouverez peut-être, dans les feuilles jointes à ma lettre, des idées qui s'accordent avec les vôtres. Il y a dix-huit mois que je les ai jetées sur le papier, et cette raison, comme aussi l'occasion qui me les a fait écrire (je les destinais à un ami indulgent), me donne quelque droit d'excuser ce que leur forme a d'inculte. Depuis ce temps ces idées ont trouvé en moi un fondement plus sûr et une précision plus grande, qui contribue à les rapprocher des vôtres.

Je ne puis assez déplorer la perte de *Wilhelm Meister* pour notre journal. J'espère pourtant de la fécondité de votre génie, et de votre zèle affectueux pour votre entreprise, une compensation de cette perte ; les amis de votre génie y trouveront double profit. Dans le numéro de la *Thalie*[1], que je vous adresse avec ma lettre, vous trouverez quelques idées de Kœrner sur la déclamation qui ne vous déplairont pas. Tout le monde chez nous se rappelle à votre affectueux souvenir.

Je suis avec le plus tendre respect votre

SCHILLER.

6.

Lettre de Schiller. Sur la prochaine publication du premier numéro des Heures.

Iéna, le 20 octobre 1794.

Les *Heures* vont enfin commencer leur danse. Je vous envoie la partie de mes Lettres au Prince[2], qui est destinée au premier numéro. Il sera, à peu de pages près, rempli par vos articles et les miens. Peut-être pourriez-vous obtenir aussi pour ce numéro un court article de Herder[3]; j'en serai très-heureux. D'ailleurs, à défaut de la diversité des auteurs, la diversité des sujets traités suffit dans une première livraison, vous le reconnaîtrez vous-même.

Mon début dans les *Heures* ne me fera certainement pas accuser de vouloir capter la bienveillance du public. Mais il m'était impossible, en traitant un tel sujet, de faire plus de concessions, et je suis certain que, sous ce rapport, vous serez de mon avis. Je souhaiterais bien que vous le fussiez aussi à

---

1. C'est le titre d'un journal littéraire, spécialement consacré à l'art théâtral, qui parut sous la direction de Schiller, au commencement de l'année 1785.

2. Il s'agit des *Lettres sur l'éducation esthétique de l'homme* (über die ästhetische Erziehung des Menschen) adressées au duc Chrétien-Frédéric de Holstein-Augustenburg.

3. Herder, né en 1744 à Mohrungen (Prusse orientale), mort à Weimar en 1803; l'un des esprits les plus actifs, les plus féconds et les plus élevés de l'Allemagne à la fin du siècle dernier. Il s'est fait connaître par son poème du Cid (traduction du Romancero espagnol), et ses livres sur la philosophie de l'histoire et l'esprit de la poésie hébraïque.

tout autre point de vue; car je dois avouer que c'est ma pensée la plus vraie et la plus sérieuse qui parle dans ces lettres. Jamais encore je n'avais pris la plume sur les misères politiques, et si j'en parle dans ces lettres, c'est pour n'y plus jamais revenir; mais je crois que la profession de foi que j'y ai déposée est loin d'être superflue. Quelque différence qu'il y ait entre les instruments qui nous servent, à vous et à moi, à travailler le monde, et entre les armes offensives et défensives que nous manions, je crois pourtant que nous tendons vers un même but. Vous trouverez dans ces lettres votre portrait, sous lequel j'aurais volontiers écrit votre nom, si je ne répugnais à faire violence au sentiment du lecteur réfléchi. Parmi ceux dont le jugement peut avoir quelque valeur pour vous, il n'est personne qui ne vous reconnaisse; car j'ai conscience de l'avoir bien saisi et de l'avoir tracé d'une manière assez frappante.

Je serais bien aise que vous pussiez trouver le temps de lire bientôt le manuscrit, et l'envoyer ensuite à Herder, que je préviendrai. Car, suivant nos statuts, il doit passer encore dans plus d'une main avant de pouvoir être livré à l'impression, et nous voulons prendre le plus tôt possible les dispositions nécessaires pour faire paraître les *Heures*.

Saviez-vous déjà que Engel[1] a abandonné la direction de son théâtre à Berlin, et qu'il vit maintenant dans le Mecklembourg-Schwérin, tout à fait en retraite. De ses quinze cents thalers de traitement annuel, il n'a absolument rien gardé. Il travaille beaucoup, dit-on, de la plume, et il m'a promis dernièrement de m'envoyer un article.

Je vous parlais dernièrement à Weimar de l'*Almanach des Muses*[2]; je viens de prendre à son sujet des arrangements réguliers avec le libraire Juif; il paraîtra à la prochaine foire de Saint-Michel[3]. Je compte fort sur votre bonté, qui ne me laissera pas dans l'embarras. Au point de vue des

---

1. Engel, né en 1741 à Parchim, dans le Mecklembourg, mort en 1802, auteur de plusieurs écrits sur l'art dramatique (Theorie der Dichtungsarten. — Ideen zu einer Mimik.) — Il prit en 1787 la direction du théâtre de Berlin, qu'il laissa en 1794 à Ramler.
2. Recueil poétique annuel, que Schiller et Gœthe publièrent pour la première fois en 1795; le titre rappelait l'*Almanach des Muses de Gœttingue*, fondé en 1765 par Boie et Gotter.
3. Foire de librairie qui se tenait, et se tient encore à Leipzig.

occupations, cette entreprise n'est qu'une augmentation insignifiante de mes charges ; mais elle m'est très-avantageuse au point de vue financier, parce que, si faible que soit ma santé, je puis toujours la continuer, et assurer ainsi l'indépendance de ma situation.

J'attends avec une grande impatience tout ce que votre dernière lettre me promet.

Nous nous rappelons tous à votre meilleur souvenir.

SCHILLER.

7.

Réponse de Gœthe à la lettre précédente. Appréciation des lettres de Schiller sur l'Esthétique.

J'ai lu tout de suite votre manuscrit avec un grand plaisir ; je l'ai avalé d'un seul coup. Comme une boisson exquise, appropriée à notre nature, glisse d'elle-même dans notre bouche, et, à peine sur la langue, fait sentir son action salutaire par une heureuse disposition de tout le système nerveux ; ainsi vos lettres m'ont causé une agréable et bienfaisante impression. Pouvait-il en être autrement, quand j'y trouvais, présenté sous une forme si noble et synthétique, tout ce que, depuis longtemps, je regardais comme le vrai, tout ce que je louais ou désirais louer. Meyer[1] a pris aussi un vif plaisir à les lire, et son coup d'œil clair et pénétrant est pour moi un sûr garant. Dans cette agréable disposition d'esprit, j'ai failli être troublé par le billet ci-joint de Herder, qui a l'air de nous reprocher, comme la marque d'un esprit étroit, le plaisir que nous prenons à cette sorte de conceptions. Mais dans le domaine des idées, il ne faut pas avoir de règle si rigoureuse, et il est toujours consolant de se tromper, en compagnie d'hommes éprouvés, plutôt à l'avantage qu'au détriment de soi-même et de ses contemporains. Continuons donc, sans trouble et sans inquiétude, à vivre et

---

1. Meyer, peintre et écrivain distingué, fit la connaissance de Gœthe à Rome, et resta lié avec lui d'une constante amitié. Il a écrit l'histoire des arts plastiques chez les Grecs. Né en 1759 à Stæfa en Suisse, mort en 1832.

à agir comme nous le faisons ; dirigeons notre pensée de manière à faire un tout de notre être et de notre volonté, afin de compléter dans une certaine mesure notre œuvre encore fragmentaire. Je conserve vos lettres quelques jours encore pour les savourer de nouveau avec Meyer.

Voici maintenant les *Élégies*. Faites en sorte, je vous prie, de ne pas vous en dessaisir, mais d'en faire vous-même la lecture aux personnes qui ont encore à juger de leur admissibilité. Après cela, renvoyez-les-moi ; j'y retoucherai peut-être encore quelque chose. Si vous trouvez quelque observation à me faire, ne manquez pas de me la communiquer.

Je fais copier l'épître ; elle vous parviendra bientôt avec quelques autres petites pièces ; ensuite il me faudra faire une pause : car le troisième livre de mon roman réclame mes soins. Je n'ai pas encore reçu les bonnes feuilles du premier livre ; vous les aurez dès qu'elles m'arriveront.

Quant à l'*Almanach des Muses*, voici ce que j'ai à vous proposer : c'est d'y insérer un choix de mes épigrammes. Séparées, elles ne signifient rien ; mais, au milieu de plusieurs centaines qu'on ne peut pas songer à publier, nous en trouverons bien un certain nombre qui se rapportent les unes aux autres et forment un tout. La première fois que nous serons réunis, vous verrez toute cette malicieuse couvée dans son nid.

Portez-vous bien, et que mon souvenir me rende présent au milieu de vous.

GŒTHE.

Weimar, le 26 octobre 1794.

Ecrivez-moi donc ce que vous désirez encore de moi pour les *Heures*, et quand vous en aurez besoin. La seconde épître s'achèvera dans la première heure d'inspiration.

8.

Lettre de Schiller. Sur la philosophie de Kant[1] et de Fichte[2].

Iéna, le 28 octobre 1794.

Vos idées s'accordent avec les miennes, et vous êtes satisfait de l'expression que je leur ai donnée : c'est une grande joie pour moi, et un encouragement bien nécessaire à persévérer dans la voie où je suis entré. A la vérité, tout ce qui est du domaine de la pure raison, ou qui en a l'apparence, devrait reposer sur des bases objectives solides, et porter en soi le critérium de la vérité ; mais une telle philosophie est encore à venir, et la mienne en est bien éloignée. Après tout, le point capital dépend du témoignage du sentiment, et il faut bien recourir à une sanction subjective, qui ne peut se rencontrer que dans l'accord des esprits sincères. Sur ce point, l'assentiment de Meyer est à mes yeux important et précieux ; il me console de l'opposition de Herder, qui ne peut, paraît-il, me pardonner mes croyances kantiennes. Je n'attends pas d'ailleurs des adversaires de la nouvelle philosophie la tolérance que l'on pourrait accorder à tout autre système, dont on ne serait pas parvenu à se convaincre ; car la philosophie kantienne n'admet elle-même sur les points essentiels aucune tolérance, et elle a un caractère de rigueur trop marqué pour qu'un accommodement avec elle soit possible. Mais, à mes yeux, c'est un honneur pour elle ; car c'est une preuve qu'elle ne peut supporter l'arbitraire. Aussi n'a-t-on pas raison d'une telle philosophie avec de simples hochements de tête. C'est dans le champ ouvert, lumineux et accessible de l'examen, qu'elle bâtit son système ; elle ne cherche pas l'ombre ; elle ne réserve aucune part au sentiment person-

---

1. Kant, l'un des plus illustres philosophes de l'Allemagne et des temps modernes, auteur de la *Critique de la raison pure*, de la *Critique de la raison pratique*, de la *Critique du jugement*. Né en 1725 à Kœnigsberg, mort en 1804.
2. Voyez page 2, note 1.

nel ; mais elle veut être traitée comme elle traite ses voisins ; et il ne faut pas lui en vouloir si elle n'a de considération que pour les preuves solides. Je ne suis pas effrayé de penser que la loi du changement, devant laquelle aucune œuvre humaine ou divine ne trouve grâce, portera atteinte à la forme de cette philosophie, comme à toute autre ; mais ses fondements eux-mêmes n'ont pas à craindre ce destin : car depuis les âges les plus reculés de l'humanité, et depuis qu'il y a une raison dans le monde, on les a tacitement reconnus, et on a agi en conséquence.

On n'en peut dire autant de la philosophie de notre ami Fichte. Déjà de puissants adversaires s'élèvent dans son propre parti; et bientôt ils diront tout haut que tout chez lui se ramène à un spinozisme [1] subjectif. Il a fait venir ici un de ses anciens amis d'université, un certain Weisshuhn, espérant, sans doute, agrandir par lui son empire. Mais celui-ci, qui, d'après tout ce que j'en entends dire, est une tête philosophique remarquable, croit déjà avoir fait une brèche dans son système, et va écrire contre lui. A en croire les assertions verbales de Fichte, car il n'en est pas encore question dans son livre, le moi est créateur, même dans ses pures représentations, et toute réalité est enfermée en lui. Le monde n'est pour lui qu'une balle lancée par le moi, et que ce même moi rattrape par la réflexion. C'est ainsi, comme nous nous y attendions, qu'il aurait défini sa divinité [2].

Nous vous remercions tous de vos élégies. Il y règne une chaleur, une tendresse, une vraie et naturelle inspiration poétique singulièrement bienfaisante pour les gens habitués à la poésie de notre temps. C'est une véritable apparition du

1. Spinoza, philosophe panthéiste du dix-septième siècle, né à Amsterdam en 1632, mort en 1677, auteur de l'*Ethique*.
2. Si l'on veut bien comprendre l'admiration et l'attachement de Schiller pour la philosophie de Kant, il faut se rappeler que cette philosophie n'est nullement sceptique, comme on l'a trop souvent répété sans raison. Kant débute, il est vrai, par une critique de la métaphysique et des philosophies antérieures à la sienne ; mais il relève, dans la *Critique de la raison pratique*, la foi rationnelle au devoir, à la liberté, à l'immortalité, à la divinité. — Avec Fichte commence, au contraire, cette déviation de l'esprit philosophique qui aboutit à reconstruire une métaphysique panthéistique, non suivant les principes, mais bien plutôt contre les principes du criticisme de Kant.

génie poétique le plus pur. Il y a quelques traits dont j'ai regretté l'absence ; mais je comprends qu'il fallait les sacrifier. Il y a d'autres points sur lesquels je suis resté en doute ; je vous les indiquerai en vous renvoyant le manuscrit.

Puisque vous m'invitez à vous dire ce que souhaite avoir de votre main pour nos premiers numéros, je vous rappellerai votre idée de traiter le sujet de l'*Honnête procureur* de Boccace. Je préfère de beaucoup en elle-même la production à la recherche ; mais je suis d'autant plus de cet avis, en ce moment, que dans les trois premiers numéros des *Heures*, on philosophe déjà un peu trop, et qu'il y a disette d'œuvres poétiques. Sans cela, je vous parlerais de votre essai sur la peinture de paysage [1]. Suivant les arrangements actuels, le troisième numéro des *Heures* devrait paraître au commencement de janvier. Je compte que dans le premier numéro, nous aurons les élégies et votre première épître ; dans le second, la deuxième épître [2], et ce que vous pourrez encore nous envoyer cette semaine ; dans le troisième, encore une épître, et l'histoire tirée de Boccace ; c'en est assez pour assurer la valeur de chacun de ces numéros.

Je m'occuperai certainement des *Chevaliers de Malte*[3], dès que j'aurai achevé mes lettres esthétiques [4], dont vous n'avez encore lu que le tiers, et un petit essai sur le *Naïf*; mais tout cela pourrait bien me conduire jusqu'à la fin de l'année. Je ne puis donc promettre cette pièce pour le jour de naissance de la duchesse [5]; mais je pense en venir à bout pour la fin de l'hiver. Je parle là comme un homme sain et robuste qui peut disposer de son temps ; mais arrivé à l'exécution, le non-moi pourra bien me rappeler son existence.

Conservez-nous votre bon souvenir : vous vivez toujours dans le nôtre.

SCHILLER.

1. Il s'agit d'un essai sur la peinture de paysage, auquel Gœthe, fort occupé, on le sait, de toutes les questions artistiques, songeait à cette époque.
2. Épîtres en vers écrites par Gœthe.
3. Les *Chevaliers de Malte*; Schiller paraît s'être beaucoup occupé de ce sujet ; il en reste une preuve dans sa préface à l'histoire des *Chevaliers de Malte*, par Vertot.
4. Lettres de Schiller sur l'*Esthétique*.
5. La grande-duchesse de Saxe-Weimar.

9.

Lettre de Schiller. Il fait part à Gœthe de ses impressions et de ses réflexions à la lecture du premier livre de Wilhelm Meister[1].

Iéna, le 9 décembre 1794.

C'est avec un vrai bonheur que j'ai lu, ou plutôt dévoré le premier livre de *Wilhelm Meister*; je lui dois un plaisir que je n'avais pas éprouvé depuis longtemps, et que vous seul m'avez fait connaître. J'aurais envie de me fâcher sérieusement, si je pouvais attribuer la défiance avec laquelle vous me parlez de cette œuvre excellente à une autre cause qu'à la grandeur des exigences que votre génie doit s'imposer à lui-même. Je n'y trouve rien qui ne soit en parfaite harmonie avec un ensemble ravissant. N'attendez pas aujourd'hui des détails bien circonstanciés sur mon jugement. Les *Heures* et leur publication, sans compter le jour de poste, m'absorbent trop pour me permettre de rassembler convenablement mes esprits dans ce but. Si je puis conserver encore quelque temps les bonnes feuilles, je prendrai plus de temps pour cela, et je verrai si je peux deviner quelque chose de la marche ultérieure de l'action, et du développement des caractères. M. de Humboldt s'en est délecté, et trouve comme moi que votre génie s'y montre dans toute sa jeunesse virile, avec une force calme, et la plénitude de la puissance créatrice. Ce sera certainement l'effet que votre œuvre produira sur tout le monde. Tout s'y tient avec tant de simplicité et de beauté, et vous savez produire tant d'effet avec peu de chose! Je craignais d'abord, je l'avoue, à cause du long intervalle qui s'est écoulé entre le premier jet et l'achèvement définitif de votre œuvre, qu'on n'y pût apercevoir une certaine inégalité, ne fût-ce que celle de l'âge. Mais il n'y en a pas la moindre trace. Les hardis mor-

---

[1]. Les *Années d'apprentissage de Wilhelm Meister*, roman moral et esthétique, où Gœthe a rassemblé ses idées sur le vrai développement du caractère humain (*Voyez* page 1).

ceaux poétiques qui brillent comme des éclairs isolés, au milieu de la marche paisible de l'ensemble, produisent un effet admirable ; ils élèvent et remplissent l'esprit. Je ne veux rien dire aujourd'hui de la beauté des caractères, ni de la réalité vivante et palpable qui règne dans toutes le descriptions, et qui ne vous manque d'ailleurs dans aucune de vos compositions. Quant à la vérité du tableau de la vie et des mœurs des comédiens, j'en puis parler avec toute la compétence possible, car j'ai fait connaissance avec l'un et l'autre plus que je n'aurais lieu de le souhaiter. L'apologie du commerce est magnifique, et d'un sens profond. Avoir pu, après cela, soutenir glorieusement les inclinations de votre héros, est assurément une des plus grandes victoires remportées par la forme sur la matière d'une composition. Mais j'ai tort de me laisser aller ainsi à entrer dans le fond de votre roman, puisque je ne puis en ce moment en pousser plus loin l'étude.

J'ai mis arrêt chez Cotta sur votre nom et sur les nôtres à tous. A mon grand soulagement, j'ai terminé aujourd'hui l'avertissement ; il va être publié dans les annonces de la *Gazette littéraire*. Votre promesse de venir ici quelques jours après Noël est une grande consolation pour moi, et me fait envisager avec plus de sérénité ce triste hiver qui n'a jamais été mon ami.

Je n'ai rien pu apprendre touchant l'histoire de mademoiselle Clairon[1] : cependant j'attends encore quelques renseignements à ce sujet. Ma femme se souvient encore d'avoir entendu raconter qu'à Bayreuth, au moment de l'ouverture d'un vieux bâtiment, les anciens margraves étaient apparus, et s'étaient mis à prophétiser. Le juriste Hufeland, qui d'ordinaire, comme notre bon ami, parle *de rebus omnibus et quibusdam aliis*, n'a rien pu me dire là-dessus.

Tout le monde se rappelle à votre meilleur souvenir, et se réjouit de votre prochaine venue.

SCHILLER.

1. Célèbre actrice du dix-huitième siècle.

10.

Réponse de Gœthe à la lettre précédente.

Vous m'avez fait grand bien par le bon témoignage que vous me rendez du premier livre de mon roman. Après l'étrange destinée qu'à eue cette production, à tous points de vue, il n'y aurait rien d'étonnant à ce que je fusse dans la plus complète incertitude. J'ai fini par m'en tenir purement et simplement à mes idées ; je serai bien heureux si elles me conduisent au terme de ce labyrinthe.

Gardez le premier livre aussi longtemps que vous le voudrez ; pendant ce temps vous recevrez le second, et vous lirez le troisième en manuscrit. De cette manière vous trouverez plus de points d'appui pour votre jugement. Je souhaite que votre plaisir, loin de diminuer, aille en grandissant avec les livres suivants. Puisque j'ai le suffrage de M. Humboldt en même temps que le vôtre, ce sera une raison de continuer mon œuvre avec d'autant plus d'ardeur et de courage.

La suppression, à la suite des articles, des noms qui ont paru dans l'annonce, augmente certainement l'intérêt; seulement il faut que les articles soient intéressants.

L'histoire de Mlle Clairon ne me préoccupe plus ; ne m'en dites plus rien jusqu'à la publication de notre œuvre.

Portez-vous bien. J'espère que je serai assez heureux pour commencer la nouvelle année avec vous.

GŒTHE.

Weimar, le 10 décembre 1794.

11.

Lettre de Schiller. Souhaits pour la nouvelle année 1795.

Iéna, le 2 janvier 1795.

Mes meilleurs vœux pour cette année, et encore un cordial remerciment pour l'année écoulée, que votre amitié a rendue mémorable entre toutes.

Je l'ai terminée au milieu d'une grande activité, et pour avoir achevé quelque chose, si vous venez, je me suis quelque peu surchargé pendant ces derniers jours. Maintenant je suis au terme de mon travail, et je pourrai, si vous venez, vous le soumettre.

Je me réjouis d'avance de lire la suite de *Wilhelm Meister*, que vous m'apporterez sans doute; j'en jouirai d'autant plus maintenant que je soupire positivement après une représentation de la destinée individuelle de l'homme.

Ne pourriez-vous aussi nous faire entendre quelques scènes de Faust? Madame de Kalb, qui en connaît quelque chose, a excité au dernier point ma curiosité, et je ne vois pas qu'il y ait rien, dans tout le monde poétique, qui puisse me faire plus de plaisir.

J'espère, d'ici à quelques jours, ou vous voir vous-même, ou recevoir quelque nouvelle de l'époque de votre venue.

Tout le monde vous fait ses meilleurs compliments.

SCHILLER.

12.

Réponse de Gœthe à la lettre précédente.

Bien du bonheur pour la nouvelle année! passons-la, comme nous avons terminé la précédente, avec un intérêt réciproque pour tout ce que nous faisons et tout ce que nous aimons. Si les esprits de même nature ne s'unissent pas, que deviendront la société et la sociabilité? Je suis plein de joie, dans l'espérance que l'action que nous exerçons l'un sur l'autre et notre confiance mutuelle iront toujours en croissant.

Ci-joint le premier volume de mon roman. Le second exemplaire est pour Humboldt. Puisse le second livre vous causer le même plaisir que le premier! Je vous apporterai le troisième en manuscrit.

Je pense bien vous livrer en temps opportun l'histoire du revenant.

Je suis bien désireux de voir votre travail. Meyer vous salue. Nous arriverons probablement le dimanche 11. D'ici là vous aurez encore de mes nouvelles. Portez-vous bien.

GŒTHE.

Weimar, le 3 janvier 1795.

13.

Lettre de Schiller. Jugement sur le caractère général du Wilhelm Meister.

Iéna, le 7 janvier 1795.

Recevez mes meilleurs remercîments pour l'exemplaire de votre roman que vous m'avez envoyé. Tel est le sentiment qui me pénètre et s'empare de moi de plus en plus complétement, à mesure que j'avance dans la lecture de votre livre, que je ne puis mieux l'exprimer qu'en le comparant à un doux et intime sentiment de bien-être, à l'impression d'une santé parfaite de corps et d'esprit ; et je gagerais bien qu'il produira le même effet sur tous les lecteurs.

Je m'explique cette action bienfaisante par la clarté paisible, le poli, la transparence qui règnent partout dans votre œuvre : rien qui laisse l'esprit mécontent et inquiet, rien qui le mette en mouvement, plus qu'il n'est nécessaire, pour exciter et entretenir en nous un joyeux sentiment de vitalité. Quant aux détails, je ne vous en parlerai pas avant d'avoir lu le troisième livre, que j'attends avec impatience.

Je ne puis vous dire combien il m'est pénible de passer d'une œuvre de cette nature aux matières philosophiques. Là, tout est si serein, si vivant, si harmoniquement fondu, si humainement vrai! Ici, tout est si sévère, si rigide et si abstrait, si contraire à la nature! car tout dans la nature est synthèse, tandis que la philosophie n'est rien qu'antithèse. A la vérité, je puis me rendre ce témoignage que je reste dans mes spéculations aussi fidèle à la nature que l'idée même d'analyse le comporte ; peut-être lui suis-je resté plus fidèle que nos kantistes ne le croient possible et permis. Mais je n'en sens pas moins vivement quelle distance infinie sépare la vie du raisonnement, et dans ces moments de mélancolie, je ne puis m'empêcher de considérer comme un défaut de ma nature ce que, dans des heures plus sereines, j'envisage uniquement comme une propriété naturelle de la chose dont je m'occupe. Ce qu'il y a de certain, en tout cas, c'est que le poëte seul est vraiment homme ; le philosophe n'est, auprès de lui, qu'une caricature.

Je suis bien impatient, est-il besoin de vous le dire, de savoir ce que vous direz de ma métaphysique du beau. Comme le beau est l'expression de l'homme tout entier, mon analyse du beau est l'expression de ma nature personnelle tout entière ; et j'ai le plus grand intérêt à savoir comment cette nature s'accorde avec la vôtre.

Votre venue ici sera pour moi une source d'aliments pour le cœur et l'esprit. Je suis surtout désireux de goûter en commun avec vous certaines œuvres poétiques.

Vous m'avez promis de me faire entendre, à l'occasion, vos épigrammes. Ce serait une grande joie pour moi si vous me faisiez cette lecture pendant votre séjour à Iéna ; car je ne sais trop quand je pourrai aller à Weimar.

Faites à Meyer mes compliments les plus amicaux. Tout le monde, chez nous, se réjouit de votre prochaine arrivée à tous deux ; mais personne plus que

Votre sincère admirateur et ami.

SCHILLER.

Au moment de fermer ma lettre, je reçois la suite tant désirée de *Wilhelm Meister*. Mille fois merci.

14.

Lettre de Schiller. Il apprécie le quatrième livre du Wilhelm Meister.

Iéna, le 22 février 1795.

Voici, selon votre désir, le quatrième livre de votre roman. Partout où j'ai trouvé quelque difficulté, j'ai fait un trait à la marge. Vous en trouverez sans peine le sens ; si vous ne le trouvez pas, vous n'y perdrez pas grand'chose.

J'ai une observation particulièrement importante à vous faire, au sujet du présent en argent que Wilhelm reçoit et accepte de la comtesse par l'entremise du baron. Il me semble, et c'est aussi la pensée de Humboldt, qu'après les tendres rapports de Wilhelm et de la comtesse, celle-ci ne peut lui offrir un tel présent, surtout par des mains étrangères, et lui ne peut l'accepter. J'ai cherché dans la situation un moyen de sauver la délicatesse des deux personnages, et je crois qu'on pourrait y réussir, si le présent lui était offert comme remboursement de ses frais, et s'il l'acceptait à ce titre. Décidez vous-même; mais dans la forme présente du récit, le lecteur est choqué et se demande comment concilier un tel fait avec la tendresse des sentiments du héros.

D'ailleurs, à la seconde lecture, j'ai trouvé une nouvelle source de plaisir dans la vérité infinie des descriptions et le développement des dissertations sur *Hamlet*. Quant à ces dernières, je voudrais, uniquement dans l'intérêt de l'enchaînement de l'ensemble et de la variété si bien observée partout ailleurs, que ce sujet ne fût pas traité tout à la fois et d'un seul coup, mais fût interrompu par quelques incidents importants. Lors de la première entrevue avec Serlo, la question est trop vite remise sur le tapis, et il en est de même un peu plus tard, dans la chambre d'Aurélie. En tout cas, ce sont là des riens que le lecteur ne remarquerait même pas, si tout ce qui précède ne l'avait disposé à l'attente de la plus grande variété.

Kœrner, qui m'a écrit hier, m'a expressément recommandé de vous remercier pour tout le plaisir que lui cause *Wilhelm Meister*. Il n'a pu s'empêcher de mettre en musique quelques passages, qu'il me charge de vous offrir. L'un des morceaux est pour la mandoline, l'autre pour le clavecin. Le premier doit être en vente quelque part à Weimar.

Je suis forcé de vous prier sérieusement de penser à votre troisième numéro des *Heures*. Cotta me demande instamment de lui envoyer plus tôt les manuscrits, et regarde le 10 du mois comme le terme le plus éloigné pour la réunion des articles. Il faudrait donc que le vôtre pârtit d'ici le 3. Pensez-vous pouvoir achever pour cette époque le *Procureur*? En tout cas, il ne faut pas que ma demande vous importune; car vous êtes entièrement libre de le destiner au troisième ou au quatrième numéro, puique l'un des deux ne doit rien contenir de vous.

Nous vous faisons de tout cœur nos compliments; mes meilleures amitiés à Meyer, je vous prie.
SCHILLER.

15.

Réponse de Gœthe. Courtes réflexions sur son Wilhelm Meister.

La semaine dernière, je me suis trouvé pris d'une inspiration singulière, qui, heureusement, dure encore. L'envie m'est venue de revoir le livre religieux de mon roman; et comme le tout repose sur les plus nobles illusions et sur la plus délicate confusion du subjectif et de l'objectif, il me fallait pour cette partie plus d'inspiration et de recueillement que pour aucune autre. Et encore, comme vous le verrez en temps et lieu, une telle peinture m'aurait été impossible, si je n'avais pas auparavant rassemblé des études d'après nature. Ce livre, que j'espère terminer avant les Rameaux [1], m'a avancé d'une manière inespérée dans mon travail; car, conduisant tantôt en arrière et tantôt en avant, il sert à la fois de limite et de guide. Le *Procureur* est aussi écrit, et n'a plus besoin que d'être revu rapidement. Vous pourrez donc l'avoir à temps.

J'espère que rien ne m'empêchera d'aller chez vous aux Rameaux, et d'y passer quelques semaines; nous aurons alors encore quelques bons moments.

Je suis impatient de voir vos derniers travaux; les premiers, que nous avons relus sur l'imprimé, nous ont fait grand plaisir.

Les *Heures* font beaucoup de bruit à Weimar; je n'ai pas encore rencontré d'opinion décisive pour ou contre; mais on court littéralement après elles; on s'arrache les numéros, et, pour le début, nous ne demandions pas davantage.

M. de Humboldt doit avoir beaucoup travaillé! J'espère causer anatomie avec lui aussi. Je lui destine quelques préparations qui n'ont rien d'extraordinaire, mais qui sont pourtant intéressantes. Saluez-le cordialement pour moi,

---

1. Le dimanche des Rameaux est aussi appelé la *fête des Palmes*.

ainsi que les dames. Le *Procureur* est tout prêt à paraître. Portez-vous bien et aimez-moi ; je ne serai pas en reste.

Weimar, le 18 mars 1795.

GŒTHE.

16.

Lettre de Schiller. Il répond aux observations contenues dans la lettre précédente de Gœthe.

La peinture que vous venez d'entreprendre excite vivement ma curiosité. Elle portera peut-être moins qu'une autre l'empreinte de votre personnalité ; car il me semble qu'il y a là une corde qui ne vibre pas souvent chez vous. Je suis d'autant plus impatient de voir comment vous vous serez pénétré d'un élément aussi hétérogène. L'enthousiasme religieux ne peut convenir qu'à des esprits contemplatifs et comme abîmés en eux-mêmes ; ce qui n'est pas votre cas. Je ne doute pas un instant que votre peinture ne soit vraie ; mais elle devra sa vérité à la puissance de votre génie, et non à l'inspiration de votre nature personnelle.

Voilà quelque temps que je suis infidèle à mes travaux philosophiques, et tout occupé de produire quelque chose pour le quatrième numéro des *Heures*. C'est le siège bien connu d'Anvers qui m'est échu en partage ; la chose est déjà passablement avancée ; et quand vous arriverez la ville sera prise. Ce travail me fait voir combien le précédent était pénible ; car, sans que j'y mette la moindre négligence, je m'en tire comme d'un jeu ; et la quantité de pitoyables écrits qu'il me faut feuilleter, et qui chargent ma mémoire, me rappellent seuls que je travaille. A la vérité, je n'en tire non plus qu'un assez maigre plaisir ; mais je serai, je l'espère, comme les cuisiniers, qui ont peu d'appétit pour leur compte, mais savent l'exciter chez les autres.

Vous me rendriez un grand service, si vous pouviez m'envoyer, d'ici à lundi, le *Procureur*, si impatiemment attendu. Je ne serais pas alors forcé d'imprimer le commencement de mon histoire avant d'avoir achevé la fin. Si vous aviez quelque empêchement, faites le moi savoir, je vous prie, avant dimanche soir. Mais j'espère, ce qui vaudra beaucoup mieux, que vous serez prêt.

Je me réjouis de tout cœur de ce que vous voulez bien passer avec nous les fêtes de Pâques; j'ai besoin d'une vive excitation venant du dehors et d'une main amie.

Mes compliments à Meyer. Je voudrais bien qu'il pût sous peu nous envoyer quelque chose.

Tout notre monde vous fait ses compliments et vous attend avec impatience.

SCHILLER.

17.

Lettre de Schiller. Appréciation du cinquième livre de Wilhelm Meister.

Iéna, le 15 juin 1795.

J'ai lu le cinquième livre de *Wilhelm Meister* avec une véritable ivresse; j'en ai ressenti une impression unique et sans mélange. Dans le reste de l'ouvrage même, il n'y a rien qui m'ait frappé ainsi coup sur coup, et m'ait entraîné malgré moi dans son tourbillon. C'est seulement à la fin que j'ai pu retrouver la réflexion et le calme. Quand je pense à la simplicité des moyens qui vous servent à exciter un intérêt si entraînant, je suis encore plus dans l'admiration. Pour le détail aussi, j'ai trouvé des morceaux excellents. Le plaidoyer de Meister devant Werner pour justifier son engagement sur le théâtre, cet engagement même, Serlo, le souffleur, Philine, la nuit folle sur le théâtre, etc., tout cela est traité avec un bonheur extraordinaire. Vous avez su tirer un tel parti de l'apparition du fantôme anonyme, que je ne sais que vous en dire. C'est une des idées les plus heureuses que je connaisse, et vous avez épuisé jusqu'à la dernière goutte l'intérêt qu'elle pouvait offrir. A la fin, chacun s'attend, il est vrai, à voir paraître l'esprit à la table des comédiens; mais comme vous faites vous-même cette remarque, on voit bien que vous avez de bonnes raisons pour ne pas le faire paraître en ce moment. Quant au fantôme lui-même, il donne lieu à autant d'hypothèses qu'il y a, dans le roman, de personnages capables d'en jouer le rôle. La majorité, chez nous, veut que Marianne soit le fantôme, ou qu'elle soit du moins en rapport avec lui. Nous avons aussi quelque disposition à croire que le farfadet féminin, que Wilhelm saisit entre ses bras dans une chambre à coucher, ne fait avec le fantôme qu'une seule et même personne. La dernière apparition m'a fait penser aussi à Mignon, qui, ce soir-là, paraît avoir reçu de grandes révélations sur son sort. Vous voyez par ce petit échantillon herméneutique que vous avez bien réussi à garder votre secret.

La seule critique que je pourrais faire à propos de ce cinquième livre, c'est qu'il m'a semblé de temps en temps que vous aviez donné à la partie exclusivement relative à la vie théâtrale plus d'étendue que n'en comporte la libre et large idée de l'ensemble. On dirait parfois que vous écrivez pour les comédiens, quand vous n'avez voulu pourtant qu'écrire sur les comédiens. Le soin que vous apportez à certains petits détails de ce genre, l'attention que vous accordez à certains petits avantages de l'art dramatique, qui ont leur importance pour le comédien et le directeur, mais non pour le public, tout cela donne à cette partie de votre œuvre la fausse apparence d'une destination spéciale, et si l'on ne devine pas cette destination, on pourra du moins vous reprocher d'avoir trop cédé à un amour personnel pour le sujet. Si vous pouviez enfermer cette partie dans des limites plus étroites, l'ensemble s'en trouverait certainement bien.

Maintenant encore un mot sur vos lettres au rédacteur des *Heures*. J'ai déjà pensé que nous ferions bien d'ouvrir dans les *Heures* comme une arène à la critique. Des articles de cette espèce donnent immédiatement de la vie au journal, et excitent sûrement l'intérêt du public. Seulement il ne faudrait pas nous laisser ôter la direction des mains, ce qui ne manquerait pas d'arriver si nous accordions quelques droits au public et aux auteurs; une invitation formelle du public ne nous permettrait certainement d'attendre que les plus pitoyables jugements, et les auteurs, on en a plus d'un exemple, se rendraient importuns. Ma proposition est donc que nous commencions nous-mêmes l'attaque. Les auteurs qui voudraient ensuite se défendre dans les *Heures* seraient bien obligés de se soumettre aux conditions que nous leur imposerions. Je conseillerais aussi de débuter, non par l'annonce de cette initiative, mais par l'initiative elle-même. Ce ne sera pas un grand mal qu'on nous accuse d'être intraitables et impertinents.

Que diriez-vous, si je vous écrivais au nom d'un M. X. pour me plaindre de ce que l'auteur de *Wilhelm Meister* se tient si volontiers au milieu des comédiens, et évite la bonne société? C'est certainement là la critique commune que vous adressera le beau monde, et il ne serait ni sans utilité ni sans intérêt de redresser les jugements sur ce point. Si vous voulez répondre, je vous fabriquerai une lettre de ce genre.

J'espère que votre santé est maintenant meilleure. Que le ciel bénisse vos travaux et vous donne encore beaucoup de belles heures, comme celles où vous avez écrit *Wilhelm Meister*!

J'attends avec une grande impatience vos articles pour l'*Almanach des Muses*, et les entretiens que vous m'avez fait espérer. Chez moi, on va mieux; tout le monde vous salue.

SCHILLER.

18.

Réponse de Gœthe à la lettre précédente.

La satisfaction que vous a causée le cinquième livre de mon roman m'a comblé de joie et m'a donné des forces pour le reste de mon travail. Il m'est bien agréable de voir que les mystères surprenants et fantastiques produisent leur effet, et que, sur votre témoignage même, j'ai heureusement mis en œuvre la situation donnée. J'ai utilisé d'autant plus volontiers vos remarques sur le bavardage théorico-pratique, et, dans quelques endroits, j'ai fait agir les ciseaux. On ne se débarrasse pas facilement de ces restes du premier travail; et cependant j'ai déjà raccourci presque d'un tiers le premier manuscrit.

Portez-vous bien, ainsi que les vôtres, et faites mes compliments à Humboldt.

Weimar, le 18 juin 1795.

GŒTHE.

19.

Lettre de Gœthe. Attaques dirigées contre ses écrits et ses travaux scientifiques ; ouvrages qu'il prépare.

Avez-vous déjà lu l'odieuse préface dont Stolberg[1] a fait précéder ses Dialogues platoniciens? Ses attaques sont si absurdes et si inconvenantes que j'ai grande envie d'aller le trouver et de lui infliger une bonne correction. Il est très-facile de faire ressortir la sotte injustice de cette plèbe bornée ; on a de son côté le public raisonnable, et il y a une sorte de guerre déclarée à la médiocrité, qu'il nous faut poursuivre dans toutes les branches de l'art. Par la secrète conspiration du silence, de la folie et de la sottise, qu'elle a tramée contre nous, elle mérite depuis longtemps que nous lui rendions les honneurs qui lui sont dus, et que, dans la suite, nous ne l'oubliions pas.

A propos de mes travaux scientifiques, que je rassemble peu à peu, je vois que ce serait chose doublement nécessaire et qu'il ne faut pas négliger. Je suis prêt à me mettre très-franchement à la besogne contre les critiques, les journalistes, les écrivains de revues et les auteurs de compte rendus, à m'en expliquer très-librement devant le public dans un avant-propos ou un appendice, et à ne laisser passer dans ce cas à personne ses trahisons et ses réticences.

Que pensez-vous, par exemple, de Lichtenberg[2], avec qui

---

1. Stolberg (le comte Frédéric-Léopold de), né en 1750 à Bramstedt (Holstein), mort en 1819 ; poëte distingué, dont Boie ne craint pas de comparer les œuvres lyriques à celles de Klopstock ; il fit d'abord partie de l'alliance de Gœttingue (𝔊𝔬̈𝔱𝔱𝔦𝔫𝔤𝔢𝔯 𝔅𝔲𝔫𝔡) et se montra républicain exalté ; mais plus tard, lorsque éclata la révolution française, il changea complètement d'opinion, et, dans les premières années de ce siècle, il embrassa ouvertement le catholicisme ; il avait rempli plusieurs postes diplomatiques.

2. Lichtenberg, né en 1742 à Ober-Ramstadt près de Darmstadt, mort en 1799, s'est surtout occupé de l'étude des mathématiques et de la physique ; il a cependant composé plusieurs écrits sur la littérature allemande ; en particulier, sur le théâtre et le roman ; on a conservé de lui ses lettres écrites d'Angleterre (1775).

j'ai entretenu une correspondance sur les questions d'optique, avec qui j'avais des relations très-courtoises, et qui, dans sa nouvelle édition de l'*Abrégé d'Erxleben*, ne mentionne pas même mes travaux ? C'est pourtant pour y faire entrer les découvertes les plus nouvelles qu'on réédite un abrégé, et ces messieurs ont l'habitude de les noter assez vite sur leurs livres interfoliés. Combien de manières n'y a-t-il pas d'expédier ainsi un écrit en passant ! Mais cette tête ingénieuse n'a su en ce moment s'aviser d'aucun.

Les dispositions esthétiques et sentimentales sont, en ce moment, fort loin de moi ; que va-t-il advenir de mon pauvre roman ? J'utilise, en attendant, mon temps comme je peux ; et il y a lieu d'espérer, à la marée basse, que le flux ne tardera pas à revenir.

Le sixième livre de mon roman a aussi produit un heureux effet ; à la vérité, le pauvre lecteur, en face de semblables productions, ne sait jamais où il en est ; car il ne s'avise pas que jamais il ne prendrait ces livres en main, si l'on ne s'entendait à se jouer de sa pénétration, de ses impressions et de sa curiosité.

Ma nouvelle a recueilli beaucoup d'approbations précieuses, et à l'avenir, je travaillerai en ce genre avec plus de confiance.

Le dernier volume de mon roman ne peut pas, dans tous les cas, paraître avant la Saint-Michel[1] ; il serait très-bon de mettre à ce sujet à exécution les plans dont vous me parliez dernièrement.

Mon nouveau conte aura de la peine à être terminé en décembre ; je ne puis même passer à celui-là sans avoir dit, d'une manière ou d'une autre, quelques mots d'explication sur le premier. Si je puis achever quelque chose de passable en ce genre au mois de décembre, je serai heureux de prendre part de cette manière aux premiers débuts de l'année.

Portez-vous bien ! Puissions-nous longtemps encore jouir des nôtres et de notre amitié. Pour la nouvelle année, j'espère vous rendre encore une visite de quelques jours.

Weimar, le 21 novembre 1795.

GŒTHE.

1. La fête et la foire de Saint-Michel.

20.

Réponse de Schiller à la lettre précédente.

Le 23 novembre 1795.

Votre mauvaise humeur contre les Stolberg, Lichtenberg et consorts s'est communiquée à moi, et je serais enchanté que vous leur appreniez à vivre. Après tout, c'est *l'histoire du jour*. Il n'en a jamais été autrement, et jamais autrement il n'en sera. Soyez sûr que si vous avez une fois écrit un roman ou une comédie, il vous faudra faire à perpétuité des romans et des comédies. On n'attend, on n'admet pas autre chose de vous. Si le célèbre Newton[1] avait débuté par une comédie, on lui aurait longtemps contesté non-seulement son optique, mais son astronomie elle-même. Si vous vous étiez amusé à publier vos découvertes en optique sous le nom de notre professeur Voigt, ou de tel autre héros de la chaire académique, vous auriez fait merveille. C'est bien moins encore contre l'innovation que contre la personne dont elle émane que ces Philistins se déchaînent si fort.

Je voudrais bien voir de mes yeux le *delictum* Stolberg. Si vous pouvez me l'envoyer par la poste, vous me feriez grand plaisir. La présomption et l'impuissance sont unies à un tel degré dans cet homme que je ne puis en avoir pitié. Cet extravagant de Benisch, le Berlinois, qui se mêle de tout, a lu aussi la critique des *Heures*; et, dans le premier feu, il a écrit sur moi et mon caractère d'écrivain un article qui doit me servir d'apologie contre ces critiques. Heureusement qu'un de mes amis l'a reçu en manuscrit de Genz[2], au journal duquel il était destiné, et en a empêché l'impression. Mais je ne suis pas sûr qu'il ne le fera pas paraître ailleurs. C'est un malheur fait pour moi, au milieu de tant et de si violents ennemis, d'avoir surtout à craindre la mala-

---

1. Newton, l'un des plus illustres savants des temps modernes.
2. Friederich von Genz, né en 1764 à Breslau, mort en 1832, est un prosateur de mérite, qui a dirigé successivement le nouveau journal mensuel allemand (die neue deutsche Monatschrift), auquel il est fait ici allusion, et le journal historique, fondé en 1799.

dresse d'un ami, et d'être contraint de faire taire à tout prix les quelques voix qui veulent parler pour moi.

Herder vous enverra ma dissertation sur la poésie sentimentale ; vous n'en avez encore entendu que la plus petite partie, et je vous prierai de parcourir encore une fois l'ensemble. J'espère que vous en serez content ; je ne crois pas avoir rien réussi de mieux en ce genre. Ce jugement dernier de la plus grande partie des poëtes allemands fera, je crois, bon effet à la fin de l'année, et donnera beaucoup à penser à messieurs nos critiques. Le ton est franc et ferme, quoique partout, je l'espère, avec les ménagements convenables. J'ai, chemin faisant, effleuré le plus de monde possible, et il est peu de nos poëtes qui sortent sans blessures de la rencontre.

Je me suis étendu tout à mon aise sur le naturalisme et ses droits, à propos des *Élégies*, ce qui a valu à Wieland[1] un petit coup de patte. Mais je n'y puis rien ; on ne s'est jamais gêné, Wieland pas plus que les autres, pour dire son opinion sur mes défauts ; on me les a fait connaître, au contraire, assez durement plus souvent que de raison ; maintenant que j'ai par hasard le jeu dans les mains, je n'ai pas de motifs pour taire ma pensée.

Portez-vous bien. Je serai bien heureux si, après le nouvel an, nous pouvons encore passer ensemble quelques bonnes semaines.

SCHILLER.

.21.

Lettre de Schiller. Il applaudit au projet formé par Gœthe de publier, sous le titre de Xénies, une série de poésies satiriques.

Le 29 décembre 1795.

Votre idée des *Xénies*[2] est admirable ; il faut la mettre à exécution. Celles que vous m'avez envoyées aujourd'hui

---

[1]. Wieland, né en 1733 à Ober-Holzheim, dans la Souabe, mort à Weimar en 1813, est l'un des plus grands écrivains de l'Allemagne, l'auteur d'*Agathon*, d'*Obéron*, de l'*Histoire des Abdéritains*, etc. Voir sur Wieland le beau travail de M. E. Hallberg.

[2]. Le nom des Xénies est emprunté à Martial, le poëte latin ; le

m'ont fort amusé, surtout les dieux et les déesses que vous y mêlez. De semblables titres suffisent presque à assurer le succès. Mais je pense que, si nous voulons compléter la centaine, il nous faudra aussi nous attaquer à des œuvres en particulier, et quelle riche matière ne trouverons-nous pas là ! Ne nous ménageons pas nous-mêmes ; nous pouvons mordre sur le sacré et le profane. Quelle abondance de sujets ne nous offre pas la clique de Stolberg, Racknitz, Ramdohr [1], le monde métaphysique avec son moi et son non-moi, l'ami Nicolaï [2], votre ennemi juré, et la boutique de Leipzig, et Thümmel [3], et Gœschen, son écuyer, et tant d'autres !

SCHILLER.

22.

Réponse de Gœthe à la lettre précédente.

30 décembre 1795.

Je suis heureux que les *Xénies* aient trouvé faveur auprès de vous, et je suis tout à fait d'avis que nous devons continuer à attaquer autour de nous. Comme Charis [4] et Jean feront bonne figure l'un à côté de l'autre ! Ce sont des riens

---

treizième livre de ses épigrammes est composé de distiques, que l'auteur appelle Xénies, du mot grec ξένια, présents d'hospitalité, dons offerts par l'hôte à ceux qu'il reçoit. Les Xénies de Gœthe et de Schiller sont des épigrammes condensées en un seul distique.

1. Écrivains peu connus, auteurs de livres de philosophie et d'esthétique ; Ramdohr avait composé un ouvrage intitulé *Charis ou du beau dans les arts d'imitation*.
2. Nicolaï (Christophe-Frédéric), né à Berlin en 1733, écrivit de concert avec Lessing et Mendelssohn les lettres célèbres sur la littérature, qui exercèrent une grande influence sur le développement des esprits en Allemagne ; il devint par amour-propre et par envie l'ennemi de Schiller et de Gœthe.
3. Thümmel, né à Leipzig en 1738, mort à Cobourg en 1817, écrivain satirique, connu par sa *Wilhelmine* ou le *pédant fiancé*, et par son Voyage romanesque dans les provinces du midi de la France.
4. Allusion à l'ouvrage de Ramdohr, indiqué plus haut.

qu'il nous faut écrire par-ci par-là, pour les trier soigneusement ensuite. Sur notre propre compte, nous ne pouvons mettre dans nos vers que ce que disent les niais ; ainsi nous nous dissimulerons encore sous la forme ironique.

La critique des *Xénies* sera une vraie merveille ; nos adversaires en guettent l'apparition avec une vraie rage ; de quelque façon qu'elle réussisse, elle fera toujours marcher nos affaires.

GŒTHE.

23.

Lettre de Schiller. Sur l'Idylle de Gœthe, Alexis et Dora, et sur Herder[1].

Iéna, le 18 juin 1796.

Votre idylle m'a, à la seconde lecture, ému aussi profondément, plus profondément même qu'à la première. Elle est certainement au nombre des plus belles choses que vous ayez faites, tant elle est pleine de simplicité, avec une insondable profondeur de sentiment. La précipitation impatiente de l'équipage resserre tellement le lieu de la scène pour les deux amants, et leur fait une situation si pleine d'angoisses et si grave, que ce court moment acquiert réellement la valeur de toute une longue vie. Il serait difficile d'imaginer un autre cas où la fleur de la poésie d'un sujet ait été cueillie avec tant de pureté et de bonheur. Pourquoi placez-vous la jalousie si près de l'amour, et laissez-vous la crainte dévorer si vite le bonheur ? Je ne puis me l'expliquer d'après ma propre manière de sentir, et je n'ai pourtant rien de satisfaisant à objecter. Je sens seulement que l'heureuse ivresse avec laquelle Alexis quitte son amante et s'embarque devrait durer toujours.

Le livre de Herder m'a fait à peu près la même impression qu'à vous. Seulement, comme c'est l'ordinaire pour ses écrits, il me fait perdre plus de ce que je croyais posséder

---

[1]. C'est la réponse à une courte lettre de Gœthe, qui annonçait à son ami l'envoi de son idylle d'Alexis et Dora, et appréciait brièvement le livre de Herder (*Lettres sur l'humanité*).

qu'il ne me fait gagner du nouveau. Il tend sans cesse à unir, et rapproche ce que les autres séparent ; c'est ce qui fait qu'il détruit en moi plus qu'il ne met en ordre. Sa haine implacable contre la rime me semble aussi poussée trop loin, et je ne regarde pas comme suffisantes les raisons qu'il fait valoir à ce sujet. L'origine de la rime peut être vulgaire et antipoétique ; c'est possible ; mais il faut bien s'en tenir à l'effet qu'elle produit, et il n'y a pas de raisonnement qui puisse ôter à cet effet sa réalité.

Dans ses *Confessions* sur la littérature allemande, ce qui m'irrite, indépendamment de sa froideur pour le beau, c'est son étrange tolérance pour les œuvres les plus pitoyables. Il lui coûte aussi peu de parler avec estime d'un Nicolaï ou d'un Eschenburg[1] que des écrivains les plus considérables ; moi et Stolberg, Rosegarten et mille autres, il nous confond dans le plus singulier pot-pourri du monde. Sa vénération pour Kleist[2], Gerstenberg[3] et Gessner[4], et en général pour tout ce qui est mort et démodé, marche du même pas avec sa froideur pour tout ce qui est vivant.

Portez-vous bien. Ma femme vous fait ses meilleurs compliments ; sa santé est toujours au même point.

Schiller.

1. Eschenburg, né en 1743 à Hambourg, mort en 1820, auteur des *Monuments de l'ancienne poésie allemande*.
2. Kleist (Christian-Ewald von), né en 1715 à Zeblin en Poméranie, mort à Francfort-sur-l'Oder en 1759, poète de l'ancienne école, ami de Gleim. Il ne faut pas le confondre avec Henri de Kleist, le spirituel auteur de *la Cruche cassée*.
3. Gerstenberg, né en 1737 à Tondern dans le Schleswig, mort à Altona en 1827, est surtout connu par sa tragédie d'Ugolin, dont il emprunta le sujet à l'*Enfer* de Dante.
4. Gessner (Salomon), né à Zurich en 1730, mort en 1787, connu par ses Idylles, dont la principale a pour titre : *Daphnis*.

24.

Lettre de Schiller. Il apprécie le huitième livre de Wilhelm Meister.

N'attendez encore rien de précis aujourd'hui sur l'impression que m'a faite le huitième livre. Je suis à la fois inquiet et satisfait. Le désir et le calme se mêlent étrangement en moi. Au milieu de la masse d'impressions que j'ai éprouvées, c'est l'image de *Mignon* qui ressort en ce moment avec le plus de force. Le vif intérêt qu'elle excite ne demande-t-il pas encore plus que vous ne lui avez donné? Je ne saurais encore le dire. Peut-être est-ce un effet du hasard; car, en ouvrant le manuscrit, mes yeux sont tombés sur la chanson de Mignon, et j'en ai été si profondément ému que je n'ai pu, après cela, en affaiblir l'impression.

Ce qu'il y a de plus remarquable dans l'impression générale que produit ce livre, c'est, me semble-t-il, que le sérieux et la douleur disparaissent comme des ombres, et sont dominés par une disposition gaie et sereine. Je me l'explique en partie par la délicatesse et l'aisance de l'exécution, mais je crois en trouver une autre cause dans la manière dramatique et romanesque dont les incidents sont amenés. Les parties pathétiques rappellent le roman; tout le reste porte l'empreinte de la vie réelle. Les coups douloureux dont le cœur est frappé s'effacent vite, quelque vivement qu'ils aient été ressentis, parce qu'ils ont une cause surnaturelle, et par là même rappellent mieux que toute autre chose l'intervention de l'art. Quoi qu'il en soit, il est certain que le sérieux dans votre roman n'est au fond qu'un jeu de l'esprit, et que les parties où l'esprit semble se jouer sont seules vraiment graves et sérieuses, que la douleur est l'apparence, et le calme la seule réalité.

Frédéric, ce personnage si sagement ménagé, qui, par sa turbulence, fait à la fin tomber le fruit mûr de l'arbre et rapproche ce qui est destiné à s'unir, apparaît au dénoûment comme un ami qui, par un éclat de rire, nous réveille d'un rêve anxieux. Le rêve disparaît avec les autres ombres ; mais son image subsiste pour jeter sur le présent un calme de majestueuse inspiration, pour donner au calme et à la sérénité qui lui succèdent une couleur poétique et une infinie profondeur. Cette profondeur, sous une surface calme, qui presque toujours est le propre de votre génie, caractérise spécialement votre roman.

Mais je ne veux pas me laisser aller à en dire plus aujourd'hui, malgré toute l'envie que j'en ai ; je ne pourrais vous rien donner de suffisamment mûr. Pourriez-vous m'envoyer le plan du septième livre, dont vous avez fait faire une copie ? Vous me rendriez ainsi le service de me faire connaître le tout en même temps que les détails. Quoique ce livre soit encore tout frais dans ma mémoire, quelque petit anneau pourrait m'avoir échappé dans mon entraînement.

Comme ce huitième livre se rattache bien au sixième, et quel avantage vous avez pu tirer des anticipations de ce dernier ! je le vois clairement maintenant, et je comprends que toute autre marche de l'action serait impossible. On connaît cette famille longtemps avant de la voir agir, et il semble que la connaissance qu'on fait avec elle n'ait pas de commencement ; c'est un tour de force d'optique qui produit le meilleur effet.

Vous avez su faire un usage excellent de la collection artistique du grand-père ; elle devient vraiment un des membres de l'action et semble un être vivant.

Mais assez pour aujourd'hui. Dimanche soir j'espère vous en dire davantage.

Je ne vous ai encore rien écrit à propos d'*Hespérus*[1]. Je l'ai trouvé à peu près tel que je m'y attendais ; étranger à tout comme un homme tombé de la lune, plein de bonne volonté, et très-disposé à regarder autour de lui, seulement avec d'autres organes que ceux de la vue. Cependant je n'ai encore causé qu'une fois avec lui, et je ne puis, par conséquent, pas en dire grand'chose.

Iéna, le 28 juin 1796.
SCHILLER.

1. Surnom donné à Jean-Paul Richter.

25.

Réponse de Gœthe à la lettre précédente.

Je suis bien heureux que nous ayons enfin atteint cette période de nos travaux, bien heureux d'entendre vos premières paroles sur le huitième livre. Quel témoignage plus précieux pour moi que l'assurance que vous me donnez que ma propre nature et celle de mon œuvre sont en harmonie. Je vous envoie le septième livre, et, dès que je connaîtrai plus en détail votre opinion, je m'occuperai de nouveau du huitième avec grand plaisir.

Pendant une huitaine, mon temps sera absorbé par les affaires extérieures; ce n'est pas un mal, car à force de composer des contes, on tournerait soi-même à la fable. Ensuite les *Xénies*, *Cellini* et mon roman se partageront le reste de juillet. J'ai choisi à peu près aussi votre genre de vie, et c'est à peine si je sors de chez moi.

Les nouvelles *Xénies* dans le genre digne, sérieux et délicat sont très-heureusement réussies; pour compléter cette collection, j'ai aussi de mon côté toute sorte de projets; il n'y a plus à trouver que le moment de l'inspiration.

Je suis content que vous ayez vu Richter[1]. Son amour pour la vérité et son désir de se charger de quelque œuvre utile m'ont aussi prévenu en sa faveur. Mais l'homme social est une sorte d'homme théorique; et, en y réfléchissant, je doute que Richter se rapproche jamais de vous dans le sens pratique, quoique en théorie il semble avoir beaucoup d'affinité avec vous.

Portez-vous bien; écrivons-nous beaucoup ce mois-ci; car ce que nous avons à faire demande force encouragement.

Weimar, le 29 juin 1796.

GŒTHE.

1. Jean-Paul Richter, né en 1763 à Wiensiedel dans le Fichtelgebirge, mort en 1825, auteur d'*Hespérus*, de *Quintus Fixlein*, de *Levana*, etc..., l'un des écrivains les plus célèbres de l'Allemagne; il est surtout remarquable par son humour.

26.

Lettre de Schiller. Appréciation générale du Wilhelm Meister de Gœthe.

Iéna, le 2 juillet 1796.

Je viens de parcourir à nouveau les huit livres de votre roman ; et, si rapide qu'ait été ma lecture, le volume est si fort que c'est à peine si en deux jours j'en suis venu à bout. Je ne devrais rien vous écrire aujourd'hui, car la variété étonnante et inouïe que vous y avez cachée (c'est le mot) m'étourdit. Jusqu'à présent, je l'avoue, j'ai bien saisi la continuité de l'œuvre, mais je n'en aperçois pas encore l'unité ; je ne doute pas un instant que je n'arrive à la discerner avec une entière clarté ; car, dans les œuvres de ce genre, la continuité est déjà plus de la moitié de l'unité.

Vous ne pouvez, dans ces conditions, rien attendre de complétement satisfaisant ; mais puisque vous désirez que je vous fasse part de mes impressions, contentez-vous de quelques observations, qui ne seront peut-être pas sans valeur, parce qu'elles traduisent un sentiment immédiat. Je vous promets d'ailleurs que tout ce mois je ne tarirai pas en entretiens sur votre œuvre. Une appréciation sérieuse et vraiment esthétique de tout l'ouvrage est une grande entreprise, à laquelle je consacrerai avec joie les quatre prochains mois. C'est un des plus grands bonheurs de ma vie que d'avoir vu l'achèvement d'une telle œuvre, et de me trouver dans une période de mon existence où mes forces me permettent de puiser encore à cette source. Les nobles liens qui nous unissent me font comme un devoir religieux de faire de votre affaire la mienne, d'employer tout ce qu'il y a en moi de réelle puissance à reproduire, comme dans un pur miroir, le génie qui vit sous l'enveloppe de cette œuvre, et de mériter ainsi, dans le plus beau sens du mot, le nom de votre ami. J'ai éprouvé bien vivement, en cette occasion, que le beau est une puissance ; que, même sur les esprits les plus égoïstes, c'est comme tel qu'il agit, et qu'en face de lui on ne garde d'autre liberté que celle de l'amour.

Je ne puis vous dire combien j'ai été frappé de la vérité, de la vie, de la simple abondance de votre œuvre. Mon émotion est encore un peu inquiète; elle sera plus calme quand je m'en serai rendu maître, ce qui sera une crise importante pour mon esprit; elle est cependant l'effet du beau, du beau seul; l'inquiétude qui s'y mêle vient uniquement de ce que la raison n'a pas encore pu rattraper le sentiment. Je vous comprends maintenant, lorsque vous me disiez que le beau, le vrai, vous touchaient souvent jusqu'aux larmes. Calme et profond, clair et cependant incompréhensible comme la nature, votre ouvrage agit ainsi sur moi, et tout, jusqu'au moindre accessoire, révèle la belle égalité de l'âme d'où une telle œuvre est sortie.

Mais je ne puis donner encore aucune forme à ces impressions, et je veux m'arrêter encore au huitième livre. Comme vous avez bien réussi à resserrer le cercle des événements et des personnages, d'abord si large et si étendu! C'est comme un beau système planétaire, où tout marche d'accord; les figures italiennes seules, comme des comètes étranges, rattachent ce système à un autre plus grand et plus éloigné. Parfois aussi toutes ces figures, comme celles de Marianne et d'Aurélie, s'échappent du système et se détachent comme des essences étrangères, après avoir servi uniquement à donner à l'ensemble une impulsion poétique. Quelle belle pensée que d'avoir fait dériver tout ce qu'il y a de pratiquement extraordinaire, de terriblement pathétique dans la destinée de Mignon et du joueur de harpe, des monstruosités théoriques et des avortements de l'esprit, sans en rien imputer à la pure et saine nature. C'est au sein d'une absurde superstition qu'éclôt ce monstrueux destin qui poursuit Mignon et le joueur de harpe. Aurélie elle-même ne se perd que par ce qu'il y a en elle de contraire à la nature, par son caractère trop peu féminin. Envers Marianne seule j'aurais envie de vous accuser d'un égoïsme poétique; je dirais presque qu'elle est sacrifiée au roman, tandis que sa nature voudrait qu'elle fût sauvée. Aussi fera-t-elle toujours couler des larmes amères, tandis que les trois autres laisseront l'esprit se détacher de leur personne pour ne considérer que l'idée de l'ensemble.

La mort de Mignon, quoique préparée, produit un effet très-puissant et très-profond, si profond même qu'il arrivera à plus d'un lecteur de trouver que vous l'abandonnez trop vite. Telle a été mon impression très-marquée à la première lecture; à la seconde, la surprise ayant disparu, l'impression a été moins vive; mais je crains que vous ayez ici dépassé le but de l'épaisseur d'un cheveu. C'est justement avant cette catastrophe que Mignon a commencé à paraître plus femme, plus tendre, et à intéresser par elle-même; l'étrangeté un peu choquante de sa nature s'était effacée; avec ses forces défaillantes s'était adoucie cette âpreté qu éloignait d'elle. La dernière chanson surtout invitait le cœur aux émotions les plus profondes. On est donc surpris, immédiatement après la scène saisissante de sa mort, de voir le médecin spéculer sur son cadavre et oublier si vite l'être vivant, la personne, pour n'y voir que le sujet d'une expérience scientifique; on est surpris de voir que Wilhelm, qui est la cause de sa mort, et qui le sait bien, a, dans un tel moment, des yeux pour la trousse du chirurgien, et peut s'absorber dans le souvenir des scènes passées, quand le présent devrait le posséder tout entier.

Quand vous seriez, en ce cas, resté dans la vérité et dans la nature, je ne crois pas que les exigences d'un lecteur « sentimental » soient satisfaites, et je vous conseille, pour ne gâter en rien l'impression d'une scène si bien amenée et si bien conduite, de tenir quelque compte de ces observations.

Sous cette réserve, je trouve admirablement beau tout ce que vous dites de Mignon vivante et morte. Surtout son poétique enterrement est bien en rapport avec sa pure et poétique nature. Son isolement, son existence mystérieuse, sa pureté et son innocence en font la personnification la plus chaste de ce degré de l'âge où elle se trouve arrêtée : elle excite la tristesse la plus pure, la douleur la plus humaine, parce qu'il n'y a rien en elle que d'humain. Ce qui, dans tout autre personnage, serait inadmissible ou révoltant devient ici noble et sublime.

J'aurais vu volontiers l'apparition du marquis dans la famille motivée par quelque autre raison que son amour pour les arts. Il est trop indispensable au dénoûment, et le besoin que vous aviez de son intervention pourrait frapper les yeux plus que la nécessité intime qui l'amène. La belle ordonnance du reste de l'ouvrage a rendu le lecteur difficile, et lui suggère plus d'exigences qu'on n'en a d'ordinaire pour les romans. Ne pourrait-on pas faire de ce marquis une ancienne connaissance de Lothaire ou de l'oncle, et rattacher ainsi plus étroitement son voyage à la marche générale du roman?

La catastrophe, comme toute l'histoire du joueur de harpe, excite le plus haut intérêt. J'ai déjà remarqué avec quel art vous avez rattaché cette destinée extraordinaire à une pieuse extravagance. L'idée du confesseur, qui fait d'une faute légère une énormité, pour faire expier ainsi un grand crime, sur lequel il se tait par humanité, est une invention admirable dans son espèce, et caractérise dignement toute cette manière de penser. Peut-être pourriez-vous raccourcir un peu l'histoire de Sperata[1], parce qu'elle se trouve à la fin, où l'on est plus pressé d'arriver au but.

Le fait que le joueur de harpe est le père de Mignon, sans que vous disiez rien expressément, sans que vous le rendiez trop visible au lecteur, produit d'autant plus d'effet. On fait cette remarque soi-même; on se rappelle combien ces deux natures supérieures ont vécu l'une près de l'autre, et l'on jette un regard dans les profondeurs insondables du destin.

Mais je m'arrête pour aujourd'hui. Ma femme joint un billet à ma lettre, pour vous dire ses impressions sur le huitième livre.

Adieu, mon bien-aimé, mon vénéré ami! Combien je suis ému en pensant que je trouve en vous, tout près de moi, ce que je cherchais et trouvais à peine auparavant dans le lointain des temps privilégiés de l'antiquité. Ne vous étonnez plus qu'il y ait si peu de gens capables et dignes de vous comprendre. Le naturel admirable, la vérité, l'aisance de vos peintures éloignent chez le commun des critiques toute idée des difficultés vaincues, de la grandeur de votre art; et, pour ceux qui seraient en état de suivre le grand artiste, de comprendre les moyens qu'il met en œuvre, la puissance du génie qu'ils voient agir leur paraît si dangereuse pour eux-mêmes et si écrasante, elle met leur pauvre personnalité si à l'étroit qu'ils la repoussent loin d'eux avec violence;

---

[1]. Sperata, l'héroïne d'un des plus touchants épisodes de *Wilhelm Meister*.

mais au fond du cœur, et seulement de mauvaise grâce, ils vous rendent certainement l'hommage le plus éclatant [1].

SCHILLER.

27.

Lettre de Schiller. Suite de l'appréciation générale du Wilhelm Meister.

Iéna, le 9 juillet 1796.

J'ai pesé mûrement, et dans tout son entraînement, la conduite de Wilhelm au moment où il perd sa Thérèse, et je retire tous mes scrupules de l'autre jour. Elle est telle qu'elle doit être. Vous y avez fait preuve de la plus grande délicatesse, sans choquer le moins du monde la vérité du sentiment.

Si je vous ai bien compris, ce n'est pas sans intention qu'aussitôt après l'entretien sur l'amour et l'aveu que fait Nathalie de son ignorance de cette passion, vous la conduisez dans la salle du passé [2]. La disposition d'esprit que produit la vue de cette salle élève précisément au-dessus de toutes les passions; le calme de la beauté s'empare de l'âme, et ce calme explique le mieux du monde comment la nature si aimante de Nathalie ne connaît pas l'amour.

Cette salle du passé unit d'une manière admirable le monde esthétique, le royaume des ombres, dans le sens idéal, avec le monde de la vie et de la réalité. D'ailleurs l'usage que vous faites partout des œuvres d'art les rattache parfaitement à l'ensemble. Ainsi on s'élance librement et joyeusement hors des bornes étroites du présent, et l'on s'y trouve agréablement ramené. Le passage du sarcophage du centre à Mignon et à l'histoire réelle est aussi du plus grand effet. L'inscription : *pense à vivre*, est admirable, d'autant plus qu'elle rappelle nécessairement le maudit : *memento mori*, et qu'elle en triomphe avec éclat.

---

1. Cette lettre, comme plusieurs des suivantes, n'a pas reçu de réponse directe de Gœthe ; le grand écrivain répondait à son ami en profitant de ses observations, et en corrigeant son œuvre d'après ses indications.

2. La salle du passé, salle allégorique décrite dans le cinquième chapitre du huitième livre de *Wilhelm Meister*.

L'oncle, avec ses étonnantes affinités pour certains corps de la nature, est très-intéressant. Il n'y a que de semblables natures pour avoir à la fois l'individualité si déterminée, et l'étendue de réceptivité que l'oncle doit posséder pour être ce qu'il est. Ses observations sur la musique, qui ne doit, suivant lui, parler qu'à l'oreille, sont aussi pleines de vérité. On ne saurait méconnaître que c'est dans ce caractère que vous avez mis le plus de votre propre nature.

Parmi tous les caractères principaux, c'est celui de Lothaire qui est le moins en relief, et cela pour des raisons tout objectives. Un caractère comme celui-là ne peut jamais se montrer tout entier dans le milieu par lequel le poëte agit. Il n'y a point d'action ou de parole qui puisse le révéler; il faut le voir, l'entendre; il faut vivre avec lui. Il est donc suffisant que ceux qui vivent avec lui soient unanimes dans leur confiance en lui, dans leur estime, et que notre attention soit attirée sur les sources où il a puisé ses qualités. Dans la peinture d'un tel caractère, vous laissez bien plus à l'imagination du lecteur que dans tout autre, et vous avez parfaitement raison; car c'est un caractère esthétique: il faut donc qu'il soit comme produit par l'esprit du lecteur, non pas arbitrairement, mais suivant les lois que vous avez eu soin de préciser. Comme il tient à l'idéal, cette précision des traits n'a jamais rien de trop rigoureux.

Le comte soutient fort bien son caractère: c'est une bonne invention que de lui avoir fait causer le malheur du joueur de harpe par les dispositions si habiles qu'il a prises dans la maison. Avec tout leur amour pour l'ordre, de tels pédants ne peuvent jamais produire que le désordre.

Les mauvaises habitudes du petit Félix, sa manie de boire dans les bouteilles, qui amène plus tard un si grave résultat, appartiennent aussi aux idées les plus heureuses de votre plan. Il y en a beaucoup de ce genre dans le roman, et elles sont toutes fort bien trouvées. Elles unissent de la manière la plus simple et la plus naturelle l'insignifiant au sérieux, et réciproquement, et elles fondent ensemble la nécessité et le hasard.

Je me suis bien amusé de la triste métamorphose de Werner. Un tel Philistin[1] pouvait bien être soutenu quelque

1. *Philistin:* c'est le terme par lequel les Allemands désignent

temps à une certaine hauteur par sa jeunesse et la société de Wilhelm; mais, dès que ses deux bons anges se sont évanouis, il devient, comme de raison, la proie de la matière, et arrive finalement à s'étonner lui-même d'être resté si loin en arrière de son ami. Cette figure contribue par là même à l'effet de l'ensemble, car elle explique et ennoblit le réalisme auquel vous ramenez votre héros. Celui-ci finit par se trouver dans une situation moyenne excellente, à égale distance du fantaisisme et du philistinisme, et en le guérissant heureusement de son inclination pour le premier vous ne l'avez pas moins mis en garde contre le second.

Werner me rappelle une erreur chronologique assez grave, que je crois remarquer dans le roman. Ce n'est sans doute pas votre intention de donner vingt et un ans à Mignon au moment de sa mort, pas plus que dix ou onze ans à Félix à la même époque. Le blond Frédéric ne doit pas non plus, à sa dernière apparition, avoir de beaucoup dépassé la vingtaine. Il en est cependant ainsi : car, depuis l'engagement de Wilhelm avec Serlo jusqu'à son retour au château de Lothaire, il ne s'écoule pas moins de six années.

Voici une nouvelle lettre de Humboldt. Il dit beaucoup de choses vraies sur votre *Idylle*[1]; mais il y a des passages qu'il ne me paraît pas avoir sentis de la même manière que moi. Ainsi l'admirable vers :

« Toujours, disait-elle doucement, »

ne me paraît pas beau, non-seulement à cause du ton sérieux, qui se comprend de soi-même, mais encore parce que, dans ces quelques mots, le secret du cœur s'échappe tout entier d'un seul coup, avec ses conséquences infinies.

Les petites fautes qu'il relève se perdent dans la beauté de l'ensemble ; cependant on pourrait tenir compte de ses critiques, et les raisons qu'il allègue ne sont pas à dédaigner. Deux trochées dans le premier hémipentamètre ont

les esprits médiocres et vulgaires, incapables de s'élever au-dessus des préoccupations matérielles de la vie, et ne voulant pas souffrir que personne agisse autrement qu'eux sous ce rapport.

1. Alexis et Dora.

quelque chose de trop traînant ; ses autres observations sont également justes. L'opposition entre *l'un pour l'autre*, et *l'un à l'autre*, a réellement l'apparence d'un jeu de mots. si l'on veut prendre les choses à la rigueur, et on est assez disposé à les prendre ainsi avec vous.

Adieu ; je vous ai écrit une véritable épître : puissiez-vous la lire avec autant de plaisir que je l'ai écrite.

Schiller.

28.

Lettre de Schiller. Suite de l'appréciation de Wilhelm Meister.

Iéna, le 5 juillet 1796.

Maintenant que j'ai l'ensemble de votre roman plus présent à mes regards, je ne puis assez dire avec quel bonheur le caractère de votre héros me paraît choisi, si, du moins en pareil cas. il peut être question de choix. Aucun autre n'aurait aussi bien convenu au rôle de *porteur des événements ;* et, sans compter que le problème qui vous occupe ne pouvait être posé et résolu qu'à l'aide d'un semblable caractère, aucun autre n'aurait été si bien approprié à la simple peinture de l'ensemble. Ce n'est pas seulement le sujet. c'est le lecteur qui le demandait.

Son penchant à la réflexion tient le lecteur en suspens au milieu du cours le plus rapide de l'action, et le force à regarder toujours devant et derrière, à réfléchir sur tout ce qui se passe. Il réunit en lui, pour ainsi dire, l'esprit, le sens, la disposition intime de tout ce qui l'entoure, transforme tous les sentiments obscurs en concepts et en pensées, exprime les faits particuliers dans des formules générales, nous rend plus facile l'explication de tout, et, en remplissant ainsi son propre caractère, il remplit de la manière la plus parfaite le but général de l'œuvre.

La condition et la situation extérieure dans laquelle vous l'avez placé le rendent particulièrement propre à ce rôle. Il y a un certain monde qui lui est tout nouveau : il en est plus vivement frappé, et, en s'occupant à se l'assimiler, il nous fait pénétrer dans son intimité, et nous montre ce qu'il contient pour l'homme de réel et de sérieux. Il porte en lui une pure et morale image de l'humanité ; c'est à elle qu'il compare, pour l'éprouver, toutes les manifestations extérieures qu'il en rencontre, et, tandis que d'un côté l'expérience l'aide à préciser ses idées un peu vacillantes, le sentiment intérieur vient à son tour rectifier ces idées et l'expérience elle-même. De cette façon, ce caractère vous aide singulièrement, dans tous les événements et dans toutes les situations, à trouver et à recueillir l'élément vraiment humain. Son esprit est un miroir fidèle, mais non pas un miroir passif du monde, et, bien que sa fantaisie influe sur sa manière de voir les objets, cette manière est idéaliste et non pas fantasque, poétique et non pas exaltée ; ce qui en fait le fond, ce n'est pas le caprice de l'imagination, mais une noble liberté morale.

J'ai vu avec plaisir, dans le huitième livre, que Wilhelm commence à se sentir capable de résister à ces deux imposantes autorités, Jarno et l'abbé. C'est une preuve qu'il a profité de ses années d'apprentissage, et la réponse de Jarno dans cette occasion est tout à fait selon mon cœur : « Vous avez de l'humeur, c'est bel et bien : si vous vous fâchez tout à fait, cela vaudra encore mieux. » J'avoue que sans cette preuve du sentiment qu'il acquiert de sa valeur propre, il me serait pénible de le voir aussi étroitement lié à cette classe de la société, qu'il le devient plus tard par son mariage avec Nathalie. Son vif sentiment des avantages de la noblesse, sa loyale défiance de lui-même et de sa condition, qu'il laisse voir dans tant d'occasions, ne semblent pas le préparer à conserver dans cette situation une complète indépendance, et, même lorsque vous le montrez plus courageux et plus confiant en lui-même, on ne peut se défendre d'une certaine inquiétude pour lui. Pourra-t-il jamais oublier sa nature ? et ne faut-il pas qu'il l'oublie, si son destin doit recevoir son plein accomplissement. Je crains qu'il ne l'oublie jamais entièrement : il a trop raisonné à ce sujet ; il n'arrivera jamais à s'identifier complètement avec une classe qu'il a vue si positivement au-dessus de lui. La dignité de Lothaire, la double noblesse de Nathalie, noblesse de condition et de cœur, le tiendront toujours dans un certain état d'infériorité. Quand je pense qu'il sera le beau-frère du comte, qui n'adoucit les prétentions de son rang par rien d'esthétique, mais qui les exagère plutôt par son pédantisme, je suis vraiment inquiet pour lui.

Il est très-beau, du reste, que, tout en conservant un juste respect pour certaines formes extérieures, dès qu'un intérêt purement humain est en jeu, vous rejetiez la naissance et le rang dans leur entière nullité, et cela, comme de juste, sans dépenser un seul mot à ce sujet. Mais ce que je regarde comme une beauté manifeste ne sera peut-être pas apprécié communément de même. Plus d'un lecteur trouvera étrange qu'un roman qui n'a nulle trace de sans-culottisme, et semble plutôt en maint endroit plaider la cause de l'aristocratie, finisse par trois mariages qui sont tous trois des mésalliances. Je ne désire aucun changement dans la marche du roman, et je souffre cependant de voir le véritable esprit de l'œuvre méconnu même dans les moindres détails et incidents; c'est pourquoi je vous demanderai si vous ne pourriez pas aller au-devant de toute fausse interprétation par quelques mots que vous placeriez dans la bouche de Lothaire. Je dis dans la bouche de Lothaire, parce que c'est le caractère aristocratique. C'est lui qui trouvera le mieux créance chez les lecteurs de sa condition; c'est aussi sa mésalliance qui choque le plus. Ce serait en même temps une occasion unique de montrer le caractère de Lothaire sous toutes ses faces. Je ne veux pas dire que ces paroles doivent être placées précisément dans la circonstance où le lecteur pourrait en faire l'application; il vaudrait bien mieux qu'elles fussent indépendantes de toute application, et ne parussent pas une règle destinée à un cas particulier, mais l'expression de sa nature.

C'est assez pour aujourd'hui; vous avez là toutes mes observations pêle-mêle, et vous en aurez d'autres encore, je le prévois; puissiez-vous y trouver quelque chose de profitable!

Portez-vous bien et gaîment.

SCHILLER.

29.

Réponse de Gœthe aux lettres précédentes sur Wilhelm Meister et sur l'Idylle d'Alexis et Dora.

Je vous remercie bien cordialement de votre lettre si bien faite pour me ranimer, et de la communication de vos impressions et de vos pensées sur mon roman, sur le huitième livre en particulier. Si ce livre est selon votre sentiment, vous ne pourrez pas n'y pas reconnaître votre propre influence ; car sans nos amicales relations je n'aurais peut-être pas pu achever mon œuvre, ou je ne l'aurais certes pas achevée de la même manière. Il m'est arrivé cent fois, quand je m'entretenais avec vous de quelques théories et de leurs applications, d'avoir dans l'esprit les situations que vous avez maintenant devant vous, et je les jugeais en moi-même selon les principes sur lesquels nous tombions d'accord. Maintenant encore votre amitié me met en garde contre quelques fautes qui sautent aux yeux ; quelques-unes de vos observations m'ont aussitôt suggéré le moyen d'y satisfaire, et j'en userai dans ma nouvelle rédaction.

Qu'il est rare de trouver dans les affaires et les actes de la vie ordinaire la sympathie que l'on désirerait ! Dans le cas de ces grands travaux esthétiques, c'est à peine si on peut oser l'espérer ; car combien d'hommes voient l'œuvre d'art telle qu'elle est ! combien peuvent l'embrasser dans son ensemble ! et pourtant il n'y a que l'affection qui puisse voir ce qu'elle contient ; il n'y a que la pure affection qui puisse découvrir même ce qui lui manque. Et que ne faudrait-il pas ajouter encore, pour exprimer la situation unique dans laquelle je me trouve avec vous !

J'en étais là après l'arrivée de votre première lettre ; des empêchements de toute sorte ne m'ont pas permis de continuer. Je sais bien d'ailleurs que, même à condition d'être tout à fait tranquille, je ne pourrais, en échange de vos considérations, vous en communiquer aucune. Ce que vous me dites a besoin, dans l'ensemble et le détail, de passer en moi de la théorie à la pratique, pour que le huitième livre puisse pleinement profiter de l'intérêt que vous lui avez témoigné. Continuez à me faire faire connaissance avec mon œuvre : j'ai déjà, en pensée, travaillé dans le sens de vos remarques ; mercredi prochain, je veux tracer un plan sommaire de ce que je pense faire, pour le mettre à profit. Dimanche soir, 26 courant, je voudrais avoir le manuscrit ; le même jour mon *Cellini* sera à vos ordres.

J'avais donné l'idylle à Knebel [1] pour la mettre en circulation. Quelques remarques qu'il m'a apportées à la maison, comme aussi celles que vous me communiquez, me prouvent une fois de plus que nos auditeurs et nos lecteurs n'ont pas toute l'attention que réclame une œuvre aussi importante. Dès qu'une idée s'offre à leur esprit, ils l'acceptent ; s'il y a quelque chose qui, suivant leurs dispositions, les arrête, ils se hâtent de critiquer, sans regarder en avant ni en arrière, sans considérer le sens des choses ou leur enchaînement, sans réfléchir qu'ils en arrivent précisément à demander au poëte pourquoi il a écrit ceci ou cela, et pas autre chose. Peut-on trouver quelque chose de plus clairement exprimé que l'idée de ce vers : « La mère inquiète lui tendit un paquet dès longtemps préparé. »

Il ne s'agit donc pas de l'équipage, qui est depuis longtemps déjà sur le vaisseau, et doit y être ; la vieille mère paraît seule, avec son caractère de mère et de femme, préoccupée des détails ; le père embrasse dans sa bénédiction la pensée du voyage tout entier. Le fils prend le paquet lui-même, l'enfant étant déjà parti, et cela à la fois par piété envers sa mère, et comme trait caractéristique de cet âge heureux où l'on se sert volontiers soi-même. Puis apparaît, suivant la gradation, la jeune fille, qui donne, qui aime, qui fait plus que bénir : l'enfant revient, presse, il est tout prêt à porter le paquet, Alexis lui-même pouvant à peine se porter jusqu'au navire. Pourquoi dire tout cela ? Et pourquoi à vous, plutôt qu'à un autre ? — A un autre point de vue, on devrait peut-être, dès que les hommes montrent quelque bonne volonté, les mettre soi-même, avec bonne volonté, au courant de ses raisons esthétiques. Mais on voit bien qu'on ne

---

[1] Knebel (1744-1834), ami commun de Gœthe et de Schiller, traducteur de *Properce* et de *Lucrèce*.

peut jamais aller au-devant de toutes les critiques, agir sur l'ensemble de l'œuvre, et que les lecteurs s'attachent toujours aux détails; alors on perd l'envie et le courage de parler, et on se confie à la grâce de Dieu. Portez-vous bien ; faites mes compliments à votre chère femme, et remerciez-la de sa lettre. J'espère avoir bientôt de vos nouvelles.

Jeudi (7 juillet).

GŒTHE.

30.

Lettre de Schiller. Appréciation des intentions morales de Gœthe dans son Wilhelm Meister.

Puisque vous pouvez me laisser le huitième livre encore une semaine, je veux présentement borner mes observations à ce livre ; quand l'œuvre entière sera une fois sortie de vos mains et lancée dans le monde, nous pourrons nous entretenir plus longuement de la forme de l'ensemble, et vous me rendrez à votre tour le service de rectifier mes jugements.

Il y a surtout deux points sur lesquels je voudrais, avant le complet achèvement de l'ouvrage, attirer votre attention.

Le roman, tel qu'il est, se rapproche de l'épopée, sous plus d'un rapport, et en particulier parce que vous y employez des ressorts qui représentent, dans un certain sens, les dieux ou la direction suprême du destin. Le sujet l'exigeait.

Les années d'apprentissage de Wilhelm Meister ne sont pas un effet aveugle de la nature, mais une sorte d'expérimentation. Une haute intelligence qui agit en secret (les puissances de la tour) l'accompagne de sa sollicitude, et, sans déranger la nature dans sa libre marche, elle le surveille et le conduit de loin vers un but dont il n'a et ne peut avoir aucun soupçon. Quelles que soient, extérieurement du moins, la douceur et la légèreté avec laquelle s'exerce cette influence, elle existe réellement, et elle était indispensable pour atteindre le but poétique de l'œuvre. Le terme d'*années d'apprentissage* exprime une idée de rapport, il appelle un corrélatif, la *maîtrise*; l'idée de cette dernière vient seule éclairer la première et lui donner un fondement. Mais cette idée de la maîtrise, qui n'est que l'œuvre de l'expérience mûre et accomplie, ne peut guider elle-même le héros du roman; elle ne peut briller devant lui comme sa fin et son but; car se représenter clairement ce but ce serait déjà l'avoir atteint; elle doit donc le guider en restant derrière lui. De cette manière l'ensemble est tourné vers un but, sans que le héros en ait positivement un ; la raison trouve donc une entreprise bien conduite, tandis que l'imagination conserve pleinement sa liberté.

Mais en poursuivant cette entreprise, ce but, le seul dans tout le roman qui soit positivement exprimé, même en réglant cette mystérieuse direction de Wilhelm par Jarno et l'abbé, vous avez évité tout ce qu'il pouvait y avoir de trop étroit et de trop rigoureux, et vous avez cherché les motifs de cette direction plutôt dans une fantaisie de l'humanité que dans un principe moral : c'est là une de vos plus belles inspirations. L'idée des ressorts que vous mettez en œuvre se trouve ainsi écartée, bien que leur effet subsiste ; et tout demeure, du moins pour la forme, dans les bornes de la nature ; seulement le résultat est plus grand que celui qu'on pourrait attendre de la simple nature laissée à elle-même.

J'aurais cependant souhaité vous voir mettre un peu plus le lecteur dans la confidence de l'importance de ces ressorts, de leur rapport nécessaire à la pensée intime de l'œuvre. Le lecteur doit toujours voir clair dans l'économie de l'ensemble, bien qu'elle demeure cachée aux héros de l'action. Beaucoup de lecteurs, je le crains, ne croiront trouver dans cette influence secrète qu'un jeu théâtral, un artifice pour accroître la complication de l'intrigue, faire naître des surprises, etc. Le huitième livre donne, il est vrai, une conclusion historique à tous les événements isolés produits par ces ressorts cachés ; mais la conclusion esthétique destinée à faire ressortir l'esprit général de l'œuvre, et la nécessité poétique de ses machines ne s'y montrent pas assez clairement ; j'ai pu m'en convaincre moi-même à la seconde et à la troisième lecture.

Si j'avais quelque observation sur l'ensemble à ajouter encore, ce serait celle-ci : à côté de la grande et profonde gravité qui règne dans tous les détails et en rend l'effet si puissant, l'imagination semble se jouer trop librement de l'ensemble. Il me paraît que vous avez poussé la libre grâce des mouvements un peu plus loin que ne le comporte la gravité poétique ; et votre juste aversion pour tout ce qui est lourd, méthodique, guindé, vous a entraîné à l'extrême contraire. Je crois remarquer que vous vous êtes laissé aller, par une sorte de condescendance pour le côté faible du public, à poursuivre un but plus théâtral qu'il n'est nécessaire et convenable dans un roman, et par des moyens qui sentent trop aussi la scène.

Si jamais un récit poétique a pu se passer du secours du merveilleux et du surprenant, c'est assurément votre roman ; et, dans une œuvre pareille, tout ce qui n'est pas utile devient facilement nuisible. Il peut arriver que l'attention du lecteur s'attache trop aux incidents, et que sa curiosité se consume à deviner des énigmes, lorsqu'il devrait se concentrer sur la pensée intime du livre. Cela peut arriver, dis-je, et ne savons-nous pas tous deux que cela est déjà réellement arrivé ?

Il y aurait donc à se demander si l'on ne pourrait pas dans le huitième livre remédier à ce défaut, en admettant que c'en soit un. Il ne peut être question d'ailleurs que de l'exécution de l'idée ; l'idée elle-même ne laisse rien à souhaiter. Il suffirait donc de faire sentir un peu plus au lecteur l'importance de ce qu'il a considéré jusque-là comme frivole ; ces incidents dramatiques, qu'il ne pouvait regarder que comme un jeu de l'imagination, seraient légitimés, même aux yeux de la raison, par leur rapport clairement marqué à ce qu'il y a dans l'œuvre de plus sérieux ; vous l'avez fait jusqu'ici implicitement, mais non explicitement.

Différentes indications jetées dans votre huitième livre montrent ce que vous voulez qu'on entende par années d'apprentissage et maîtrise. Mais les idées contenues dans une œuvre poétique sont souvent, pour un public comme le nôtre, l'objet particulier de l'attention, et souvent la seule chose dont on se souvient ; il est donc important de la faire bien clairement comprendre. Les indications que vous donnez sont très-belles, mais elles ne me paraissent pas suffisantes. Vous voudriez sans doute mener le lecteur à trouver lui-même, plutôt que de l'instruire directement ; mais comme vous donnez quelques éclaircissements, on croira que c'est là tout, et vous aurez ainsi limité votre idée plus étroitement que si vous en aviez entièrement laissé la recherche à la sagacité du lecteur.

Si j'avais à exprimer dans une formule sèche le but auquel Wilhelm parvient après une longue suite d'égarements, je dirais : « D'un idéal vide et indéterminé, il s'élève à une vie déterminée et active, mais sans perdre pour cela la puissance d'idéaliser. » Les deux routes opposées qui éloignent de cet heureux état sont peintes dans le roman avec toutes sortes de nuances et de degrés. Depuis cette malheureuse expédition où il veut monter une pièce de théâtre, sans avoir pensé à ce qu'elle doit contenir, jusqu'au moment où il choisit Thérèse pour sa compagne, il a parcouru tout le cercle des erreurs humaines ; ces deux extrêmes sont les deux plus grandes antithèses dont un caractère comme le sien soit capable ; c'est d'elles que doit maintenant sortir l'harmonie. Puis, sous la direction noble et sereine de la nature, dont Félix est ici l'instrument, il passe de l'idéal au réel, d'une vague agitation à l'action et à la connaissance du réel, sans perdre pour cela ce qu'il y avait de sérieux dans son premier état : il arrive à se fixer, sans perdre ce qu'il y a de charme dans l'indécision ; il apprend à se limiter, mais dans cette limitation même, il trouve par la forme un passage vers l'infini ; c'est là ce que j'appelle la crise de sa vie, la fin de ses années d'apprentissage ; et toutes les parties de votre œuvre viennent se réunir de la manière la plus parfaite en ce point. Les beaux liens par lesquels la nature l'unit à son enfant, son mariage avec Nathalie, ce noble caractère de femme, garantissent cet état de santé morale, et nous le voyons, nous le quittons sur un chemin qui conduit à une perfection sans bornes.

Votre manière d'expliquer les années d'apprentissage et la maîtrise paraît renfermer l'un et l'autre dans des limites trop étroites. Vous entendez par le premier terme l'erreur qui consiste à chercher hors de soi ce que l'on doit tirer de soi-même ; par le second la conviction de la vanité d'une telle recherche, et de la nécessité de puiser en soi-même. Mais la vie entière de Wilhelm, telle qu'elle est sous nos regards dans le roman, peut-elle être réellement et parfaitement embrassée et comme épuisée par cette double conception ? Et son apprentissage peut-il être considéré comme achevé uniquement parce que le cœur du père finit par parler en lui, comme il arrive à la fin du septième livre? Ici encore, je souhaiterais que le rapport de toutes les parties du roman à cette conception philosophique fût rendu un peu plus clair. Je dirais volontiers : la fable est parfaitement vraie ; la morale de la fable est parfaitement vraie ; mais le rapport de l'une à l'autre ne saute pas encore assez nettement aux yeux.

Je ne sais si je serai parvenu à rendre ces deux observations bien intelligibles ; la question concerne l'ensemble ; il est difficile de l'appliquer clairement aux détails. Mais une indication doit vous suffire.

Puissiez-vous trouver le temps et l'inspiration nécessaires pour achever les charmantes petites poésies que vous destinez à l'*Almanach des Muses*, et la chanson de Mignon se parlant à elle-même! L'éclat de l'*Almanach* dépend désormais uniquement des morceaux que vous lui fournirez. Je vis maintenant enfoncé dans la critique, pour arriver à bien comprendre Wilhelm Meister, et je ne puis pas faire grand'chose pour ce recueil. Adieu. J'espère pouvoir vous dire quelque chose encore dimanche soir.

Schiller.

31.

Réponse de Gœthe. Son propre jugement sur son Wilhelm Meister.

Je vous ai marqué sur une feuille spéciale les passages que je pense corriger ou remplacer selon vos observations ; je vous suis infiniment reconnaissant pour votre lettre d'aujourd'hui, dont les remarques m'obligent à tourner mon attention sur le complet achèvement de l'ensemble de mon œuvre. Ne vous lassez donc pas, je vous prie, de me pousser, en quelque sorte, hors de mes propres limites. Le défaut que vous relevez avec raison provient de l'essence intime de ma nature, de je ne sais quel *tic* de réaliste, qui me fait trouver du plaisir à cacher aux yeux des hommes mon existence, mes actions, mes écrits. C'est ainsi que je me plais toujours à voyager incognito, à mettre mon plus mauvais habit au lieu du meilleur, et, dans mes conversations avec des étrangers ou des demi-connaissances, à préférer les sujets les plus insignifiants, ou tout au moins les termes les plus ordinaires, à me comporter avec plus de légèreté que je n'en ai réellement, et à me placer pour ainsi dire entre moi-même et mon apparence extérieure. Vous savez bien comment tout cela est, et comment tout cela se tient.

Après cette confession générale, je passerai volontiers à des aveux particuliers : sans votre instigation et vos critiques, malgré la conscience la plus claire, je me serais laissé aller à ce penchant dans mon roman, ce qui, après l'énorme dépense de travail qu'il m'a coûté, eût été impardonnable ; car tout ce qui lui manque est facile à reconnaître et à refaire.

J'ai interrompu le brevet d'apprentissage dans le septième livre, parce que jusqu'ici on ne lit pas avec plaisir de longues sentences sur les arts et le sentiment des arts. La seconde partie devait contenir des maximes importantes sur la vie et sa signification ; et j'avais la plus belle occasion d'expliquer et de justifier par un commentaire oral de l'abbé la marche générale des événements, et surtout ceux que détermine l'action des puissances de la tour ; j'aurais ainsi épargné à l'emploi de ces machines l'apparence d'un plat procédé de roman, et je leur aurais donné leur valeur esthétique, ou plutôt j'aurais mis cette valeur en lumière. Vous voyez que je suis parfaitement d'accord avec vos propres observations.

Il est certain que les résultats visibles et exprimés par moi sont beaucoup plus limités que le contenu même de l'œuvre ; et je me fais l'effet d'un calculateur qui, après avoir posé les uns au-dessus des autres des chiffres nombreux et considérables, ferait par caprice des fautes volontaires d'addition, afin d'amoindrir, Dieu sait par quelle fantaisie, la somme totale.

Je vous dois les plus vifs remercîments pour maint autre service, mais surtout pour m'avoir mis en garde à temps, et avec tant de décision, contre cette manie perverse ; et je suis certain, autant que cela m'est possible, de satisfaire à vos justes souhaits. Je n'ai qu'à distribuer le contenu de vos lettres aux endroits convenables, et le mal sera réparé. Et s'il m'arrivait, car on trouve souvent des obstacles invincibles dans le travers de sa nature, s'il m'arrivait, dis-je, de ne pouvoir faire sortir les dernières paroles importantes de ma poitrine, je vous prierais d'ajouter vous-même en quelques traits hardis ce qu'une étrange nécessité de nature ne m'aurait pas permis d'exprimer. Continuez cette semaine encore à m'adresser des observations et des encouragements; je veux, pendant ce temps, m'occuper de *Cellini*, et, quand je le pourrai, de votre *Almanach*.

Weimar, le 9 juillet 1796.

GOETHE.

32.

Lettre de Schiller. Suite de son appréciation de Wilhelm Meister.

Je suis très-heureux d'apprendre que j'ai pu vous expliquer clairement mes idées sur ces deux points, et que vous voulez bien les prendre en considération. Il ne faut pas pour cela renoncer à ce que vous appelez votre *tic* réaliste. Il appartient lui aussi à votre personnalité poétique, et vous devez rester dans ses limites; toute beauté dans votre œuvre doit être *votre* beauté. Il s'agit donc seulement de faire tourner une singularité subjective au profit objectif de votre œuvre, ce qui vous réussira certainement, dès que vous le voudrez. Un ouvrage doit, quant au fond, contenir tout ce qui est nécessaire à sa complète intelligence; et il doit, quant à la forme, le contenir en vertu d'une sorte de nécessité qui fasse ressortir de l'enchaînement intérieur des faits les explications désirables; mais cet enchaînement doit-il être lâche ou serré? c'est à votre nature personnelle à en décider. Le lecteur trouverait sans doute plus commode que vous lui fissiez vous-même le dénombrement exact des passages décisifs, de sorte qu'il n'eût qu'à les prendre argent comptant; mais certainement aussi, il s'attache plus au livre, et s'y trouve ramené bien plus souvent, quand il faut qu'il s'aide lui-même. Si donc vous avez pris soin qu'il puisse trouver sûrement, à condition de chercher avec bonne volonté et les yeux bien ouverts, ne lui épargnez pas la recherche. Le résultat d'un tel ensemble doit toujours être la production libre, mais non pas arbitraire du lecteur ; elle doit rester une sorte de récompense, qui ne se donne qu'à ceux qui en sont dignes, et se refuse aux autres.

Je vais, pour ne pas les oublier, vous signaler encore quelques observations relatives à l'emploi des machines secrètes ; vous ne les négligerez pas, je l'espère : 1° On voudra savoir dans quel but l'abbé ou son auxiliaire a joué le rôle de l'ombre du vieux Hamlet [1]. 2° Vous faites deux fois intervenir le voile avec le billet : fuis, fuis, etc.; cela porte à penser que cette invention n'est pas sans servir à quelque but important. Pourquoi, pourrait-on demander, écarte-t-on d'un côté Wilhelm du théâtre, tandis que de l'autre on encourage son début et on l'aide à monter sa pièce favorite ? On attend sur ces deux points une réponse plus positive que celle de Jarno. 3° On voudrait savoir si l'abbé et ses amis, avant l'apparition de Werner au château, savaient déjà que dans l'acquisition du domaine ils auraient affaire à un ami et à un parent aussi proche. Leur conduite autorise à le croire, et cependant on s'étonne du secret qu'ils gardent à ce sujet vis-à-vis de Wilhelm. 4° Il serait à souhaiter que l'on connût les sources où l'abbé a puisé ses renseignements sur l'extraction de Thérèse ; car on est un peu surpris de voir qu'un fait de cette importance ait pu rester un secret pour des personnes si directement intéressées, et d'ordinaire si bien renseignées, jusqu'au moment où le poëte a besoin qu'il se dévoile.

C'est peut-être par un pur effet du hasard que la seconde moitié du brevet d'apprentissage a été momentanément supprimée ; mais un usage habile du hasard rend les mêmes services dans l'art que dans la vie. Il me semble que cette seconde moitié pourrait être reportée dans le huitième livre à une place beaucoup plus importante, et avec de tous autres avantages. Les événements ont marché pendant ce temps ; le caractère de Wilhelm s'est développé. Le lecteur

---

[1]. Hamlet, personnage illustre, qui donne son nom à l'un des plus beaux drames de Shakspeare, représenté par la troupe des acteurs au milieu desquels se trouve W. Meister.

et lui sont bien mieux préparés à ces enseignements pratiques sur la vie et son emploi; la salle du passé et une connaissance plus intime du caractère de Nathalie peuvent avoir amené aussi une disposition plus favorable. Je vous conseillerai donc très-fort de ne pas la supprimer, mais d'y faire entrer, sous une forme plus ou moins nette, les idées philosophiques qui constituent le fond de votre œuvre. Avec un public comme le public allemand, on ne peut trop prendre soin de justifier les intentions d'un livre, et même, dans le cas présent, le titre qui, placé à la tête du livre, indique clairement ces intentions.

Je n'ai pas été médiocrement satisfait en trouvant dans le huitième livre quelques lignes qui ont la métaphysique pour objectif, et ont rapport au besoin spéculatif de l'homme. Seulement c'est une maigre et piteuse aumône que vous offrez à la pauvre déesse, et je ne sais pas si l'on peut vous tenir quitte pour un don si mesquin. Vous savez bien de quel passage je veux parler, car je crois, à le bien regarder, que vous ne l'avez pas écrit sans y avoir beaucoup réfléchi.

C'est un coup hardi, je le reconnais, dans notre temps de spéculation, que d'écrire un roman de cette nature et de cette étendue où vous savez si bien vous passer de « la seule chose indispensable, » et de faire accomplir les années d'apprentissage à un caractère aussi sentimental que celui de Wilhelm, sans l'aide de cette digne conductrice. Le pis est qu'il accomplit réellement son apprentissage, ce qui ne donne pas une très-haute idée de l'importance du guide dont il se passe si facilement.

Mais, sérieusement, d'où vient que vous ayez pu élever un homme, et venir à bout de son éducation, sans vous heurter à ces besoins que la philosophie seule peut satisfaire? Je suis convaincu que cela tient uniquement à la direction esthétique que vous avez suivie dans tout le roman. Quand les dispositions de l'esprit sont purement esthétiques, il ne sent pas le besoin de ces consolations, qu'il faut aller demander à la spéculation philosophique; elles portent en elles la substantialité et l'infinité; c'est seulement lorsque l'élément sensible et l'élément moral luttent en nous, qu'il faut demander du secours à la raison. La belle et saine nature n'a besoin, comme vous le dites vous-même, ni de morale, ni de droit naturel, ni de métaphysique politique. Ces trois points, autour desquels tourne toute spéculation, fournissent à un esprit dont l'éducation a été tournée vers le côté sensible la matière d'un jeu poétique, mais ne deviendront jamais pour lui une affaire sérieuse et un besoin.

La seule chose qu'on pourrait encore objecter, c'est que votre ami ne possède pas encore complètement cette liberté esthétique qui lui donnerait la certitude de ne jamais tomber dans certains embarras, de ne jamais avoir besoin de certains secours (ceux de la spéculation). Il ne manque pas d'une certaine tendance philosophique qui est le propre des natures sentimentales ; et, s'il se mettait un jour à spéculer, le défaut de fondements philosophiques suffisants pourrait devenir pour lui un grave danger. Car il n'y a que la philosophie qui puisse permettre de se lancer sans péril dans le champ des spéculations ; sans elle on est inévitablement conduit au mysticisme.

Maintenant on vous adressera une demande à laquelle vous avez partout ailleurs pleinement satisfait, c'est de poser votre élève avec une fermeté, une sécurité, une liberté, une solidité architectonique qui lui permettent de rester toujours debout sans aucun secours étranger ; on veut le voir placer par sa maturité esthétique au-dessus du besoin d'une éducation philosophique qu'il ne s'est pas donnée. On se demande s'il est assez réaliste pour n'avoir jamais besoin de se tourner vers la pure raison. S'il ne l'est pas, ne faudrait-il pas prendre quelques précautions de plus pour les besoins de son idéalisme ?

Vous allez croire peut-être que je prends un détour habile pour vous pousser dans la philosophie ; mais ce qui me semble manquer encore à votre livre peut parfaitement se faire dans la forme qui vous est propre. Je désire seulement que vous ne tourniez pas autour de la question, mais que vous la résolviez à votre manière. Ce qui remplace chez vous tout savoir spéculatif, et vous rend étranger à tout besoin de cet ordre, sera bien suffisant aussi chez Wilhelm. Vous avez déjà fait dire à l'oncle bien des choses; et Wilhelm lui-même touche plus d'une fois à la question avec bonheur ; il n'y aurait donc plus grand'chose à faire. Si je pouvais habiller à votre manière ce que j'ai exprimé à ma façon dans le *Royaume des ombres* [1] et dans mes *Lettres esthétiques*, nous serions bientôt d'accord.

Ce que vous faites dire à Werner sur l'extérieur de Wilhelm est d'un excellent effet pour l'ensemble. Il m'est venu à l'esprit que vous pourriez vous servir du comte, qui paraît à la fin du huitième livre, pour rendre à votre héros des honneurs plus éclatants. Le comte, le vrai maître des cérémonies du roman, ne pourrait-il par sa conduite pleine d'égards, et par une certaine manière de le traiter, que je n'ai pas besoin de préciser davantage, l'élever une bonne fois au-dessus de sa condition, le placer dans un rang plus haut, et lui communiquer ainsi la noblesse qui lui manque encore? Assurément, si le comte lui-même le distinguait ainsi, l'œuvre de son anoblissement serait accomplie.

J'ai encore une observation à faire sur la conduite Wilhelm dans la salle du passé, lorsqu'il y entre pour la première fois avec Nathalie. C'est encore trop l'ancien Wilhelm qui, dans la maison de son grand-père, passait de si longues heures devant le tableau du prince malade, et que l'étranger, au premier livre, a trouvé sur une si fausse voie. Maintenant encore, il ne s'occupe que du sujet des œuvres d'art, et poétise trop avec ces sujets. N'aurait-ce pas été le lieu de montrer en lui le commencement d'une crise plus heureuse, et de le représenter, non pas comme un connaisseur, ce qui est impossible, mais comme un amateur moins livré à sa fantaisie personnelle, pour qu'un ami, comme notre Meyer, pût fonder sur lui quelque espérance [2]?

SCHILLER.

---

1. Le *Royaume des ombres*, poésie de Schiller.
2. Gœthe ne répond à cette question que par un billet sans importance.

33.

Lettre de Schiller. Sur le caractère de Wilhelm dans le roman de Gœthe.

Iéna, le 28 novembre 1796.

Les observations de Humboldt sur la lettre de Kœrner ne me semblent pas sans importance, quoique, relativement au caractère de Wilhelm, il soit tombé dans l'excès opposé. Kœrner a trop considéré ce caractère comme le véritable et unique héros du roman ; le titre, et l'ancienne coutume qui impose à tout roman un héros de cette sorte, l'ont égaré. Wilhelm Meister est bien le personnage le plus nécessaire, mais non pas le plus important ; c'est même une des particularités de votre roman qu'il n'a aucun personnage d'une importance dominante, et qu'il n'en a pas besoin. C'est à propos de Wilhelm et autour de lui que se produisent tous les événements, mais non pas à cause de lui. Les objets qui l'entourent représentent les énergies de la nature, et lui la flexibilité de l'être humain ; ses rapports avec les autres personnages doivent donc être tout autres que ceux des héros des romans ordinaires.

De son côté je trouve Humboldt dans le faux au sujet de ce caractère, et je ne comprends pas comment il pourrait regarder comme accomplie l'intention de l'auteur dans ce roman, si Wilhelm était en effet l'être sans détermination et sans consistance qu'il croit voir en lui. Si ce n'est pas réellement l'humanité, dans toute sa complexité, que vous avez évoquée et mise sur la scène dans le personnage de Wilhelm, le roman n'atteint pas son but ; et si votre héros n'est pas capable d'un tel rôle, vous auriez dû choisir un autre caractère. C'est sans doute pour le roman une circonstance délicate et critique, de ne finir, avec le caractère de Wilhelm, ni par une personnalité décidée, ni par une idéalité soutenue, mais par un moyen terme entre les deux. Le caractère est individuel, mais par ses limites, plutôt que par son fond ; il est idéal, mais seulement en puissance. Il nous refuse ainsi la satisfaction la plus directe que nous exigions, c'est-à-dire la détermination, et nous en promet une plus haute, et même la plus haute de toutes, mais nous sommes obligés de lui en faire crédit pour un avenir éloigné.

C'est une chose assez comique, qu'à propos d'une telle œuvre, il puisse y avoir encore tant de division dans les jugements.

Portez-vous bien, et faites mes compliments à Humboldt[1].

Schiller.

---

[1]. Schiller ne faisant ici qu'opposer et apprécier les jugements de Kœrner et de Humboldt, sa lettre n'appelait pas de réponse; aussi Gœthe se borne-t-il à y faire allusion dans une lettre subséquente.

DEUXIÈME PARTIE.

1797-1798.

La poésie épique et la poésie dramatique. — Hermann et Dorothée, de Gœthe. — Le Wallenstein, de Schiller.

L'intimité est maintenant établie entre les deux poëtes; ils se parlent à cœur ouvert sur toutes choses; ils exercent l'un sur l'autre une influence également féconde. Après *Wilhelm Meister*, l'idylle épique de Gœthe, *Hermann et Dorothée*, achève d'enlever Schiller à ses études trop prolongées d'esthétique abstraite; le goût et le besoin de l'invention poétique se réveillent en lui à la lecture des beaux vers que son ami lui envoie aussitôt achevés, chant par chant et presque page par page. Mais son admiration même pour l'œuvre de Gœthe le rend un moment incertain de sa véritable vocation poétique; il hésite entre le drame et l'épopée; de là les nombreuses lettres où les deux genres sont comparés, opposés l'un à l'autre (nos 34 à 41, 51 à 54) jusqu'à ce que Schiller comprenne enfin, suivant le mot de Guillaume Humboldt, que sa vocation c'est le drame, et s'applique, avec son ardeur ordinaire, à la composition de son *Wallenstein* (nos 55, et 70 à 73). L'idée même qu'il se forme du drame s'agrandit et s'épure, au milieu des continuels retours de son esprit sur la comparaison des grandes œuvres épiques et tragiques, de *l'Iliade* ou de *l'Odyssée* et des tragédies de Sophocle ou de Shakspeare (nos 62, 63). Son œuvre commencée en prose, il se décide à l'écrire en vers (n° 50), il la refait presque en entier, et inaugure par cette grande et magistrale composition ce qu'on appelle en Allemagne la période classique de son génie.

Pendant ce temps, Gœthe ne reste pas inactif: il achève le dernier chant d'*Hermann et Dorothée*, et continue sa *Vie de Benvenuto Cellini*; il compose la ballade intitulée: *le Chercheur de trésors*, la *Fiancée de Corinthe*, le *Dieu et la Bayadère*. Puis il se met à voyager; il part pour la Suisse, le 30 juillet 1797, en passant par Francfort (n° 45), Stuttgart, Tubingue, etc.; c'est une occasion nouvelle de communiquer à son ami ses impressions sur les hommes et les choses (nos 46 et 47). En visitant les bords du lac des Quatre-Cantons, il conçoit la première idée de ce sujet de *Guillaume Tell*, dont Schiller fera plus tard l'une de ses plus belles tragédies (n° 48).

34.

Lettre de Gœthe. Réflexions sur la poésie épique[1].

J'étudie maintenant avec ardeur l'ancien Testament et Homère ; je lis en même temps l'introduction d'Eichhorn[2] au premier, et les *Prolégomènes* de Wolf[3] au second. J'en tire les lumières les plus surprenantes ; nous aurons bien des choses à nous dire là-dessus.

Écrivez le plus tôt possible le plan de votre *Wallenstein*[4], et communiquez-le-moi. Dans l'état actuel de mes études, l'examen que j'en ferai aura pour moi un vif intérêt, et pour vous peut-être son utilité.

Je veux vous faire part tout de suite d'une réflexion sur le poëme épique. Comme il demande à être lu dans le plus grand repos, et avec toutes les aises possibles pour l'esprit, la raison a peut-être plus d'exigences pour lui que pour les autres genres poétiques, et j'ai été frappé de voir en lisant l'*Odyssée*[5], combien ces exigences y sont pleinement satisfaites. Quand on pense d'autre part à ce que nous savons des travaux des anciens grammairiens et critiques, aussi bien que de leur talent et de leur caractère, on voit que c'étaient des hommes de raison, qui ne se donnaient de repos qu'après avoir mis ces grandes peintures d'accord avec

1. Cette lettre ouvre la série des réflexions des deux écrivains sur les nouveaux sujets dont il se montrent surtout préoccupés dans cette période.
2. T. G. Eichhorn (1752-1827) est aussi l'auteur d'une histoire générale de la civilisation et de la littérature dans l'Europe moderne.
3. Frédéric-Auguste Wolf est le premier qui, dans ses *Prolégomènes* à Homère, ait mis en doute l'existence d'un auteur unique de l'*Iliade* et de l'*Odyssée* ; né en 1759 à Hainrode, près de Nordhausen, il mourut en 1824, à Marseille, au moment où il allait demander au climat de Nice, le rétablissement de sa santé.
4. *Wallenstein*, drame en trois parties, l'une des œuvres les plus considérables de Schiller.
5. L'*Odyssée*, le second des poëmes d'Homère, a pour sujet le retour d'Ulysse dans sa patrie, après la guerre de Troie.

leurs propres conceptions. Ainsi, comme Wolf s'est efforcé de le prouver, c'est aux Alexandrins[1] que nous serions redevables de notre Homère, tel que nous le possédons, ce qui, à vrai dire, donne à ses poëmes un tout autre aspect.

Encore une remarque spéciale. Quelques-uns des vers des poëmes homériques qu'on regarde comme entièrement apocryphes et tout à fait modernes, sont absolument du même genre que certains vers que j'ai introduits moi-même après coup dans mon poëme pour rendre l'ensemble plus clair et plus facile à saisir, et pour préparer à propos les événements à venir. Je suis très-curieux de voir ce que je serai tenté de retrancher ou d'ajouter à mon poëme, quand j'aurai terminé mes études actuelles ; en attendant, le premier texte peut se produire dans le monde.

Un des caractères essentiels du poëme épique, c'est d'aller toujours en avant et en arrière ; c'est ce qui donne une couleur épique à tous les motifs poétiques qui suspendent la marche de l'action. Mais ces motifs ne doivent pas devenir des obstacles, car ceux-ci sont le propre du drame.

Si la nécessité de retarder ainsi la marche du poëme, qui se trouve si amplement satisfaite dans les deux poëmes d'Homère, et qui était aussi observée dans le plan du mien, ne peut réellement être écartée, tous les plans qui vont droit au dénoûment doivent être rejetés, ou considérés comme une forme inférieure et plus historique que poétique. Le plan de mon second poëme a ce défaut, si c'en est un, et je me garderai bien d'en écrire un seul vers, avant que nous ayons complétement éclairci cette question[2]. L'idée me paraît singulièrement féconde : si elle est juste, elle peut nous mener loin, et je lui ferai volontiers le sacrifice le plus complet.

Dans le drame les conditions me paraissent tout opposées. Mais nous en parlerons bientôt plus à loisir. Adieu.

Weimar, le 19 avril 1797.

GŒTHE.

1. Les critiques alexandrins ont grandement contribué à établir le texte des poëmes homériques, tel que nous le possédons.
2. Le poëme auquel Gœthe fait ici allusion, est le poëme de la *Chasse*, auquel il songea à plusieurs reprises, sans pourtant le terminer.

35.

Réponse de Schiller sur le même sujet.

Votre dernière lettre m'a donné beaucoup à penser, et j'avais bien des choses à vous dire à ce sujet ; mais une affaire qui m'enlève à l'improviste ma soirée, m'en empêche. Je ne vous écrirai donc aujourd'hui que quelques lignes.

De tout ce que vous me dites, il résulte plus clairement pour moi que l'autonomie des parties est un caractère essentiel du poëme épique. La vérité pure, tirée du fond des choses, est le but du poëte épique ; il ne nous peint que la réalité tranquille et l'action des choses suivant la nature de chacune ; son but est atteint en quelque sorte à chaque pas qu'i fait ; aussi ne courons-nous pas impatiemment vers le terme du récit ; mais nous nous arrêtons avec plaisir à chaque pas. Il nous laisse la plus grande liberté d'esprit, et l'avantage qu'il nous procure ainsi rend sa tâche bien plus difficile ; car nous avons pour lui toutes les exigences qui résultent de l'état d'intégrité de notre esprit, de son activité exercée en tout sens. Au contraire le poëte tragique nous enlève notre liberté, il tourne et concentre notre activité sur un seul côté, et il simplifie ainsi de beaucoup sa tâche ; il se place à son avantage et nous met nous à notre désavantage.

Votre idée de la marche *retardante* du poëme épique est pour moi un trait de lumière. Cependant, d'après ce que je connais de votre épopée, je ne vois pas bien pourquoi ce caractère lui ferait défaut.

J'attends avec un vif désir le reste de vos réflexions surtout sur le drame. En attendant, je penserai plus mûrement à ce que vous m'avez déjà dit. Portez-vous bien ; mon petit malade [1] se comporte toujours bien, malgré la rigueur de l'hiver. Ma femme vous salue cordialement.

Iéna, le 21 avril 1797.

SCHILLER.

1. Il s'agit du fils de Schiller, qui était malade à cette époque.

36.

Lettre de Schiller. Comparaison de l'épopée et du drame.

Ce que vous appelez le meilleur sujet dramatique, c'est-à-dire celui où l'exposition est déjà une partie de l'action, se rencontre, par exemple, dans les *Jumeaux de Shakspeare*[1]. Je n'en connais pas d'autre exemple, bien que l'*Œdipe roi*[2] se rapproche étonnamment de cet idéal. Mais il est facile d'imaginer des sujets où l'exposition est ainsi le premier pas en avant de l'action. *Macbeth*[3] appartient à cette classe ; je puis citer aussi mes *Brigands*[4].

Quant au poëte épique, je ne crois pas devoir lui accorder une exposition, du moins dans le sens où la prend le poëte dramatique. Comme il ne nous pousse pas également vers la fin de son œuvre, le commencement et la fin se rapprochent beaucoup plus par leur dignité et leur importance, et l'exposition doit nous intéresser, non pas à cause du but auquel elle nous conduit, mais à cause de sa valeur propre. Je crois qu'il faut être, à ce point de vue, beaucoup plus indulgent pour le poëte dramatique ; comme il place son but dans la suite de l'action et à la fin, on peut lui permettre de ne considérer le début que comme un moyen. Il est placé sous la catégorie de la moralité, le poëte épique sous celle de la substantialité ; dans la tragédie, il y a des incidents qui interviennent comme cause d'autres incidents ; dans l'épopée, tout doit avoir sa valeur par soi-même.

Je vous remercie des renseignements que vous me donnez sur l'affaire de Duisbourg ; tout m'y semblait jusque-là fort énigmatique. Si la chose était praticable, j'aurais grand plaisir à décorer une chambre de semblables figures.

---

1. Shakspeare, le plus grand poëte dramatique de l'Angleterre, né en 1564, mort en 1616. On ignore quel est le drame que Schiller désigne par ce titre, *les Jumeaux de Shakspeare*.
2. *Œdipe roi*, tragédie de Sophocle.
3. *Macbeth*, tragédie de Shakspeare.
4. *Les Brigands*, le premier drame de Schiller.

Demain j'espère enfin m'installer dans mon jardin ; notre petit malade est tout à fait rétabli, et la maladie, semble-t-il, n'a fait qu'affermir sa santé.

Humboldt est parti aujourd'hui ; je ne le verrai plus de bien des années ; et surtout je ne puis espérer que nous nous revoyions tels que nous nous sommes quittés. Voilà donc encore une relation qu'il faut regarder comme rompue et qui ne se renouera pas ; car deux années passées dans des occupations si différentes changeront bien des choses en nous et entre nous.

Schiller.

37.

Lettre de Schiller. De la nécessité de retarder la marche des événements dans le poëme épique[1].

Iéna, le 25 avril 1797.

Que la nécessité de retarder la marche des événements découle d'une loi suprême de l'épopée, à laquelle on pourrait satisfaire par une autre voie, c'est ce qui me semble hors de doute. Je crois aussi qu'il y a deux manières de retarder : l'une tient à la nature de la route, l'autre à la nature de la marche, et celle-ci peut très-bien, ce me semble, trouver sa place sur la route la plus directe, et par conséquent dans un plan tel que le vôtre.

Je ne voudrais pourtant pas formuler cette grande loi épique absolument comme vous l'avez fait. Si l'on dit qu'il faut considérer la manière d'être des choses plutôt que leur essence même, la formule me semble trop générale, et applicable sans distinction à tous les genres de poésie qui représentent une action. Voici là-dessus ma pensée en peu de mots : le poëte épique et le poëte dramatique nous représentent tous deux une action ; mais cette action est pour le dernier le but ; pour le premier elle n'est qu'un moyen propre à atteindre un but esthétique absolu. Ce principe posé, je m'explique très-bien pourquoi le poëte dramatique

---

[1]. Ces deux lettres du 24 et 25 avril se suivent dans la correspondance, sans aucune réponse de Gœthe.

doit avancer plus vite et plus directement, pourquoi le poëte épique trouve mieux son compte dans une marche un peu vacillante. Il en résulte, ce me semble, que le poëte épique doit s'interdire les sujets qui, par eux-mêmes, excitent vivement la passion, la curiosité ou la sympathie, car alors l'action intéresse trop vivement comme but pour se réduire facilement à n'être qu'un simple moyen. Je crains, je l'avoue, ce dernier inconvénient dans votre nouveau poëme, bien que j'aie toute confiance dans votre toute-puissance poétique pour faire du sujet tout ce qui est possible.

La manière dont vous voulez développer votre action me paraît plus propre à la comédie qu'à l'épopée. Du moins vous aurez beaucoup à faire à le dépouiller de ce qui peut exciter l'étonnement et la surprise, sentiments très-peu épiques.

J'attends votre plan [1] avec une grande curiosité. Il me paraît digne de remarque que Humboldt ait eu, à ce sujet, la même impression que moi, quoique nous ne nous soyons nullement communiqué nos pensées. Il reproche à votre plan de manquer d'action individuelle et épique. Quand vous m'en avez parlé pour la première fois, j'attendais toujours la véritable action; tout ce que vous me racontiez ne me paraissait qu'une introduction et comme le champ où l'action devait se développer entre des personnages déterminés ; et, au moment où je croyais que cette action allait enfin paraître, vous avez fini. Je comprends bien que le genre auquel appartient votre sujet exclut l'individu et force le poëte à s'occuper surtout de la masse et de l'ensemble ; c'est l'intelligence qui en est le héros, et elle est plus propre à s'élever au-dessus des objets qu'à les embrasser dans son sein.

Au reste, quelle que soit la qualité épique de votre nouveau poëme, il constituera toujours, en regard de votre *Hermann et Dorothée* [2], un genre différent ; si *Hermann* était la pure expression du genre épique, et non pas seulement d'une espèce, il en résulterait que le nouveau poëme serait bien peu épique. Mais vous voulez précisément savoir si

---

1. Il s'agit du poëme de la *Chasse*, dont il a été question plus haut.
2. Le poëme d'*Hermann et Dorothée*, que Gœthe venait d'achever.

votre poëme d'*Hermann* représentait une espèce épique ou le genre tout entier : nous voilà revenus à la question.

J'appellerais volontiers votre nouvelle œuvre un poëme comico-épique, si l'on voulait faire abstraction de l'idée ordinaire et étroite de la comédie et du genre héroï-comique. Votre nouveau poëme est, par rapport à la comédie, ce qu'est *Hermann et Dorothée* relativement au drame, avec la différence, toutefois, que dans l'un c'est le sujet qui intéresse le plus, et dans l'autre, la manière de le traiter.

Mais je veux attendre votre plan, pour pouvoir vous en dire davantage.

Que dites-vous des nouvelles de la paix de Ratisbonne [1] ? Si vous avez à ce sujet quelques renseignements précis, communiquez-les-moi. Adieu et bonne santé.

SCHILLER.

38.

Réponse de Gœthe à la lettre précédente. Nouvelles du traité de paix de Ratisbonne. Réflexions sur la tragédie et l'épopée.

Les nouvelles de la paix ne sont point fausses. Au moment où les Français entraient pour la seconde fois à Francfort et étaient encore aux prises avec les Autrichiens, un courrier est arrivé, apportant la nouvelle de la paix. Les hostilités ont été aussitôt suspendues, et les généraux des deux armées ont dîné avec le bourgmestre, à la Maison-Rouge. Les Francfortois ont donc, au prix de leur argent et de leurs souffrances, joui d'un coup de théâtre comme on en voit peu dans l'histoire ; et nous aussi nous aurons assisté à cette époque importante ; nous verrons ce que produira ce changement dans les détails et dans l'ensemble.

Je suis bien d'accord avec vous sur ce que vous me dites aujourd'hui dans votre lettre de l'épopée et du drame ; c'est décidément une habitude pour moi de me faire expliquer et éclaircir mes rêves par vous. Je ne puis rien ajouter ; mais

---

[1]. Il s'agit de la paix qui fut conclue, en effet, à cette époque, à Ratisbonne, entre les Français et les Autrichiens.

il faut que je vous envoie mon plan ou que je vous le porte moi-même. Alors nous aurons à traiter bien des questions délicates, dont je ne puis rien vous dire encore maintenant. Si mon sujet n'est décidément pas purement épique, bien qu'intéressant et important à plus d'un point de vue, il faudra chercher sous quelle autre forme il doit être traité. Portez-vous bien, jouissez de votre jardin et de la guérison de votre petit garçon.

J'ai passé mon temps avec Humboldt[1] de la manière la plus agréable et la plus utile. Sa présence a encore une fois réveillé mes travaux d'histoire naturelle de leur sommeil d'hiver ; pourvu qu'ils ne retombent pas bientôt dans un sommeil de printemps.

Weimar, le 26 avril 1797.

GOETHE.

Je ne puis m'empêcher de vous poser encore une question sur notre affaire dramatico-épique. Que pensez-vous des propositions suivantes ?

Dans la tragédie, le destin ou, ce qui est la même chose, la nature déterminée de l'homme, qui le conduit çà et là en aveugle, doit régner en maître ; il ne doit pas pousser l'homme vers son but, mais l'en éloigner ; le héros ne peut y être complètement maître de sa raison ; la raison, dans la tragédie, ne peut s'égarer que chez les personnages secondaires et au désavantage du héros, etc.

Dans l'épopée, c'est tout le contraire ; la sagesse seule, comme dans l'*Odyssée*, ou une passion raisonnable, comme dans l'*Iliade*, sont les seuls agents épiques. Le voyage des Argonautes, à son titre de simple aventure, n'est pas épique [2].

1. On sait que Goethe s'est beaucoup occupé des sciences de la nature. Il a composé un traité des couleurs et un essai sur la métamorphose des plantes.
2. Cette lettre n'a pas reçu de réponse particulière de Schiller ; elle a été immédiatement suivie de la lettre n° 39.

39.

Lettre de Gœthe. Appréciation du traité de Schlégel sur le poëme épique.

Hier, comme je méditais le plan de mon nouveau poëme, pour le refaire à votre intention, je me suis senti saisi tout à nouveau d'un amour particulier pour cet ouvrage ; après toutes les observations échangées entre nous à ce sujet, cela m'a paru d'un bon augure. Mais je sais parfaitement que si je communique à n'importe qui, même confidentiellement, le plan d'un ouvrage projeté, je ne viendrai jamais à bout de le terminer ; il vaut donc mieux que je diffère encore cette communication ; nous traiterons la question en général, et les résultats de nos entretiens me serviront à juger à part moi mon sujet. Si je conserve après cela du courage et de l'ardeur, j'achèverai mon œuvre ; et, une fois achevée, elle fournira à nos réflexions une matière plus abondante, qu'à l'état de simple projet. Si je viens, au contraire, à en désespérer, il sera toujours temps de vous en faire connaître l'idée fondamentale.

Avez-vous vu le traité de Schlégel [1] sur le poëme épique, dans la 11e livraison de l'*Allemagne* [2] de l'année dernière ? Lisez-le, je vous prie. Il est curieux de voir comment, en bon esprit qu'il est, il suit souvent le bon chemin, et trouve cependant moyen de s'en écarter tout aussitôt. De ce que le poëme épique ne peut pas avoir l'unité dramatique, de ce qu'il est impossible de démêler une semblable unité dans l'*Iliade* et l'*Odyssée*, que, d'après les idées modernes, il donne d'ailleurs pour plus morcelées qu'elles ne le sont réellement, il conclut que le poëme épique ne

---

1. Frédéric Schlégel, né en 1772 à Hanovre, mort à Dresde en 1829, a contribué, avec son frère Guillaume Schlégel, à fonder l'école romantique allemande. Il a composé de nombreux écrits sur des sujets d'esthétique et d'histoire littéraire, souvent gâtés par des déclamations maladroites contre notre théâtre.

2. Il s'agit du journal l'*Allemagne*, publié par Reichardt.

peut avoir ni rechercher aucune unité; ce qui à mon sens revient à dire : Le poëme épique doit cesser d'être un poëme. Et voilà ce qu'il faut accepter pour des idées justes, quand pourtant l'expérience elle-même, consultée avec soin, les contredit évidemment. Car l'*Iliade* et l'*Odyssée*, fussent-elles passées dans les mains de mille poëtes et de mille rédacteurs, n'en montrent pas moins la tendance puissante de la nature poétique et critique vers l'unité. Au fond, cette nouvelle production de Schlégel n'a d'autre but que d'appuyer l'opinion de Wolf, qui n'avait certes pas besoin d'un tel secours. Admettez, en effet, que ces deux grands poëmes se sont formés peu à peu, et qu'on n'a pu les amener à une unité complète et parfaite, quoiqu'ils aient l'un et l'autre une organisation beaucoup plus parfaite qu'on ne pense; il n'en résulte pas que de pareils poëmes ne puissent ni ne doivent jamais atteindre à une pleine et parfaite unité.

En attendant, je viens de faire un petit extrait de nos entretiens à ce sujet, tiré de vos lettres; travaillez encore et approfondissez la question; elle est maintenant pour nous, théoriquement et pratiquement, la plus importante de toutes.

Je viens de relire avec le plus grand plaisir la *Poétique d'Aristote*. C'est une belle chose que la raison dans sa plus haute manifestation. Il est très-digne de remarque qu'Aristote s'en tient uniquement à l'expérience; cela le fait paraître, si l'on veut, un peu matériel; mais il n'en est presque toujours que plus solide. J'ai été enchanté de voir avec quel esprit libéral il prend la défense des poëtes contre les vétilles et les chicanes de la critique. Il n'insiste que sur les points essentiels; pour tout le reste, il est si large que je m'en suis étonné en plus d'un endroit. Mais aussi toute sa théorie de la poésie, et ses vues sur les parties de l'art qu'il affectionne ont quelque chose de si vivifiant que je compte en faire bientôt une nouvelle étude, surtout à cause de quelques passages importants qui ne sont pas tout à fait clairs, et dont je voudrais pénétrer le sens. A vrai dire, on n'y trouve sur le poëme épique aucune indication du genre de celles que nous désirerions.

Je commence à me remettre des distractions du mois passé : je mets en ordre différentes affaires, et je m'en débarrasse pour être libre au mois de mai. Si j'en trouve la possibilité, j'irai vous voir. En attendant, portez-vous bien.

Weimar, le 27 avril 1797.

GŒTHE.

40.

Réponse de Schiller aux lettres précédentes sur les théories poétiques d'Aristote.

Je suis très-satisfait, non-seulement d'Aristote, mais encore de moi-même. Il est rare que le commerce d'un esprit si sobre, d'un législateur si froid, ne fasse pas perdre la paix intérieure. Aristote est un véritable juge des enfers pour tous ceux qui s'attachent servilement à la forme extérieure, ou qui se mettent au-dessus de toute forme. Par la largeur de ses idées et son esprit libéral, il doit précipiter les premières dans des contradictions perpétuelles : car il est visible que le fond a pour lui une tout autre importance que la forme; les seconds doivent trembler devant la vigueur avec laquelle il déduit de la nature des poëmes, et de celle de la tragédie en particulier, leur forme nécessaire. C'est maintenant que je comprends bien dans quelle fâcheuse situation il a mis les commentateurs, les poètes et les critiques français : ils ont toujours tremblé devant lui, comme les enfants devant la férule. Shakspeare, malgré ses réelles infractions aux préceptes du philosophe grec, se serait mieux entendu avec lui, que tous les tragiques français [1].

Je n'en suis pas moins très-aise de ne l'avoir pas lu plus tôt. Je me suis privé d'un grand plaisir, et de tous les avantages que me procure maintenant sa lecture. Il faut avoir des principes bien établis, pour le lire avec profit; si l'on ne connaissait pas à fond les questions qu'il traite, il y aurait du danger à prendre conseil de lui.

Il ne pourra certainement jamais être pleinement compris et apprécié. Sa théorie du poëme dramatique repose tout en-

[1]. Il est presque inutile de faire remarquer l'injustice de ces critiques de notre poésie dramatique ; il est à croire que Schiller connaissait mal les écrivains dont il parle si légèrement.

tière sur des bases empiriques ; il a devant les yeux une foule de tragédies que nous avons perdues ; c'est sur elles qu'il raisonne, et ainsi la base de sa critique nous manque presque tout entière. Il ne part presque jamais de l'idée pure de l'art, mais du fait, c'est-à-dire de l'œuvre d'un poëte et de sa représentation ; et, si ses jugements sont au fond de véritables lois poétiques, nous le devons à cet heureux hasard, que parmi les chefs-d'œuvre de cette époque il y en avait qui réalisaient une idée, ou qui, dans un cas individuel, représentaient un genre tout entier.

Si l'on cherchait chez lui une philosophie de la poésie, telle qu'on pourrait à bon droit l'attendre d'un esthéticien d'aujourd'hui, on serait grandement déçu ; on rirait même de sa manière toute fragmentaire de procéder, du pêle-mêle bizarre des règles générales et particulières, de la confusion des principes de logique, de prosodie, de rhétorique et de poésie : c'est ainsi qu'il descend jusqu'à l'étude des voyelles et des consonnes. Mais vient-on à réfléchir qu'il avait sous les yeux une tragédie particulière, et qu'il interrogeait sur toutes les situations qu'elle pouvait offrir, tout s'explique sans peine et l'on est bien aise d'avoir cette occasion de récapituler tous les événements qui entrent dans la composition de l'œuvre poétique.

Je ne suis pas étonné de la préférence qu'il accorde à la tragédie sur l'épopée : car, dans sa pensée, bien qu'il ne s'exprime pas avec une entière clarté, la valeur objective et poétique propre à l'épopée ne subit aucune atteinte. En sa qualité de critique et d'esthéticien, le genre poétique qui doit le mieux le satisfaire est sans doute celui dont la forme est fixe, et sur laquelle il est possible d'avoir un jugement arrêté. C'est là évidemment le cas de la tragédie, telle qu'il en avait sous les yeux les modèles : car la tâche du poëte dramatique, simple et mieux déterminée, est plus facile à comprendre et à faire comprendre ; elle suggère à l'esprit une théorie de l'art plus parfaite, ne serait-ce que par sa moindre étendue, et l'étude plus rapide qu'elle permet. En outre on voit clairement que sa préférence pour la tragédie vient de la connaissance plus intime qu'il en possède ; il ne connaît de l'épopée que les lois génériques qui lui sont communes avec la tragédie, il ne sait rien des lois spéciales d'où résulte l'opposition des deux genres. Aussi a-t-il pu dire que l'épopée est contenue dans la tragédie, et que pouvoir juger de l'une c'était pouvoir prononcer également sur l'autre; d'une manière générale, en effet, tout ce qu'il y a d'action dans l'épopée rentre dans la tragédie.

Il y a dans ce traité bien des contradictions apparentes; mais, à mon point de vue, elles ne font qu'en rehausser la valeur : car elles me prouvent que le tout n'est formé que d'aperçus isolés, et qu'aucune théorie préconçue n'est en jeu ; peut-être aussi faut-il mettre bien des choses au compte du traducteur.

Je me réjouis, quand vous serez ici, de causer plus en détail avec vous de cet ouvrage.

Vous avez vu qu'il regarde l'enchaînement des événements comme le point capital dans la tragédie ; c'est ce qui s'appelle frapper droit sur la tête du clou.

Il compare l'une à l'autre la poésie et l'histoire, et accorde à la première plus de vérité qu'à la seconde ; on est heureux de trouver de telles observations chez un esprit si foncièrement raisonnable.

J'aime aussi, à propos des différentes opinions des hommes, lui voir faire cette remarque que les anciens poëtes font parler leurs personnages avec plus de politique, les nouveaux avec plus de rhétorique.

Ce qu'il dit de l'avantage qu'il y a à mettre sur la scène des personnages vraiment historiques est aussi plein de sens.

On lui reproche de tant favoriser Euripide ! je ne trouve pas que cela soit vrai. En général, maintenant que j'ai lu moi-même cette poétique, je trouve qu'on en a monstrueusement dénaturé le sens.

Je joins à ma lettre une lettre de Voss[1] que je viens de recevoir. Il m'envoie pour les *Heures* une traduction en vers hexamètres du *Phaéton* d'Ovide ; dans ma détresse présente, c'est une bonne fortune ; quant à lui, il ne viendra, dans son voyage, ni à Weimar ni à Iéna.

Cet exemplaire d'Aristote vous appartient-il ? S'il n'est pas à vous, je vais en faire venir un tout de suite ; car je ne suis pas disposé à m'en séparer de sitôt.

1. Jean-Henri Voss (1751-1826), connu par sa traduction en vers de l'*Iliade* et de l'*Odyssée*, et son poëme pastoral de *Louise*.

Portez-vous bien. Je me suis fait à mon nouveau régime, et par le vent ou la pluie je passe bien des heures à me promener au jardin ; je m'en trouve parfaitement.

Iéna, le 5 mai 1797.

SCHILLER.

41.

Réponse de Gœthe à la lettre précédente.

Je suis enchanté que nous nous soyons mis juste au bon moment à la lecture d'Aristote ; je crois d'ailleurs qu'on ne trouve vraiment un livre que le jour où on le comprend. Je me souviens fort bien qu'il y a trente ans j'ai déjà lu cette traduction, mais je n'avais rien compris du sens véritable de l'ouvrage. J'espère m'en entretenir bientôt avec vous. L'exemplaire n'est pas à moi.

Voss m'a écrit une lettre fort aimable ; il m'annonce son ouvrage sur la géographie ancienne, que j'attends avec impatience.

En me servant ces jours-ci à mainte reprise de sa traduction d'Homère, j'ai eu occasion d'en apprécier et d'en admirer toute la valeur. Il m'est venu à l'esprit un moyen de lui rendre justice sans affectation, ce qui ne manquerait pas de chagriner ses plats adversaires. Nous en causerons.

Le 15 de ce mois je pense être près de vous, et y rester un bon espace de temps ; aujourd'hui je ne suis pas encore entièrement remis des distractions de la semaine. Portez-vous bien, et jouissez de l'air libre de la solitude.

Weimar, le 6 mai 1797.

GŒTHE.

42.

Lettre de Gœthe. Il annonce qu'il va revoir son poëme de Faust.

Il m'est absolument nécessaire, avec la vie agitée que je mène, d'avoir quelque chose à faire ; aussi me suis-je décidé à revenir à mon *Faust*, et, si je ne puis l'achever, à l'avancer le plus possible, en découpant ce qui est déjà imprimé, et en le disposant par grandes masses avec ce qui est déjà prêt ou préparé; l'exécution du plan, qui n'est encore, à proprement parler, qu'une simple idée, y gagnera beaucoup. Je me suis remis à creuser mes idées et à leur chercher une forme; et je ne suis pas trop mécontent de moi. Je voudrais bien seulement que, par quelque nuit d'insomnie, vous ayez la bonté de penser un peu à mon ouvrage, et de me dire ce que vous pensez de l'ensemble; ce serait, en vrai prophète, me raconter et m'expliquer mes propres rêves.

Les différentes parties de ce poëme, vu la diversité d'inspiration qu'elles demandent, peuvent être travaillées à des époques différentes, pourvu qu'elles se subordonnent à l'esprit et au ton de l'ensemble; d'ailleurs le travail tout entier est d'un genre subjectif; je puis donc y travailler par intervalles; en ce moment je suis en état de m'en occuper avec fruit.

Ce sont nos études sur les ballades qui m'ont ramené sur ce chemin nébuleux; et les circonstances me conseillent, en plus d'un sens, d'y rester égaré pendant quelque temps.

L'intérêt de mon nouveau plan épique risquerait de se dissiper au milieu de cette poussière de rimes et de strophes; laissons-le fermenter encore un peu. Pour aujourd'hui, je vous dis adieu. Charles est allé hier à mon jardin, et, malgré le mauvais temps, il s'y est fort amusé. Si votre chère femme était restée ici, j'aurais eu bien du plaisir à la recevoir avec les siens. Si vous pouviez seulement vous décider à mesurer encore une fois la longueur de la chaussée d'Iéna [1] !

A vrai dire, je vous souhaiterais meilleur temps pour une pareille expédition.

Weimar, le 12 juin 1797.

GŒTHE.

1. *Mesurer la chaussée d'Iéna*, le chemin qui conduit d'Iéna à Weimar.

43.

Réponse de Schiller à la lettre précédente. Il approuve les intentions et les plans de travail de son ami.

Iéna, le 23 juin 1797.

Votre résolution de vous remettre à votre *Faust* est pour moi, je l'avoue, un sujet d'étonnement, surtout quand je pense que vous êtes à la veille d'un voyage en Italie. Mais j'ai dû longtemps renoncer une fois pour toutes à vous appliquer les règles de la logique ordinaire, et j'ai d'avance la conviction que votre génie saura se tirer parfaitement d'affaire.

Vous me demandez de vous faire part, à propos de votre œuvre, de mes espérances et de mes désirs : ce n'est pas chose facile; mais je chercherai, autant que possible à découvrir le fil de vos idées, et si je n'y parviens pas, je m'imaginerai que j'ai trouvé par hasard les fragments de *Faust*, et que je suis chargé de les compléter. Tout ce que je puis dire maintenant, c'est que le drame de *Faust*, malgré toute sa poétique individualité, ne peut pas éviter complétement qu'on exige de lui une signification symbolique ; c'est là aussi d'ailleurs, à ce que je crois, votre pensée. On ne perd pas de vue le double caractère de la nature humaine, et l'effort impuissant pour unir dans l'homme le divin et le terrestre ; puis, comme la fable du poëme tend et doit tendre à l'étrange et au monstrueux, on ne s'en tient pas au sujet même, mais on veut qu'il conduise l'esprit à des idées. En un mot, *Faust* doit répondre à des exigences à la fois philosophiques et poétiques ; et vous aurez beau faire, la nature de votre sujet vous contraindra à le traiter philosophiquement; l'imagination devra se mettre au service d'une idée venue de la raison.

Mais je ne vous dis là probablement rien de neuf: car dans les parties déjà achevées de votre poëme, vous avez déjà commencé à donner à ces exigences la plus complète satisfaction.

Si vous vous remettez maintenant à *Faust*, je ne doute plus de son complet achèvement, et Dieu sait si je m'en réjouis.

Ma femme, qui m'apporte votre lettre, et revient avec *Monsieur Charles* d'un petit voyage, m'empêche de vous écrire plus longuement aujourd'hui. Lundi, je compte vous envoyer une nouvelle ballade; le temps est maintenant favorable à la composition poétique. Adieu.

SCHILLER.

44.

Lettre de Gœthe. Il répond aux observations précédentes de Schiller.

Merci de vos premières paroles sur mon *Faust* ressuscité. Notre opinion sur cette œuvre ne variera sans doute pas; mais on a un tout autre cœur au travail, quand on voit ses pensées et ses projets comme dessinés hors de soi; aussi la part que vous prenez à mes travaux est-elle fructueuse pour moi en plus d'un sens.

Si j'ai repris maintenant ce travail, c'est par mesure de prudence; car l'état de santé de Meyer me fait craindre d'avoir à passer encore un hiver dans le Nord; et, comme je ne veux faire sentir ni à moi ni à mes amis l'humeur que me cause cette déception, je me prépare avec joie et amour un refuge dans ce monde de symboles, d'idées et de brouillards.

Je vais tout d'abord achever les grandes masses déjà à moitié terminées, et chercher à mettre en ordre ce qui a déjà été imprimé; je continuerai ainsi jusqu'à ce que le cercle s'épuise de lui-même.

Adieu, continuez à me parler du sujet et de la manière de le traiter, et envoyez-moi la ballade.

Weimar, le 24 juin 1797.

GŒTHE.

45.

Réponse de Schiller. Réflexions sur le poëme de la Chasse [1] et sur le drame de Faust.

Iéna, le 26 juin 1797.

Si je vous ai bien compris dernièrement, vous avez l'intention d'écrire votre nouveau poëme épique, la *Chasse*, en strophes rimées. J'ai oublié dans mes dernières lettres de vous en dire un mot; mais cette idée me sourit, et je crois que c'est la condition qui peut seule placer votre nouveau poëme à côté de *Hermann et Dorothée*. Outre que l'idée même du poëme est appropriée à la poétique moderne, et favorise la forme aimable des strophes, cette nouvelle forme métrique exclut la concurrence et la comparaison; elle cause au lecteur, aussi bien qu'au poëte, des impressions bien différentes; c'est un concerto sur un autre instrument. En même temps l'ouvrage participe à certains droits de la poésie romantique, sans pourtant lui appartenir réellement; on peut y mettre en œuvre, sinon le merveilleux, du moins le rare et l'étrange, et l'histoire du lion et du tigre, qui m'a toujours paru extraordinaire, n'éveillera plus aucun étonnement. Puis, des personnages et des chasseurs princiers il n'y aura qu'un pas à faire pour passer aux figures chevaleresques; et la noblesse dont vous aurez surtout à vous occuper dans ce poëme s'alliera aux souvenirs des peuples du Nord et de la féodalité. Le monde grec, dont le vers hexamètre rappelle infailliblement le souvenir, se prête moins, par suite, à cette forme des strophes, que le moyen âge et les temps nouveaux, ainsi que la poésie moderne, réclament au contraire de droit.

Je viens de relire *Faust*, et j'ai réellement le vertige, quand je pense au dénoûment d'un tel poëme. Rien n'est plus naturel, il est vrai : car tout dépend d'une intuition

---

1. Le poëme de la *Chasse*, dont il a été question dans une note précédente, n'a jamais existé que dans la pensée de Gœthe, qui y songea longtemps, sans se décider à l'écrire.

de l'esprit ; et tant qu'on n'a pas cette intuition, un sujet même moins riche mettrait notre jugement dans l'embarras. Ce qui m'inquiète surtout, c'est que, par son plan même, votre *Faust* semble devoir embrasser le sujet dans la totalité, pour qu'à la fin l'idée paraisse pleinement réalisée, et pour une masse si prodigieusement enflée, je ne trouve pas de lien poétique capable de la contenir. Mais vous saurez bien vous tirer d'affaire.

Par exemple, il convient, à mon sens, que *Faust* soit placé dans la vie active, et, quelle que soit la scène que vous choisissiez parmi toutes les scènes possibles, elle exigera toujours, par sa nature même, trop de complication et d'étendue.

Quant à l'exécution, la grande difficulté me paraît être de tenir heureusement le milieu entre la raillerie et le sérieux. Le bon sens et la raison me paraissent engagés par un tel sujet dans un combat à mort. Dans l'état fragmentaire où se trouve maintenant votre poëme, on le sent déjà très-bien, mais l'on attend encore bien plus de l'achèvement de l'ensemble.

Je vous envoie ma ballade. C'est un pendant pour vos *Grues*[1]. Dites-moi donc où en est le baromètre ; je voudrais bien savoir si nous pouvons enfin compter sur un temps un peu fixe. Adieu.

SCHILLER.

46.

Réponse de Gœthe à la lettre précédente.

L'*Anneau de Polycrate*[2] est très-bien réussi. L'ami royal, dont les yeux, comme ceux du spectateur, sont témoins de toute l'action ; la conclusion, qui laisse le dénoûment en suspens : tout est excellent. Je voudrais bien que mon pendant fût aussi heureusement réussi. Vos remarques sur *Faust*

---

1. Les *Grues d'Ibycus*, ballade de Schiller, sur une légende antique. Schiller devait l'idée de cette poésie à Gœthe ; c'est pourquoi il dit *vos Grues*. Gœthe avait même l'intention, comme on le verra par la lettre 50, p. 96, de traiter lui aussi ce sujet.
2. L'*Anneau de Polycrate*, c'était le titre de la ballade envoyée par Schiller à son ami.

m'ont causé le plus grand plaisir ; elles s'accordent parfaitement, comme cela devait être, avec mes intentions et mes plans ; seulement, dans cette composition barbare, j'en prends à mon aise, et je pense bien toucher aux exigences les plus élevées du sujet, mais non les remplir. J'aurai soin que les parties soient agréables, amusantes, et donnent un peu à penser ; quant à l'ensemble, il restera toujours un fragment ; mais la nouvelle théorie du poëme épique sera là pour me défendre.

Le baromètre est dans une agitation continuelle, et, à cette époque de l'année, nous ne pouvons pas nous promettre de temps stable. On ne ressent cet inconvénient que lorsqu'on veut mener une libre existence en plein air ; l'automne est toujours notre meilleur temps.

Portez-vous bien, et continuez à enrichir votre *Almanach* avec la même activité. Puisque mon *Faust* me ramène à la rime, je trouverai certainement encore quelque chose à vous envoyer pour cette publication. C'est maintenant pour moi une affaire réglée ; mes tigres et mes lions sont faits pour la strophe et la rime ; je crains seulement que l'intérêt particulier du sujet ne s'évanouisse dans une ballade. Attendons, et nous verrons vers quelle rive le génie poussera sa barque.

Weimar, 27 juin 1797.

GŒTHE.

47.

Lettre de Schiller à Meyer [1]. Appréciation d'Hermann et Dorothée [2].

Iéna, le 21 juillet 1797.

C'est de tout cœur que nous vous souhaitons la bienvenue sur le sol allemand, cher ami. Nous avons eu plus d'une

---

1. Meyer est l'ami de Gœthe, le collaborateur des *Heures*, dont il a déjà été question. Voy. p. 17, note 1.
2. Nous avons inséré ici cette lettre, d'ailleurs comprise dans l'édition primitive de la correspondance de Gœthe et de Schiller, parce qu'elle comble une lacune, en nous faisant connaître l'admiration de Schiller pour le poëme de Gœthe, *Hermann et Dorothée*.

fois de l'inquiétude pour vous, et nous éprouvons une joie profonde de vous savoir de retour et en bonne santé.

Je suis vraiment confus de penser que les premières lignes que je vous écris vous arriveront au moment de votre retour vers nous; mais, tout en ayant mille choses à vous dire de vive voix, je ne trouvais rien que je pusse vous adresser dans vos courses sur les montagnes. Ce que nous faisions, et comment toutes choses allaient autour de nous, vous l'avez appris par notre ami, et il vous a dit aussi, sans doute, combien votre pensée nous était présente. J'ai appris de lui avec un cordial intérêt combien vous avez heureusement mis votre temps à profit, et quels trésors vous avez rassemblés pour nous tous.

Nous ne sommes pas non plus restés inactifs, vous le savez, surtout notre ami, qui, dans ces dernières années, s'est vraiment surpassé lui-même. Vous avez lu son poëme épique; vous avouerez que c'est là le faîte de son art et de tout notre art moderne. Je l'ai vu naître et grandir, et je n'ai pas été moins émerveillé de la nature de son développement que de la perfection de l'œuvre elle-même. Pendant que nous autres nous sommes réduits à amasser et à éprouver péniblement les éléments de notre œuvre, pour arriver à produire après bien du temps quelque chose de supportable, il n'a qu'à secouer doucement l'arbre pour en faire tomber les plus beaux fruits mûrs et pesants. On a peine à croire avec quelle facilité il recueille maintenant les fruits d'une vie bien employée, et d'une éducation de l'esprit constamment poursuivie; tous ses pas sont sûrs et ont leur importance propre; la connaissance la plus claire de lui-même et des objets le met en garde contre toute vaine ambition, contre toute tentative incertaine. Vous le possédez maintenant lui-même, et vous pouvez vous convaincre de tout cela par vos propres yeux. Mais vous m'accorderez aussi que, sur ce faîte auquel il est parvenu, il doit penser à réaliser la forme admirable qu'il a su donner à son esprit, plutôt qu'à aller chercher de nouveaux matériaux de travail, en un mot qu'il doit vivre uniquement maintenant pour le travail pratique de la poésie. Quand parmi tant de milliers d'hommes qui poursuivent en vain le même but il s'en trouve un qui est arrivé à pouvoir faire sortir de lui-même l'ensemble d'une belle œuvre, il n'a rien de mieux à faire, à mon sens, que de chercher pour son art toutes les formes possibles d'expression : car, si loin qu'il s'avance, il ne peut du moins s'élever plus haut. J'avoue donc que s'il peut gagner quelque chose dans certaines directions à un séjour prolongé en Italie, tout cela me semble devoir toujours être perdu pour le but le plus élevé et aussi le plus prochain qu'il poursuit. Faites donc tout votre possible, mon cher ami, pour le décider à revenir bientôt, et à ne pas chercher bien loin ce qu'il a sous la main, chez lui.

SCHILLER.

48.

Lettre de Gœthe. Il raconte ses impressions dans son voyage à Francfort-sur-le-Mein.

Me voici arrivé à Francfort sans le moindre accident, heureux et bien portant ; et, dans une demeure paisible et gaie, je suis en train de réfléchir sur ce que c'est, à mon âge, que de courir le monde. Quand on est plus jeune, les objets en imposent davantage : ils troublent notre esprit, parce que nous ne pouvons les juger ; mais nous en venons plus facilement à bout, parce que nous ne voyons que ce qui se trouve sur notre chemin, et ne faisons que bien peu attention à ce qui est à droite ou à gauche. Plus tard, nous connaissons mieux les choses : un plus grand nombre d'entre elles nous intéresse, et nous nous trouverions mal à l'aise si un peu de tranquillité d'esprit et de méthode ne nous venaient en aide[1]. Il faut donc que je récapitule de mon mieux tout ce qui m'est arrivé pendant ces huit jours ; Francfort, en sa qualité de grande ville et de petit monde, me servira à mettre à l'épreuve les premières ébauches de mes idées ; puis je me préparerai à un voyage plus lointain.

Je suis particulièrement frappé de voir quelle est la situation d'esprit du public dans une grande ville. Il vit dans un perpétuel tourbillon d'acquisitions et de dépenses, et ce que

1. Réflexions d'une justesse pénétrante.

nous nommons l'harmonie de l'esprit ne peut ni s'y produire ni s'y communiquer. Tous les plaisirs, y compris le théâtre, n'ont pour objet que de distraire, et le grand penchant des lecteurs pour les journaux et les romans provient de ce que ces sortes d'écrits apportent la distraction au sein de la distraction elle-même.

Il me semble aussi avoir remarqué une sorte d'éloignement pour les œuvres poétiques, en tant du moins qu'elles sont poétiques, et je l'explique assez naturellement par les mêmes causes. La poésie réclame, exige même la possession de soi ; elle isole l'homme contre son gré ; elle s'impose avec persistance à l'esprit ; et, dans un monde un peu étendu, pour ne pas dire dans le grand monde, elle est très-incommode.

Je m'accoutume à noter les objets comme ils s'offrent à moi, avec les réflexions qu'ils m'inspirent, sans exiger de moi un examen trop attentif et un jugement parfaitement mûr, et sans penser à l'usage que j'en pourrai faire. Quand on a une fois parcouru le chemin, on a le coup d'œil plus sûr pour trouver dans les provisions amassées ce dont on peut avoir besoin.

J'ai été quelquefois au théâtre, et je me suis formé ainsi, pour en faire l'appréciation, un plan méthodique ; en cherchant peu à peu à l'exécuter, je me suis pris à penser qu'on ne pouvait écrire une relation de voyage supportable que sur les pays étrangers, où l'on n'est en relation avec personne. S'agit-il du lieu où l'on réside ordinairement, personne ne se résignera à en parler ; car il ne pourrait être question alors que d'une simple énumération des objets qu'on a sous les yeux. Il en est de même pour tout ce qui nous touche d'un peu près ; on sent qu'on commettrait une impiété, si l'on voulait exprimer ouvertement sur de telles choses son jugement le plus équitable et le plus mesuré. Ces réflexions produisent de bons résultats et me montrent la voie qu'il faut prendre. Ainsi, par exemple, je compare le théâtre d'ici avec notre théâtre de Weimar ; j'ai aussi vu celui de Stuttgart ; j'aurai peut-être quelque chose à dire en général sur tous les trois, et ce seront, je crois, des réflexions qui auront leur importance, et pourront être livrées au public.

Portez-vous bien et conservez-vous en bonne santé et en

bonnes dispositions dans votre maison de campagne. Saluez pour moi votre chère femme. Si je reviens jamais dans mon château d'Iéna, personne ne pourra m'en tirer de longtemps. Heureusement que j'ai apporté ma part à l'*Almanach des Muses*; en voyage, une pièce de poésie est une rencontre aussi inespérée que celle du phénix. Encore une fois, le plus cordial adieu [1].

Francfort-sur-le-Mein, le 7 août 1797.

GŒTHE.

49.

Lettre de Gœthe. Réflexions que lui inspirent son voyage et les changements survenus dans sa ville natale.

Il m'est venu une idée, qui peut avoir son importance pour le reste de mon voyage, et que je veux vous communiquer tout de suite, pour que vous me donniez votre avis et me disiez jusqu'à quel point elle vous paraît juste, et dans quelle mesure j'ai raison de me laisser guider par elle. En poursuivant tranquillement et froidement mon chemin d'observateur, de contemplateur, j'ai bientôt remarqué que le compte que je me rendais de certains objets portait le masque d'une sorte de sentimentalité qui m'a tellement étonné que je me suis mis aussitôt à en chercher le motif; voici ce que j'ai trouvé : tout ce que je vois, tout ce dont je fais l'expérience, en général, se rattache fort bien à ce que je sais déjà et ne m'est pas désagréable, parce qu'il s'ajoute à la masse de mes connaissances et contribue à augmenter mon capital. En revanche, je ne saurais dire encore quelle espèce de sentiment tout mon voyage pourrait me faire éprouver, et je suis aujourd'hui aussi calme, aussi exempt d'émotion que j'aurais pu l'être dans les circonstances et les incidents ordinaires de ma vie. D'où vient donc cette senti-

---

[1]. Cette lettre, pas plus que les suivantes, n'a reçu de réponse directe de Schiller: Gœthe, comme il arrive aux voyageurs, note jour par jour ses impressions, et les envoie à Schiller sans attendre qu'il lui écrive à son tour.

mentalité manifeste, qui m'étonne d'autant plus que, à l'exception de l'émotion poétique, je n'en avais, depuis longtemps, pas aperçu en moi la moindre trace? Ne serait-ce pas précisément une émotion poétique déterminée par un objet qui n'est pas poétique lui-même, ce qui produirait une sorte d'état intermédiaire?

J'ai ensuite examiné de près les objets qui causent de tels effets, et, à mon grand étonnement, j'ai remarqué qu'ils sont symboliques; je veux dire, j'ai à peine besoin d'y insister, que ce sont des cas saillants, qui, dans une pluralité caractéristique, deviennent les représentants d'un grand nombre d'autres cas, qui forment par eux-mêmes une sorte de tout, embrassent une certaine série, éveillent dans mon esprit des images semblables et contraires, et ainsi, au dedans comme au dehors, excitent l'idée d'une certaine unité et d'une certaine généralité. Ils constituent donc pour l'homme ce qu'un sujet bien trouvé est pour le poëte, des objets heureux et favorables, et comme, en les repassant dans son esprit, on ne peut leur donner aucune forme poétique, il faut bien qu'on leur donne une forme idéale, humaine, dans le sens le plus élevé du mot, une forme qu'on peut appeler, d'un mot bien souvent employé mal à propos, sentimentale. Vous ne rirez donc pas, vous sourirez seulement, si je vous dis, non sans un réel étonnement de ma part, que si je dois écrire quelque chose sur mes voyages pour mes amis ou pour le public, je courrai vraisemblablement le risque de composer quelque *Voyage sentimental*[1]. Mais vous me connaissez assez pour savoir que je ne m'effrayerai pas d'un mot, quelque discrédité qu'il soit, si l'exécution doit suffire à me justifier, si je puis être assez heureux pour rendre à un mot discrédité son ancienne valeur.

Je m'en rapporte aux explications que vous avez si bien données vous-même sur ce que doit être entre nous l'usage de la langue, et je continue : Dans quel cas un phénomène sentimental (que nous ne devons pas mépriser d'ailleurs, quelque ennuyeux qu'il soit) devient-il insupportable? Dans le cas où l'idéal est immédiatement uni au vulgaire, ce qui ne peut résulter que d'une exécution vide, sans forme et sans fond : car alors, l'idée et l'objet sont tous deux détruits.

1. Allusion au *Voyage sentimental* de Sterne.

la première, parce qu'elle ne peut être qu'importante et ne doit avoir rapport qu'à des choses d'importance; celui-ci parce qu'il peut jouer bravement son rôle et tenir sa place, sans avoir lui-même de valeur.

Jusqu'à présent, je n'ai trouvé que deux objets semblables : la place sur laquelle j'habite, et qui, par suite de sa position et de tout ce qui s'y passe à chaque moment, est vraiment symbolique ; et l'emplacement de la maison de mon aïeul [1], avec sa cour et son jardin, qui a perdu son ancienne destination limitée et patriarcale, du temps où elle abritait le vieux maire de Francfort, et a été transformée par des hommes sagement entreprenants en un magasin et une place de marché ! Par suite d'étranges circonstances, la maison fut détruite au moment du bombardement, et maintenant, quoique réduite dans sa plus grande partie à l'état de décombres, elle vaut le double de ce qu'elle fut payée, il y a onze ans, à mes parents, par les possesseurs actuels. Pensez maintenant que le tout peut être acheté de nouveau et transformé par quelque nouvel entrepreneur, et vous verrez qu'en plus d'un sens l'histoire de cette maison doit être, surtout pour moi, le symbole de milliers de cas semblables dans cette ville industrieuse.

Dans ce cas, au symbole se joint sans doute un agréable souvenir; mais si, rendu attentif par de semblables rencontres, on tournait son esprit, dans le reste du voyage, sur les choses importantes plus que sur les choses curieuses, on finirait bien par faire pour soi et les autres une belle récolte. Je veux ici même rechercher ce que je pourrai trouver de symbolique, mais surtout dans les lieux étrangers que je vois pour la première fois. Si l'expérience réussit, sans avoir besoin d'en étendre bien loin le champ, chaque place et chaque instant entraînant l'esprit à des réflexions aussi profondes que le permettrait la diversité des natures, on en viendrait à trouver toujours dans les pays connus un butin suffisant.

C'est assez pour aujourd'hui ; j'aurais pourtant à traiter un autre chapitre fort sérieux et voisin du précédent ; je m'en occuperai bientôt et vous demanderai aussi votre opinion à son sujet. Adieu, mes compliments aux vôtres ; que

---

[1]. On sait que Gœthe est né à Francfort, et y a passé sa jeunesse.

personne ne sache et n'apprenne rien de mes lettres, la dernière exceptée.

Francfort, le 17 août 1797.

GŒTHE.

50.

Lettre de Gœthe. Sur les Grues d'Ibycus, poésie de Schiller ; comment Gœthe se renseigne sur les pays où il voyage.

Francfort, le 22 août 1797.

Les *Grues d'Ibycus* sont fort bien réussies ; la transition pour arriver au théâtre est très-belle, et le chœur des Euménides [1] est bien à sa place. Cette direction une fois donnée à l'action, la fable tout entière ne peut plus se soutenir sans elle ; et, si je pensais encore à traiter de mon côté le sujet, je serais obligé de vous emprunter ce chœur.
Maintenant, quelques remarques encore : 1° Les grues sont des oiseaux de passage ; il devait y en avoir toute une bande volant au-dessus d'Ibycus comme au-dessus du théâtre. Elles apparaissent à titre de fait naturel et sont à leur place, comme le soleil et tout autre phénomène ordinaire et régulier. Ce qu'il y a de prodigieux dans leur rôle disparaît ainsi, parce qu'il n'est pas nécessaire que ce soient, dans l'un et l'autre cas, les mêmes oiseaux ; il se peut que ce ne soit qu'une partie de la grande troupe errante, et c'est le caractère accidentel de leur intervention qui lui donne, à ce qu'il me semble, dans l'histoire, son apparence merveilleuse et prophétique. 2° Après la 14e strophe, quand les Érinnyes [2] se sont retirées, j'ajouterais une strophe pour peindre les dispositions du peuple après le chant du chœur, pour fournir une transition des sérieuses réflexions des bons à la distraction et enfin à l'indifférence des impies, et pour montrer le meurtrier laissant échapper sa remarque, sottement, d'une voix haute et rauque, mais de manière pourtant à n'être en-

1. Les Euménides, déesses antiques qui représentaient la vengeance divine.
2. Les Erinnyes, autre nom des Furies.

tendu que du cercle de ses voisins. Ce serait l'occasion d'une discussion entre lui et les plus proches spectateurs, l'attention du peuple serait attirée, etc.... Par ce moyen, comme aussi grâce à la bande des grues, il n'y aurait rien que de naturel dans le récit, et, à mon avis, l'effet produit n'en serait que plus grand ; dans l'état actuel de votre composition, la 15ᵉ strophe commence sur un ton trop haut et trop grave, et fait presque attendre un autre sujet. Si vous donnez encore çà et là quelques soins à la rime, le reste s'achèvera facilement ; je vous souhaite de finir heureusement un travail si bien commencé.

J'ai fait quelques expériences sur les conditions que doit offrir un voyageur attentif, et j'ai reconnu par où pèchent souvent les descriptions de voyages. Qu'on se place comme on voudra, en voyage on ne voit les choses que d'un côté et on précipite son jugement ; mais aussi, par ce côté exclusif, on saisit les choses avec vivacité, et le jugement est juste en un certain sens. Aussi me suis-je fait des dossiers où je réunis en cahiers toutes les espèces de papiers publics que je rencontre, journaux, revues hebdomadaires, annonces de sermons, ordonnances, affiches de spectacles, prix courants, et j'y joins tout ce que je vois et ce que je remarque avec mon appréciation du moment. Je parle aussi de ces questions en société, et j'exprime mon opinion ; je vois bien vite alors jusqu'à quel point je suis bien informé et dans quelle mesure mon jugement s'accorde avec celui des personnes bien renseignées. Je fais entrer ces nouvelles expériences et informations dans mes dossiers, et je me fais ainsi des matériaux qui resteront assez intéressants dans l'avenir comme histoire extérieure et intérieure. Si, avec mes connaissances déjà acquises et ma dextérité d'esprit, je reste disposé à poursuivre quelque temps ce travail, je finirai par réunir un volume important.

GŒTHE.

51.

Lettre de Gœthe. Première idée du sujet de Guillaume Tell.

Stæfa[1], le 17 octobre 1797.

Que direz-vous si je vous confie qu'au milieu de toute cette prose j'ai trouvé aussi un sujet poétique qui me donne beaucoup d'espérance. Je suis convaincu que la fable de Guillaume Tell pourrait former la matière d'un poëme épique ; et, si la chose me réussit, comme je l'espère, il se présenterait alors ce cas singulier que la fable n'arriverait que par la poésie à sa complète vérité, tandis qu'ordinairement, pour arranger un sujet, on est obligé de transformer l'histoire en fable. Mais nous y reviendrons plus tard. La scène limitée et imposante où les événements se sont passés m'est maintenant, après une nouvelle visite sur les lieux, parfaitement présente ; j'ai observé les caractères, les mœurs, les usages des hommes, dans ces contrées, aussi bien qu'il m'a été possible dans ce peu de temps ; c'est maintenant d'un heureux hasard d'inspiration que dépend le succès de l'entreprise.

Je suis tout occupé d'une idée, pour l'exécution de laquelle il ne me manque plus qu'un peu d'habitude ; il ne serait pas difficile, ce me semble, de s'organiser pour pouvoir travailler même en voyage avec liberté d'esprit et satisfaction. Car, si le voyage est à certains moments une source de distraction, à d'autres instants il nous rend d'autant plus sûrement à nous-mêmes ; le manque de relations et de liaisons au dehors, l'ennui même sont choses favorables à qui a de quoi s'occuper. Le voyage ressemble à un jeu ; c'est constamment affaire de gain ou de perte, survenant presque toujours à l'improviste ; on reçoit plus ou moins qu'on n'espère ; on peut sans inconvénient s'attarder dans plus d'un trajet, et il faut bien alors se recueillir un instant. Pour les natures

1. *Stæfa*, petite ville de Suisse, sur la rive occidentale du lac de Zürich.

comme la mienne, qui se fixent volontiers et fixent les choses devant elles, un voyage offre des avantages inappréciables ; il anime l'esprit, il redresse les idées, il instruit et il forme.

Je suis persuadé maintenant que l'on pourrait parfaitement pousser jusqu'en Italie ; après un tremblement de terre, un incendie, une inondation, tout dans le monde se remet aussi vite que possible à son ancienne place, et, pour ma part, j'entreprendrais ce voyage sans hésitation, si d'autres considérations ne m'en détournaient. Peut-être nous reverrons-nous dans très-peu de temps, et l'espoir de partager avec vous mon butin, et de parvenir à une union de plus en plus grande, théoriquement et pratiquement, est un des plus vifs attraits qui me poussent au retour.

GŒTHE.

52.

Réponse de Schiller. Il apprécie le sujet de Guillaume Tell proposé par Gœthe.

Iéna, le 30 octobre 1797.

Dieu soit loué ! j'ai enfin de vos nouvelles ! Ces trois semaines que vous avez passées à errer dans les montagnes, sans communications avec nous, m'ont paru bien longues. Votre chère lettre et tout son contenu ne m'en ont fait que plus de plaisir. L'idée de *Guillaume Tell* est très-heureuse : tout bien considéré, après *Wilhelm Meister*, après *Hermann et Dorothée*, un sujet de ce genre, encadré dans une scène si caractéristique, était le seul que vous pussiez traiter avec l'originalité naturelle de votre génie et la fraîcheur de votre inspiration. L'intérêt qui s'attache à un paysage nettement circonscrit et caractérisé, ainsi qu'à une certaine exactitude historique, est peut-être le seul que vous n'ayez pas épuisé dans vos deux œuvres précédentes. Ces deux œuvres offrent, par rapport au sujet, une liberté esthétique complète, et quelque fixe et précis que paraisse et que soit, dans toutes deux, le lieu de la scène, ce n'est toujours qu'un terrain poétique, et tout un monde nous y est représenté. Pour *Guillaume Tell*, le cas sera tout différent ; des bornes étroites où est renfermé ce noble sujet sortira la vie intellectuelle la plus riche. On se sentira comme resserré par la puissance du poëte, et d'autant plus profondément ému, d'autant plus fortement occupé. En même temps, ce beau sujet nous ouvre une vue sur certaines profondeurs de la nature humaine, comme, entre deux hautes montagnes, la vue pénètre jusqu'à de lointains horizons [1].

Combien je voudrais être de nouveau réuni à vous, ne serait-ce que pour causer avec vous de l'idée de ce poëme. Vous vous habitueriez sans doute à m'en parler plus tôt, puisque l'unité et la pureté d'inspiration de votre *Hermann* n'ont rien eu à souffrir des communications que vous m'avez adressées pendant votre travail. J'avoue, pour mon compte, ne rien connaître au monde qui m'ait plus instruit que ces échanges de pensées, qui m'ont fait pénétrer jusqu'au cœur même de l'art.

SCHILLER.

53.

Lettre de Schiller. Sur la différence de la prose et de la poésie ; influence du rhythme.

Iéna, le 24 novembre 1797.

Je ne m'étais pas encore aussi clairement convaincu que par mon travail actuel de l'intime union qui existe dans la poésie, entre le fond et la forme, même tout extérieure. Depuis que je suis occupé à transformer ma prose en un langage poétique et rhythmé [2], je me trouve comme soumis à des lois nouvelles ; des motifs de développement qui, dans mon

---

1. L'intérêt de ce jugement de Schiller sur le sujet qui devait lui inspirer plus tard l'une de ses plus belles tragédies n'échappera à personne. Il ne semble pas toutefois que son génie ait tout d'abord aperçu toute la richesse de la mine qu'il devait exploiter. Il en parle un peu froidement.
2. Il s'agit de sa tragédie de *Wallenstein*, qu'il avait d'abord écrite en prose, et qu'il mettait alors en vers.

travail en prose, semblaient tout à fait à leur place, ne peuvent plus maintenant m'être d'aucun usage; ils n'étaient bons que pour le bon sens de tous les jours, dont la prose paraît être l'organe ; mais le vers ne peut se passer de relations étroites avec l'imagination, et il m'a fallu dans plus d'un endroit me faire plus poétique que je ne l'avais été d'abord. On devrait vraiment concevoir en vers, au moins sous forme d'ébauche, tout ce qui s'élève au-dessus des idées communes ; car le trivial ne ressort jamais mieux que lorsqu'on l'exprime dans une langue rhythmée.

Mes travaux présents m'ont suggéré une observation que vous avez peut-être déjà faite. Il semble qu'une partie de l'intérêt poétique résulte de l'antagonisme de l'expression et de l'idée. Celle-ci a-t-elle une véritable valeur poétique, une forme un peu maigre et la simplicité de l'expression allant jusqu'à la familiarité peuvent très-bien lui convenir ; au contraire un fond commun et peu poétique, comme il s'en présente nécessairement souvent dans un ensemble un peu étendu, acquiert une sorte de dignité poétique, grâce à une expression riche et animée. C'est là aussi, à mon avis, le cas où ces ornements, dont parle Aristote, doivent être mis en usage : car dans une œuvre poétique il ne doit rien y avoir de vulgaire.

Dans une production poétique le rhythme produit encore cet autre effet grand et puissant : en traitant tous les caractères et toutes les situations suivant une loi, en les revêtant, malgré leurs différences intimes, d'une même forme, il contraint le poëte et son lecteur à chercher sous toutes les diversités caractéristiques quelque chose de général et de purement humain. Tout doit s'unir dans le concept général de la poésie, et le rhythme sert à la fois de représentant et d'instrument à cette loi, puisqu'il embrasse tout sous sa propre règle. Il forme ainsi l'atmosphère de la création poétique; tout ce qui est trop grossier est écarté; ce subtil élément ne peut supporter que ce qui est vraiment œuvre de l'esprit [1].

Portez-vous bien, et faites en sorte que je puisse bientôt faire connaissance avec vos trésors esthétiques. Bien des compliments à Meyer.

SCHILLER.

1. Remarques pleines de finesse et de profondeur.

54.

Réponse de Gœthe à la lettre précédente. Sur la prose poétique.

Le 25 novembre.

Je reçois à l'instant votre lettre et votre paquet ; je vous en remercie mille fois, et je me borne à vous dire à la hâte, et pour ainsi dire le pied à l'étrier, que je ne suis pas seulement de votre avis, mais que je vais beaucoup plus loin encore. Tout ce qui est poétique devrait être traité en langage rhythmé. C'est ma conviction ; et si l'on a pu introduire peu à peu ce qu'on appelle la prose poétique, cela prouve seulement qu'on a complétement perdu de vue la différence qui sépare la prose et la poésie. C'est tout comme si un propriétaire voulait faire installer un lac dans son parc, et si le dessinateur des jardins pensait avoir rempli le programme en creusant une mare bourbeuse. Ces genres moyens ne sont bons que pour les amateurs, les bousilleurs, comme les mares pour les amphibies. Le mal est devenu si grand, en Allemagne, que personne n'a plus d'yeux pour le voir ; ou plutôt, comme ce peuple de goîtreux, dont on raconte l'histoire, on regarde la structure naturelle du cou comme une punition de Dieu. Toutes les compositions poétiques (et peut-être la comédie et la farce en première ligne) devraient être écrites en vers ; on verrait mieux alors qui est vraiment capable de telles œuvres. Mais maintenant il ne reste presque plus au poëte dramatique qu'à s'accommoder à l'usage ; et, en ce sens, on ne pourrait vous critiquer si vous vouliez écrire votre *Wallenstein* en prose ; mais si vous le concevez comme une œuvre indépendante de toute destination, il est de toute nécessité que vous l'écriviez en vers.

Dans tous les cas, nous sommes forcés d'oublier notre siècle, si nous voulons travailler suivant nos convictions : car on n'a jamais vu encore sur les questions de principes un bavardage aussi incohérent que celui qui a cours aujourd'hui ;

et ce que la nouvelle philosophie peut fonder de bon est encore à venir.

La poésie est pourtant fondée sur la représentation des états passionnés de l'homme ; mais qui le reconnaît parmi nos fameux connaisseurs et nos soi-disant poëtes ? Un homme comme Garve[1], qui prétend avoir pensé à ces questions toute sa vie, et qu'on regardait comme une sorte de philosophe, a-t-il jamais eu le moindre soupçon d'un tel axiome ? Ne vous tient-il pas pour un poëte, uniquement parce que vous vous êtes donné le plaisir de proclamer d'une bouche poétique les maximes de la raison ? ce qu'on peut bien autoriser, mais non louer. Ah ! je permettrais bien volontiers à ces natures prosaïques de reculer d'horreur devant les sujets soi-disant immoraux, s'ils avaient seulement le sens des beautés poétiques et morales, comme celles de votre *Anneau de Polycrate* et de vos *Grues d'Ibycus*, et s'ils en étaient vraiment ravis.

GŒTHE.

55.

Lettre de Schiller. Sur le Richard III de Shakspeare[2].

Iéna, le 28 novembre 1797.

J'ai lu ces derniers jours les pièces de Shakspeare qui traitent de la guerre des deux Roses, et après avoir achevé *Richard III*, j'ai été rempli d'un véritable étonnement. Cette dernière pièce est une des tragédies les plus sublimes que je connaisse, et, en ce moment, il me semble que rien, même dans Shakspeare, ne peut lui être égalé.

1. Garve (1742-1798), professa la philosophie à Halle, puis à Leipzig. Pendant la dernière partie de sa vie, une douloureuse maladie le contraignit à vivre dans une solitude et une inaction presque complètes. Il était l'ami de Baumgarten, de Gœthe et de Chr. Weisse.
2. Cette lettre répond à un billet de Gœthe, court et sans importance.

Les grandes destinées, qui forment la trame des pièces précédentes, s'y dénouent de la manière la plus grandiose et se disposent les unes autour des autres suivant un plan sublime. Le sujet exclut tout élément féminin, amollissant, larmoyant; et cela n'est pas sans contribuer à ce puissant effet : tout y est énergique et grand; rien de vulgairement humain n'y trouble la pure émotion esthétique, et c'est de la pure forme de la terreur tragique que l'on jouit. Une Némésis[1] grandiose plane sur la pièce, règne sur toutes les figures ; du commencement à la fin, on n'en perd pas un instant le sentiment. C'est une chose vraiment admirable que de voir comment le poëte a toujours su saisir le côté poétique d'un sujet peu favorable ; avec quel art il sait représenter ce qui ne semblait pas pouvoir être représenté, et met en usage les symboles de l'art là où la nature ne pouvait être offerte aux regards. Aucune pièce de Shakspeare ne m'a autant rappelé la tragédie grecque.

Il vaudrait vraiment la peine de remanier pour notre théâtre, avec toute la réflexion dont on est capable maintenant, cette suite de huit pièces. On pourrait ainsi ouvrir une époque nouvelle pour l'art. Nous en causerons sérieusement.

Portez-vous bien ainsi que notre ami Meyer. Mon *Wallenstein* prend de plus en plus figure, et je suis très-content de mon travail.

SCHILLER.

56.

Lettre de Gœthe. Comparaison de la poésie épique et de la poésie dramatique[2].

Le poëte épique et le poëte dramatique sont tous deux soumis à des lois générales semblables, surtout à la loi de

1. Némésis, la déesse grecque de la vengeance.
2. Gœthe envoie à son ami un article qu'il vient d'écrire, et le fait suivre d'observations qui le complètent; c'est comme un résumé de toute la correspondance des deux poëtes sur l'épopée et le drame.

l'unité et à celle du développement progressif de l'action ; ils traitent des sujets semblables, et peuvent tous deux mettre en œuvre des motifs de toute sorte ; la plus grande et la plus essentielle différence entre eux, c'est que le poëte épique rapporte les événements comme absolument passés, et que le poëte dramatique les représente comme absolument présents. Si l'on voulait déduire de l'étude de la nature humaine le détail des lois, auxquelles ils doivent se conformer tous les deux, il faudrait avoir toujours présents à l'esprit un rhapsode et un mime faisant l'un et l'autre fonction de poëte, celui-là avec son cercle d'auditeurs paisiblement attentifs, celui-ci devant des spectateurs qui regardent et écoutent avec impatience ; et il ne serait pas difficile alors de déterminer ce qui convient le mieux à chacun des deux genres poétiques, quels sujets ils doivent choisir de préférence, à quels motifs ils doivent plus volontiers recourir ; je dis plus volontiers, car, comme je l'ai remarqué en commençant, ni l'un ni l'autre ne doit rien s'approprier d'une manière exclusive.

Les sujets de l'épopée et de la tragédie devraient être purement humains, significatifs et pathétiques ; les personnages les plus convenables sont ceux qui offrent ce degré de culture, où la spontanéité de l'action ne doit encore rien qu'à elle-même, où l'action n'est pas morale, politique, mécanique, mais personnelle. Les fables de l'époque héroïque des Grecs étaient, à ce point de vue, particulièrement favorables aux poëtes.

Le poëme épique représente de préférence l'activité, et la tragédie, des souffrances personnelles et déterminées ; le poëme épique représente l'homme agissant au dehors, les combats, les voyages, toute espèce d'entreprises qui demandent une certaine étendue physique ; la tragédie met en scène l'homme replié sur lui-même [1], et par suite l'action de la véritable tragédie ne demande pas beaucoup d'espace.

Les motifs [2] peuvent être, ce me semble, de cinq espèces différentes :

1. *L'homme ramené en lui-même*, étudié dans le développement intérieur de ses sentiments et de ses passions.
2. Par ce nom de *motifs*, Gœthe désigne moins les sujets généraux du drame ou de l'épopée que les incidents par lesquels le poëte varie et développe son sujet, les moyens auxquels il recourt pour mettre en relief les personnages ou les événements.

1° Ceux qui poussent en avant et font marcher l'action ; c'est à eux que le drame recourt de préférence ;

2° Ceux qui poussent en arrière, et détournent l'action de son but ; ils servent presque exclusivement à la poésie épique ;

3° Ceux qui retardent et arrêtent l'action, ou allongent le chemin à parcourir ; les deux genres de poésie en usent avec le plus grand profit ;

4° Ceux qui ramènent en arrière, et introduisent dans le poëme ce qui s'est passé avant l'époque où l'action commence ;

5° Ceux qui anticipent sur l'avenir, et révèlent ce qui doit survenir après les événements représentés dans le poëme ; tous deux sont utiles au poëte épique comme au poëte tragique, pour compléter leur œuvre.

Les mondes qui doivent être offerts aux regards, sont communs aux deux genres de poésie :

1° Le monde physique ; d'abord ce monde le plus rapproché auquel appartiennent les personnages représentés, et qui les entoure. Le poëte dramatique y fixe son action sur un point ; le poëte épique se meut plus librement sur une scène plus étendue. Puis le monde plus éloigné, dans lequel je comprends toute la nature. Ce monde-là, le poëte épique, qui s'adresse surtout à l'imagination, nous le rend présent par des comparaisons dont le poëte dramatique use avec plus de sobriété.

2° Le monde moral est commun à tous deux ; c'est dans la simplicité de la nature et des passions qu'on le représentera avec le plus de bonheur.

3° Le monde de la fantaisie, des pressentiments, des apparitions, des hasards et des destinées. Il est ouvert aux deux poëtes, mais à condition, bien entendu, qu'il soit en rapport avec le monde physique. De là résulte pour les modernes une difficulté spéciale, car il n'est pas facile, quelque désirable que ce puisse être, de remplacer les êtres merveilleux des anciens, dieux, prophètes, oracles.

Quant à la manière de traiter les sujets, le rhapsode[1],

---

1. Les rhapsodes étaient, dans les temps primitifs de la poésie grecque, les chanteurs qui redisaient les compositions des poëtes, et en *recousaient* les fragments au gré de leur inspiration ou de leur caprice (ῥάψις, compilation). Ici le rhapsode est pris pour le symbole du poëte épique.

racontant ce qui est absolument passé, doit nous apparaître comme un sage qui considère avec le calme de la réflexion les événements écoulés ; son récit devra tendre à apaiser l'esprit des auditeurs, afin qu'on l'écoute volontiers et longtemps ; il distribuera l'intérêt d'une manière égale, parce qu'il n'est pas en état de contrebalancer immédiatement une impression trop vive ; il ira à son gré tantôt en avant, tantôt en arrière ; on le suivra partout, parce qu'il n'a affaire qu'avec l'imagination, qui produit elle-même ses images, et à qui il est, dans une certaine mesure, indifférent d'évoquer les unes ou les autres. Le rhapsode, comme un être supérieur, ne devrait pas apparaître lui-même dans son poëme ; le mieux serait qu'il se cachât derrière un rideau, de telle sorte qu'on pût faire abstraction de toute personnalité, et s'imaginer qu'on n'entend que la voix des Muses.

Le mime[1] est dans une situation tout à fait opposée : il se présente comme un individu déterminé ; il veut qu'on s'intéresse exclusivement à lui et à son entourage immédiat, qu'on sympathise avec ses souffrances d'âme et de corps, qu'on partage ses perplexités, et qu'on s'oublie pour lui. A la vérité, il ne peut procéder que par gradation ; mais il peut hasarder des effets bien plus violents, parce que la présence réelle des faits peut effacer facilement l'impression la plus forte par une impression plus faible. L'auditeur spectateur doit être dans une agitation sensible perpétuelle ; il ne faut pas qu'il puisse réfléchir ; il faut qu'il suive l'action avec passion ; sa fantaisie est entièrement réduite au silence ; on ne peut s'adresser à elle ; et même ce qui est raconté doit être comme offert aux regards par une vivante représentation.

Vous trouverez ci-joint mon article ; je vous prie de vous en pénétrer, de le mettre à l'épreuve, de le modifier, de le développer. Je m'en suis servi depuis quelques jours comme de criterium en relisant l'*Iliade* et Sophocle, et en songeant à quelques sujets épiques et dramatiques, que je cherchais

---

[1]. Les mimes étaient, à Rome, des auteurs qui jouaient des pièces comiques où l'action et le geste tenaient la plus grande place ; ici le mime est pris pour le symbole de l'acteur et du poète dramatique.

à organiser dans mon esprit; j'en ai trouvé l'emploi utile et l'autorité décisive.

J'ai été frappé, à ce propos, de voir comment il se fait que nous autres modernes nous sommes si disposés à confondre les genres, ou que plutôt nous ne sommes pas en état de les distinguer les unes des autres. La raison en est, ce me semble, que les artistes qui devraient produire leurs œuvres, en tenant compte uniquement des conditions qui leur sont propres, cèdent au besoin des auditeurs et des spectateurs de trouver tout entièrement vrai. Meyer a remarqué qu'on a voulu modeler tous les arts plastiques sur la peinture, parce que celle-ci, grâce aux attitudes et à la couleur, peut donner à l'imitation toute l'apparence de la réalité. On peut voir de même, dans la marche de la poésie, que tout tend à se modeler sur le drame, sur la représentation de ce qui est absolument présent. Ainsi les romans en lettres sont tout à fait dramatiques, parce qu'on peut y intercaler de réels dialogues, comme l'a fait Richardson; des romans en récit, mêlés de dialogues, seraient au contraire sujets à la critique[1].

Vous avez dû entendre dire cent fois qu'après la lecture d'un bon roman, on a souhaité de voir le sujet sur le théâtre; et Dieu sait combien de mauvais drames sont sortis de là! De même le public veut voir les situations les plus intéressantes retracées par la gravure; pour qu'il ne reste plus rien à faire à l'imagination, il faut que tout soit matériellement vrai, absolument présent, dramatique, et le dramatique lui-même doit s'identifier avec le réel. Ce sont là des tendances puériles, barbares, détestables auxquelles l'artiste devrait résister de toutes ses forces, en séparant les différentes œuvres d'art par un cercle magique infranchissable, en conservant à chacune son caractère propre et ses conditions spéciales; c'est ce qu'ont fait les anciens, et c'est par là qu'ils ont été de grands artistes. Mais qui peut séparer son esquif des flots qui le portent? Contre le vent et le courant on ne peut faire beaucoup de chemin.

Ainsi, chez les anciens, un bas-relief n'était qu'une œuvre légèrement en saillie, l'indication simple et élégante d'un

1. Ces réflexions paraissent encore plus vraies aujourd'hui qu'au temps où écrivait Gœthe.

sujet sur une surface ; mais on n'a pu longtemps s'en tenir là ; le relief s'est élevé, élevé encore, les membres se sont détachés, les figures se sont séparées, la perspective s'est introduite ; on a représenté des chemins, des nuages, des montagnes et des forêts ; et comme cette transformation a été l'œuvre d'hommes de talent, quoique tout à fait inadmissible, elle a trouvé un accès d'autant plus facile que les artistes se mettaient mieux d'accord ainsi avec le goût d'hommes sans culture. Voyez encore dans le traité de Meyer l'histoire curieuse, et bien à sa place ici, de ce qui s'est passé à Florence : on a commencé par vernir les figures d'argile, puis on les a peintes et émaillées, d'abord d'une seule couleur, et ensuite de plusieurs.

Et maintenant, pour revenir à mon article, j'ai appliqué à mon *Hermann et Dorothée* les règles que j'y ai établies ; faites-en autant, et vous aurez occasion de faire des remarques pleines d'intérêt ; par exemple :

1° On n'y rencontre aucun motif exclusivement épique, c'est-à-dire, de ceux qui retardent l'action ; les quatre autres motifs, communs au drame et à l'épopée, y sont seuls employés ;

2° On n'y représente pas des hommes agissant au dehors, mais plutôt ramenés en eux-mêmes, et ainsi le poëme s'éloigne de l'épopée et se rapproche du drame ;

3° Les comparaisons y sont rares parce que dans un sujet tout moral, l'affluence des images empruntées à la nature physique, n'aurait pu être que fatigante ;

4° Le troisième monde y exerce une influence réelle, bien qu'elle ne frappe pas les regards, car les grandes destinées du monde y sont mêlées, tantôt réellement, tantôt symboliquement et par les personnages eux-mêmes ; on y voit des traces de pressentiments, des marques de l'accord du monde visible et du monde invisible ; tout cela, à mon avis, supplée les anciens dieux païens, sans toutefois remplacer leur puissance sensible et poétique tout à la fois.

Enfin, il faut que je vous parle d'une singulière tâche que je me suis donnée à propos de toutes ces considérations, c'est de rechercher si entre la mort d'Hector et le départ des Grecs de la côte troyenne il y avait ou il n'y avait pas place pour une épopée nouvelle. Je penche pour la négative par les raisons suivantes :

1° Il ne s'y trouve aucun événement qui puisse ramener en arrière la marche de l'action ; au contraire, tout y marche sans cesse en avant ;

2° Tous les incidents qui pourraient retarder l'action, divisent l'intérêt et le répandent sur plusieurs personnages, et quoique relatifs à une grande masse d'hommes, ils ressemblent aux événements de la vie privée.

La mort d'Achille me paraît un merveilleux sujet de tragédie ; la mort d'Ajax[1], le retour de Philoctète[2], sont autant de sujets que les anciens nous ont laissés à traiter. Polyxène et Hécube[3], et d'autres sujets de cette époque ont été traités déjà. La prise de Troie elle-même, dénoûment d'une grande destinée, n'est ni épique, ni tragique, et dans une œuvre vraiment épique, on ne peut l'entrevoir que dans le lointain, soit dans le passé, soit dans l'avenir. Il n'y a pas à considérer ici la manière rhétorique et sentimentale dont Virgile a traité ce sujet.

Voilà ce que je crois vrai présentement, mais le mieux est toujours possible ; car, si je ne me trompe, ce sujet, comme beaucoup d'autres, est de ceux que la théorie ne peut épuiser. Nous voyons bien ce que le génie a fait ; mais qui voudrait dire ce qu'il aurait pu ou dû faire ?

Le courrier part ; je ne vous dis plus qu'un adieu pour vous et votre chère femme. Tenez-vous tranquille, jusqu'à ce que le mauvais temps soit passé. J'entends dire partout beaucoup de bien de notre *Almanach*. Je ne sais pas encore quand je pourrai aller à Iéna : les affaires du théâtre me retiendront, je le crains, plus longtemps que je n'y comptais, malgré tout mon désir de vous revoir. Encore une fois adieu.

Weimar, le 23 décembre 1797.

GŒTHE.

---

1. Sophocle n'a représenté dans sa tragédie d'*Ajax furieux* que l'égarement et les transports du héros.

2. Philoctète paraît dans la pièce de Sophocle blessé, malade, abandonné dans une île ; on vient le chercher, parce qu'on a besoin de ses flèches ; il s'indigne, il refuse, et à la fin, sur l'ordre d'Hercule, il se laisse fléchir.

3. Hécube, l'épouse de Priam, la reine infortunée de Troie, a fourni un sujet de tragédie à Euripide.

57.

Réponse de Schiller. Il accepte et développe les idées de Gœthe sur les conditions différentes du drame et de l'épopée[1].

Le parallèle du rhapsode et du mime et de leur auditoire respectif, me semble un moyen très-heureux de saisir la différence des deux genres de poésie. Cette méthode seule suffirait à rendre impossible toute méprise trop grossière dans le choix d'un sujet pour l'un des deux genres, ou du genre pour le sujet. L'expérience confirme aussi ces vues : car je ne sais rien de plus propre à maintenir un auteur dramatique dans les bornes de son art, ou à l'y ramener, s'il s'en est écarté, que la vive image de la représentation réelle sur les planches du théâtre, avec la salle remplie de spectateurs de toute sorte ; rien ne peut lui faire mieux sentir l'attente passionnée et impatiente de l'auditoire, et la loi qui lui impose un mouvement et une marche en avant rapide et incessante.

J'aurais un second moyen à vous proposer pour rendre sensible cette différence des genres poétiques. L'action dramatique se meut et se déploie devant moi ; c'est moi au contraire qui me mets en mouvement pour l'action épique, et il semble qu'elle reste immobile devant moi. C'est là, ce me semble, une différence considérable. Si les événements se meuvent devant moi, je suis étroitement enchaîné au présent, mon imagination perd toute liberté, une inquiétude persistante naît et se développe en moi, je ne puis me détacher de l'objet représenté ; tout retour en arrière, toute réflexion me sont interdits : car j'obéis à une puissance étrangère. Si au contraire je me meus autour des événements, qui ne peuvent m'échapper, je puis marcher d'un pas inégal, je puis, suivant mes besoins propres, m'arrêter plus ou moins

---

1. Cette lettre n'est pas datée dans l'édition originale de la correspondance ; elle se place entre la précédente lettre de Gœthe du 23 décembre 1797, et une autre lettre du 27 décembre de la même année.

longtemps, je puis revenir sur mes pas ou aller en avant, et ainsi de suite. Cela s'accorde parfaitement d'ailleurs avec l'idée du passé, que l'on peut se représenter comme immobile, et avec la nature de la narration : car le narrateur sait dès le commencement et au milieu, quelle sera la fin; par suite, tout moment de l'action a pour lui la même valeur, et il conserve son calme et sa liberté.

Il me semble également évident que le poëte épique doit traiter son sujet comme absolument passé, et que le poëte tragique doit voir le sien comme absolument présent.

J'ajoute encore ceci : il résulte de là, entre la poésie comme genre et la poésie comme espèce particulière, une contradiction très-agréable, et qui, dans la nature, comme dans l'art, est toujours fort ingénieuse. La poésie, par essence, rend toutes choses présentes, et ainsi elle oblige le poëte épique à représenter le passé comme présent, à condition seulement que le caractère propre au passé ne soit pas effacé. La poésie, par essence, rend le présent passé, et, en idéalisant[1], éloigne ce qui est rapproché; elle oblige donc le poëte dramatique à tenir éloignée de nous la réalité sous sa forme individuelle et saisissante, et à laisser à l'esprit, en face du sujet, une poétique liberté. La tragédie, dans sa plus haute acception, tendra donc toujours à s'élever jusqu'au caractère épique, et ce n'est que par là qu'elle devient poésie. Le poëme épique de même tendra à se rapprocher du drame, et ce n'est que par là qu'il satisfera complétement à l'idée que s'en forme l'esprit; ainsi ce qui fait de l'un et de l'autre des œuvres poétiques, les rapproche mutuellement. Le caractère propre qui spécifie les deux genres, et les oppose l'un à l'autre, met toujours en péril un des deux principes de toute œuvre poétique : dans l'épopée, la réalité présente et vivante; dans la tragédie, la liberté ; il arrive donc nécessairement que pour faire contre-poids à ce défaut, chaque genre acquerra une qualité qui reproduira en quelque sorte le trait caractéristique du genre opposé. Chacun rend ainsi à l'autre le service de protéger en lui le genre contre l'espèce. Mais il faut que cet échange mutuel ne dégénère pas en mélange et en

1. *C'est-à-dire* qu'en idéalisant les objets, elle les généralise, et les place comme dans une région supérieure, où ils semblent éloignés de nous.

confusion des domaines séparés ; là est la tâche du poëte, dont le plus grand mérite est toujours d'unir le caractère à la beauté, la pureté à la plénitude, l'unité à la généralité.

Votre *Hermann et Dorothée* penche réellement vers la tragédie, il faut le reconnaître, si on le compare rigoureusement au type de l'épopée. Le cœur y est plus secrètement et plus sérieusement occupé ; il s'y trouve plus d'intérêt pour les passions, que d'indifférence poétique. Le cadre resserré du lieu de la scène ; le petit nombre des personnages ; le peu de temps que dure l'action : tout cela se rapproche également de la tragédie. Au contraire votre *Iphigénie*[1] paraît toucher visiblement au domaine épique, dès qu'on la rapproche du type rigoureux de la tragédie. Je ne veux rien dire de *Torquato Tasso*[2]. Il y a dans *Iphigénie* une marche trop calme, un repos de l'action trop prolongé pour une tragédie ; je ne parle pas du dénoûment, qui est en opposition avec le caractère du drame. L'effet que me fait éprouver cette pièce, chaque fois que je la lis, celui qu'elle produit sur les autres, est toujours poétique, dans le sens général du mot, mais non tragique ; et il en sera toujours ainsi, lorsqu'une tragédie aura tourné à l'épopée. Mais dans votre *Iphigénie*, cette tendance à se rapprocher du poëme épique est un défaut à mon avis ; dans votre *Hermann*, la parenté avec la tragédie n'est évidemment pas une faute, et relativement à l'effet produit, c'est plutôt une qualité. Cela s'explique-t-il parce que la tragédie est destinée à un usage déterminé, et le poëme épique à un usage général et libre ?

Pour aujourd'hui je m'arrête : je ne suis encore capable d'aucun travail régulier ; votre lettre et votre article ont pu seuls m'occuper un peu. Adieu, portez-vous bien.

Schiller.

1. *Iphigénie en Tauride*, tragédie de Gœthe.
2. *Torquato Tasso*, tragédie de Gœthe, qui nous montre le Tasse au moment où son amour et ses déceptions le conduisent jusqu'à la folie.

58.

Lettre de Gœthe en réponse aux réflexions de Schiller : De l'influence des circonstances extérieures sur le goût des poëtes pour certaines formes poétiques déterminées.

Je regrette vivement d'apprendre que vous n'avez pu encore retrouver toute votre activité ; mais je suis heureux du moins que ma lettre et mon article vous aient occupé quelque peu. Je vous remercie de votre réponse qui approfondit encore une question à laquelle nous devons attacher tant d'importance. Malheureusement, nous autres modernes, nous pouvons bien naître poëtes, mais nous nous tourmentons à errer dans tous les genres sans savoir exactement où nous en sommes : car les déterminations qui poussent le poëte vers un genre particulier devraient, si je ne me trompe, venir du dehors ; et ce sont les circonstances qui devraient décider de la direction du talent. Pourquoi nous arrive-t-il si rarement de faire une épigramme dans le sens grec ? Parce qu'il nous arrive rarement de voir des choses qui en soient dignes. Pourquoi la poésie épique nous réussit-elle si rarement ? Parce que nous n'avons pas d'auditoire. Et pourquoi l'empressement est-il si grand pour les compositions dramatiques ? Parce que, chez nous, le drame est la seule forme poétique qui exerce un attrait réel, la seule dont la pratique puisse nous promettre une certaine jouissance immédiate.

J'ai continué ces jours-ci d'étudier l'*Iliade*, pour examiner si entre elle et l'*Odyssée* il n'y avait pas place pour une autre épopée. Mais je ne trouve que des sujets de drame, soit parce qu'il n'y en a pas d'autres, en effet, soit parce que je ne suis pas disposé maintenant à voir le côté épique des événements. La fin de la vie d'Achille, avec tout ce qui l'accompagne, aurait pu fournir une action épique ; et, dans une certaine mesure, elle exigerait cette forme de poésie à cause de l'étendue même du sujet. Mais la question est de savoir si l'on ferait jamais bien de traiter épiquement un sujet tragique ? Il y a bien à dire pour et contre. Quant à l'effet à produire, un poëte moderne, travaillant pour des modernes, y trouverait toujours son profit, parce que, sans exciter un intérêt issu de la passion, il est bien difficile aujourd'hui de se faire applaudir.

Assez pour cette fois. Meyer travaille assidûment à son traité sur les sujets propres aux arts plastiques : il y est question de tout ce qui nous intéresse, et l'on voit par là combien l'artiste, dans les arts de ce genre, touche de près au poëte dramatique. Puissiez-vous bientôt vous remettre entièrement, et moi trouver la liberté d'aller bientôt vous rendre visite.

Le 27 décembre 1797.

GŒTHE.

59.

Réponse de Schiller. Il indique les causes du mélange fréquent des genres poétiques chez les modernes.

Iéna, le 29 décembre 1797.

Notre ami Humboldt, dont je vous envoie ci-joint une longue lettre, reste, au milieu de ce Paris renouvelé, fidèle à son vieil esprit allemand, et ne paraît avoir changé que d'entourage. Il y a une certaine manière de philosopher et de sentir qui produit l'effet de certaines religions : elle nous sépare des choses extérieures et nous isole, tout en augmentant notre ferveur intérieure.

Votre entreprise présente de séparer et de démêler les deux genres de poésie est assurément de la plus haute importance ; mais vous tomberez d'accord avec moi que, pour exclure d'une œuvre d'art tout ce qui est étranger à son genre, il faudrait nécessairement aussi y faire entrer tout ce qui appartient à ce genre. Et c'est précisément ce qui nous manque maintenant. C'est parce que nous ne pouvons réunir les conditions propres à chacun des deux genres, que nous nous trouvons contraints de les mélanger. S'il y avait des rhapsodes et un monde pour eux, le poëte épique n'aurait nul besoin d'emprunter des motifs au poëte tragique; et, si nous avions les ressources et les forces intenses de la tragédie grecque, et en même temps l'assurance de conduire victorieusement nos auditeurs à travers une longue série de représentations, nos drames n'auraient pas besoin de s'étendre au delà de leurs limites naturelles. Il faut bien que la capacité de sentir du spectateur et de l'auteur soit satisfaite et touchée sur tous les points de sa périphérie ; le diamètre de cette capacité est pour le poëte la véritable mesure. Et comme la disposition morale qui est la plus développée est aussi la plus exigeante, ce n'est qu'à ses risques qu'on peut se hasarder à n'en pas tenir compte.

Si le drame est, comme je n'en doute pas, réellement protégé chez nous par une tendance si fâcheuse de notre temps, il faudrait commencer la réforme par le drame, et donner à l'art de l'air et de la lumière, en écartant toute imitation de la nature vulgaire. Entre autres procédés pour obtenir ce résultat, le meilleur serait, ce me semble, l'introduction de moyens symboliques, qui prendraient la place du sujet dans tout ce qui n'appartient pas au monde artistique où se meut le poëte, et a, par suite, moins besoin d'une représentation que d'une simple indication. Je n'ai pu encore débrouiller complétement cette idée du rôle des symboles dans la poésie ; mais elle me semble féconde. Si l'on pouvait en déterminer l'emploi avec précision, la conséquence naturelle serait que la poésie se purifierait, qu'elle restreindrait son domaine en lui donnant plus de valeur, et qu'elle agirait dans ces limites avec d'autant plus de puissance.

J'avais toujours fondé quelque espérance sur l'opéra : je pensais que la tragédie en sortirait, comme des chœurs des antiques fêtes de Bacchus, sous une forme plus noble. Dans l'opéra, on est réellement affranchi de toute imitation servile de la nature ; et, bien qu'il n'y ait là qu'une sorte de tolérance, ne serait-ce pas la voie par où l'idéal pourrait pénétrer jusque sur le théâtre ? Par la puissance de la musique, par une excitation harmonique et plus libre de la sensibilité, l'opéra dispose l'âme à de plus beaux sentiments. Il y a réellement là, même dans le pathétique, un plus libre jeu, parce que la musique l'accompagne, et que le merveilleux, qui y est admis, rendrait nécessairement l'esprit plus indifférent au sujet.

Je suis très-curieux de voir l'Essai de Meyer ; il s'y trouvera immanquablement bien des applications à la poésie.

Peu à peu je reprends mon travail ; mais par cette épouvantable température il est difficile de conserver à l'esprit son élasticité.

Puissiez-vous être bientôt libre et m'apporter l'activité, le courage et la vie. Adieu.

SCHILLER.

TROISIÈME PARTIE.

Composition et représentation du *Wallenstein* de Schiller. — L'*Achilléide* de Gœthe.

1798-1799.

Les lettres de la période précédente nous ont montré Schiller absorbé dans des méditations esthétiques qui menaçaient d'entraver l'essor de son génie poétique ; il y avait là un danger pour l'avenir du poëte. « C'était un spectacle affligeant, » écrivait Gœthe trente ans plus tard, « de voir un homme comblé de dons si extraordinaires se tourmenter ainsi avec des formules philosophiques qui ne pouvaient lui servir à rien. » Gœthe entreprit d'arracher son ami à ses hésitations, et de le décider à achever son drame de *Wallenstein*, pour le livrer aux acteurs. Il alla passer quelques jours à Iéna (22 septembre 1798), pour vaincre par ses conversations les derniers scrupules de Schiller, et lui communiquer l'ardeur dont il était lui-même animé ; il travailla même de concert avec lui et composa le chant guerrier qu'entonnent au lever du rideau les bandits du duc de Friedland. Les lettres de cette période nous font entrer dans le vif de cet échange continuel de conseils, d'exhortations, d'encouragements. Gœthe s'intéresse à l'œuvre de son ami et à son succès avec tout le zèle qu'on met à une affaire personnelle.

Au commencement de l'année 1798, Schiller a déjà composé deux actes de son grand drame ; mais il est encore incertain sur le plan et la division qu'il adoptera ; il croit encore pouvoir faire rentrer dans le cadre d'un seul drame ce vaste sujet, qui finira par occuper onze actes. Sur les conseils de Gœthe, il se décide à donner son œuvre en trois parties, à la fois unies et distinctes, comme dans les trilogies antiques. Il y aura une comédie-prologue, le *Camp de Wallenstein*, et deux drames successifs, étroitement liés, les *Piccolomini* et la *Mort de Wallenstein*. C'est sous cette forme que le « monstre dramatique, » comme disait Schiller, affronta la scène, après des répétitions dirigées par Gœthe, sur un théâtre où le grand poëte semblait, autant que son ami, présider la représentation.

Pendant ce temps, d'ailleurs, Gœthe travaille pour son propre compte, et, suivant son habitude, mène mille choses de front.

Avec son ami Meyer, il fonde un journal d'art et d'archéologie, les *Propylées* ; il poursuit ses études sur les couleurs, il conçoit l'idée d'un grand poëme didactique, intitulé le *Cosmos* ; enfin, il compose les premiers chants de l'*Achilléide*.

60.

Lettre de Schiller. Il exprime les impressions qu'il a ressenties en relisant les premiers actes de son Wallenstein, et parle de ses projets de travail pour l'avenir.

Iéna, le 5 janvier 1798.

Maintenant que j'ai là mon travail proprement copié par la main d'un autre, et qu'il me parait ainsi plus étranger à moi-même, il me fait vraiment plaisir. Je trouve que je me suis visiblement élevé au-dessus de moi-même, ce qui est le fruit de nos relations ; car mes rapports fréquents et continuels avec une nature aussi objective et aussi opposée à la mienne, mon vif désir de me rapprocher d'elle, mes efforts accumulés pour la contempler et la comprendre, ont pu seuls me rendre capable de reculer à ce point les limites de ma subjectivité naturelle. Je trouve que la clarté et le sens rassis qui sont les fruits d'une époque plus avancée de la vie ne m'ont rien coûté de la chaleur de la jeunesse. Mais il me conviendrait mieux d'entendre ces appréciations de votre bouche que de vous les adresser moi-même.

Je veux désormais me le tenir pour dit : je ne choisirai plus que des sujets historiques : des sujets de libre invention seraient pour moi un écueil. C'est une tout autre opération d'idéaliser le réel que de réaliser l'idéal, et c'est ce dernier cas qui se présente dans les libres fictions de l'esprit. Ce qui est en mon pouvoir c'est de vivifier, de réchauffer, de féconder un sujet donné, déterminé et limité, dont la précision objective[1] enchaîne mon imagination et résiste à mon caprice.

Lorsque je serai parvenu, par quelques pièces de théâtre, à me concilier la faveur du public, j'ai bien envie de faire

---

1. C'est la précision objective qui résulte de ce que les sujets historiques ont leurs contours généraux et leurs principaux détails arrêtés d'avance.

un mauvais coup et de réaliser une de mes vieilles idées en mettant Julien l'Apostat sur la scène. Il y a là tout un monde historique d'une nature spéciale, dans lequel je n'aurais pas de peine à trouver un abondant butin poétique, et l'intérêt terrible du sujet serait de nature à accroître encore la puissance de l'exécution poétique. Si le *Misopogon* de Julien, ou ses lettres (traduites bien entendu) se trouvaient à la bibliothèque de Weimar, vous me feriez grand plaisir de me les apporter.

SCHILLER.

61.

Réponse de Gœthe. Il félicite Schiller de l'achèvement de la première partie de son drame, et l'encourage à le terminer complètement.

Je vous félicite du contentement que vous cause la partie achevée de votre œuvre. Vous avez une intelligence si claire de ce que vous pouvez exiger de vous, que je ne doute pas de la complète justesse de votre appréciation. L'heureuse rencontre de nos deux natures nous a déjà procuré bien des avantages, et j'espère que nos relations continueront à produire les mêmes effets. Si j'ai été pour vous le représentant de bien des objets, vous m'avez ramené à moi-même de l'étude trop exclusive des choses extérieures et de leurs rapports. Vous m'avez appris à considérer avec plus de justice la variété des aspects de l'homme intérieur; vous m'avez donné une seconde jeunesse et vous avez refait de moi un poëte, ce que j'avais à peu près complétement cessé d'être [1].

Je souhaite, pour bien des raisons, que votre *Wallenstein* puisse être bientôt terminé. Pendant votre travail, et même après, continuons à examiner à fond les exigences du drame. Quand vous aurez une fois bien arrêté le plan et les dispositions générales de l'œuvre, il serait vraiment mal-

---

1. Ces dernières phrases sont particulièrement remarquables, comme étant l'expression et le résumé fidèle de l'influence exercée sur Gœthe par Schiller.

heureux qu'avec votre talent exercé et votre richesse intérieure, vous n'écriviez pas chaque année une ou deux pièces. Car il me semble nécessaire que le poëte dramatique paraisse souvent sur le théâtre, qu'il renouvelle sans cesse l'effet qu'il a produit, et, s'il a assez de talent pour cela, qu'il en fasse la base de nouveaux progrès.

J'en suis arrivé à certains points, que j'ai besoin d'éclaircir entièrement, avant de poursuivre le cours de mes opérations ; je veux vous en demander de vive voix votre avis. Je retarde encore mon voyage de quelque temps pour pouvoir passer de suite près de vous quelques jours agréables et utiles.

Weimar, le 6 janvier 1798.
GŒTHE.

62.

Lettre de Schiller. Il entretient Gœthe d'un projet d'épopée dont le sujet serait fourni par les voyages et les découvertes de quelque hardi navigateur.

Iéna, le 13 février 1798.

J'ai cherché à me consoler de votre absence prolongée par mon ardeur au travail, et par l'espoir de vous montrer une partie plus considérable de mon ouvrage ; mais la saison et le temps ne me sont pas favorables, et mettent obstacle à tous mes progrès, malgré mon vif désir et mes bonnes dispositions. J'ai depuis huit jours la tête prise par un rhume, et mon ancien mal aussi me tourmente. Pour conserver quelque entrain à mon esprit, il ne me faut pas même penser à mon travail présent ; je m'occupe de l'idée d'un travail plus éloigné, et de conceptions générales.

J'ai lu cet hiver beaucoup de relations de voyage, et je n'ai pu m'empêcher d'examiner quel usage le poëte pourrait faire d'un semblable sujet ; cette recherche m'a fait de nouveau sentir vivement toute la différence qui sépare l'épopée du drame.

Il est incontestable qu'un *découvreur de mondes*, un hardi

navigateur, comme Cook, pourrait fournir par lui-même un beau sujet de poëme épique, ou tout au moins en ferait naître l'occasion. Car j'y trouve toutes les conditions de l'épopée sur lesquelles nous sommes d'accord; on y aurait aussi cet avantage que les moyens auraient autant de dignité et de valeur propre que le but, et que celui-ci serait même là moins pour lui que pour les moyens. On pourrait y faire connaître à fond un certain cercle humain[1], ce qui me semble essentiel dans une épopée; et le monde physique viendrait se joindre au monde moral dans une admirable unité.

Mais si je cherche dans ce sujet une matière de drame, je reconnais encore une fois la grande différence des deux genres poétiques[2]. Dans ce cas, l'étendue du sujet m'embarrasse autant que dans l'autre cas elle me semblait attrayante; la partie physique n'est plus qu'un moyen pour amener la partie morale; elle devient importune par son importance même et ses prétentions; en un mot, tout ce riche sujet ne sert plus que de moyen pour faire naître quelques situations heureuses, et mettre en jeu l'homme intérieur.

Mais je suis vraiment surpris qu'un tel sujet ne vous ait pas encore tenté : car vous y trouveriez presque tout prêts ces éléments si nécessaires et si difficiles pourtant à réunir, c'est-à-dire l'action personnelle et physique de l'homme naturel, jointe à une certaine valeur, que l'art seul peut ailleurs lui donner. Levaillant[3], dans son voyage en Afrique, est réellement un caractère poétique, et un homme vraiment puissant, parce qu'il unit à toute l'énergie de la force physique, et aux ressources immédiatement tirées de la nature, les avantages que la culture de l'esprit peut seule assurer.

---

1. *C'est-à-dire* un ensemble de faits et de récits se rattachant à un centre commun, et ayant pour objet l'une des formes particulières de l'activité humaine.

2. Quelques notes curieuses, publiées dans les œuvres posthumes de Schiller par M. Hoffmeister, indiquent que le poète avait songé à écrire un drame dont les îles du nouveau monde auraient été le théâtre.

3. Levaillant, célèbre voyageur français, a publié en 1790 son *Voyage dans l'intérieur de l'Afrique par le cap de Bonne-Espérance*.

Adieu pour aujourd'hui ; il est huit heures du soir, et on m'appelle pour dîner ; ma femme vous fait ses compliments.

Schiller.

63.

Réponse de Gœthe. Il apprécie le sujet que Schiller lui propose, et explique à quoi tient le charme de l'Odyssée.

Je suis convaincu comme vous qu'un voyage, surtout du genre que vous m'indiquez, peut fournir de beaux motifs épiques ; mais je ne me risquerais jamais à traiter un tel sujet, parce que la vue immédiate des choses me fait défaut, et que, dans ce genre de composition, cette identification de l'esprit avec son sujet, que des descriptions ne suffisent jamais à produire, me paraît indispensable.

En outre, on aurait à lutter avec l'*Odyssée*, qui a déjà épuisé les motifs les plus intéressants. L'émotion éveillée dans un cœur féminin par l'arrivée d'un étranger, le plus beau de tous ces motifs, n'est plus à peindre, après l'épisode de Nausicaa. Combien, dans l'antiquité même, Médée, Hélène, Didon, sont, quant aux circonstances dans lesquelles elles paraissent, en arrière de la fille d'Alcinoüs. La Narine[1] de Levaillant, ou tout autre sujet semblable, ferait toujours l'effet d'une parodie de l'admirable tableau antique. J'en reviens sur ce point à ma première idée : peut-être une connaissance immédiate des choses nous suggérerait-elle des situations qui ne manqueraient pas de charme. Mais toute la nécessité de cette vue immédiate ressortira des réflexions suivantes.

Nous autres habitants de l'Occident, l'*Odyssée* nous ravit ; mais il n'y a proprement que la partie morale du poëme qui agisse sur nous ; quant à la partie descriptive, notre imagination ne nous offre qu'un secours imparfait et insuffisant. Mais avec quel éclat le poëme m'est apparu, lorsque j'en ai lu quelques chants à Naples et en Sicile ! C'était comme si on avait passé un vernis sur un tableau embu[2], pour lui

---

1. C'est le nom d'une des héroïnes des récits de Levaillant.
2. On sait que, quelque temps après l'achèvement d'une pein-

donner à la fois de l'éclat et de l'harmonie. Il me sembla, je l'avoue, que je n'avais plus devant moi un poëme, mais la nature même ; c'était pour les anciens chose d'autant plus nécessaire que leurs œuvres étaient mises comme en présence de la nature. Combien de nos poëmes ne pourraient plus être lus sur la place publique, ou même en plein air !

Adieu ; mes compliments à votre chère femme ; mettez à profit tous les moments favorables.

Weimar, le 14 février 1798.
GŒTHE.

64.

Lettre de Schiller. Il annonce qu'il va se remettre à la composition de son Wallenstein.

Iéna, le 6 avril 1798.

Votre séjour ici me paraît maintenant plus court encore qu'il ne l'a été réellement [1]. Le temps a passé bien vite, et, après une si longue absence, c'était vraiment trop peu.

Je vais tâcher de me remettre sérieusement au travail, pour mettre au moins sur le papier une ébauche de ma poésie, dont je puisse après cela avoir une vue plus nette. Je suis heureux de pouvoir penser que mon *Wallenstein* vous a satisfait dans son ensemble, et surtout que vous n'avez eu aucune objection ni contre le sujet, ni contre le genre auquel il appartient. Pour ce qui est des nécessités de la scène, j'espère en venir facilement à bout, une fois que toutes les exigences tragiques et dramatiques auront reçu satisfaction.

ture à l'huile, les couleurs se ternissent et perdent leur éclat ; on dit alors que le tableau est *embu* ; il faut l'application d'un vernis pour rendre aux teintes leur éclat. On reconnaît dans cette comparaison les préoccupations artistiques familières à Gœthe.

1. Gœthe venait de passer quelques jours à Iéna (du 20 mars au 5 avril 1798) pour entendre de la bouche de Schiller les trois premiers actes de *Wallenstein*, et achever de triompher des scrupules qui retenaient encore son ami.

Adieu pour aujourd'hui ; ma femme vous fait ses meilleurs compliments; nous nous apercevons malheureusement trop de votre départ.

SCHILLER.

65.

Réponse de Gœthe. Il encourage son ami dans son travail.

Sans quelques petites affaires de ménage, qui demandaient absolument à être réglées maintenant, je ne vous aurais assurément pas quitté sitôt, d'autant plus que le retour du beau temps m'a mis pour le travail en excellente disposition. Je me suis résigné, et je pense peu à peu reprendre ici ma liberté, pour faire la prochaine fois auprès de vous un séjour d'autant plus long.

Nous avons assurément toute sorte de raisons pour nous réjouir de nos relations, puisque, après un si long éloignement, nous nous sentons plus rapprochés; et l'opposition de nos deux natures rend un échange d'influence d'autant plus désirable, en nous promettant pour l'avenir les meilleurs résultats.

Je pense avec plaisir à votre *Wallenstein*, et j'en conçois les meilleures espérances. Vos dispositions sont de telle sorte que, lorsque tout sera achevé, vous pourrez mettre dans une harmonie admirable ce qu'il y a d'idéal dans l'exécution avec le caractère tout terrestre et limité du sujet.

Portez-vous bien, et recevez, ainsi que votre chère femme, mes remerciments pour tous vos soins.

Weimar, le 7 avril 1798.

GŒTHE.

66.

Lettre de Gœthe. Sur la perfection de l'Iliade; projet de son poëme intitulé l'Achilléide.

Votre lettre me trouve encore plongé dans la lecture de l'*Iliade*. L'étude de ce poëme me fait toujours parcourir tout un cercle de ravissement, d'espérance, de clairvoyance, de désespoir.

Je suis plus que jamais convaincu de l'unité et de l'indivisibilité du poëme; il n'y a plus, il n'y aura plus d'homme capable de l'apprécier. Pour moi, du moins, je me trouve à chaque instant ramené à une appréciation subjective; c'est ce qui est arrivé à d'autres avant nous, et ce qui arrivera à d'autres après nous. En tout cas mon premier aperçu d'une *Achilléide* est terminé, et, si je veux et dois faire un jour une œuvre de ce genre, je m'en tiendrai là.

L'*Iliade* me paraît former un tout si complet, si arrondi, quoi qu'on puisse dire, qu'il est impossible d'y rien ajouter, ni d'en rien retrancher. Si l'on voulait entreprendre un nouveau poëme, il faudrait chercher à l'isoler, lors même qu'au point de vue chronologique, il se rattacherait immédiatement à l'*Iliade*.

L'*Achilléide* est un sujet tragique, mais qui, par son ampleur, ne répugne pas à la forme épique.

C'est aussi un sujet sentimental[1], et, par ces deux qualités, il pourrait se prêter à un travail moderne; une exécution réaliste rétablirait l'équilibre entre elles. Le sujet ne présente d'ailleurs qu'un intérêt personnel et privé, tandis que l'*Iliade* embrasse l'intérêt des peuples, des parties du monde, de la terre et du ciel.

Réfléchissez bien à tout cela! Si vous croyez que, dans ces conditions, il y ait là matière à un poëme d'une vaste étendue et d'un grand travail, je puis me mettre à l'œuvre

---

1. Le sujet de l'*Achilléide* prête à la tragédie par les situations pathétiques qu'il amène, et, par la nature des sentiments qu'éprouvent les principaux héros, il prête à la poésie sentimentale.

sur l'heure : car sur le *comment* de l'exécution je suis presque entièrement d'accord avec moi-même ; mais, suivant ma vieille habitude, je ferai de mon travail un secret, jusqu'à ce que je puisse vous lire les morceaux terminés.

Weimar, le 16 mai 1798.

GŒTHE.

67.

Réponse de Schiller. Jugement sur le sujet de l'Achilléide ; il annonce à Gœthe le livre de G. de Humboldt[1] sur Hermann et Dorothée.

Iéna, le 18 mai 1798.

Puisqu'il est bien établi qu'il n'y a plus d'*Iliade* nouvelle possible après l'*Iliade*, lors même qu'on trouverait un nouvel Homère et une nouvelle Grèce, je crois ne pouvoir vous rien souhaiter de mieux que d'écrire votre *Achilléide*, telle qu'elle existe dans votre imagination, en ne la comparant qu'à elle-même, et en ne demandant à Homère que l'inspiration, sans comparer votre œuvre à la sienne. Vous vous formerez certainement du sujet la conception la mieux d'accord avec la forme que vous voulez lui donner, et vous ne vous tromperez pas, d'autre part, dans le choix de cette forme ; j'en ai pour garants votre nature, votre pénétration et votre expérience. Le caractère poétique de votre esprit balancera certainement ce qu'il y a de tragique et de sentimental dans le sujet ; et c'est pour celui-ci une qualité, plutôt qu'un défaut, que de répondre si bien aux exigences de notre temps : car c'est pour le poëte une œuvre aussi impossible qu'ingrate que d'abandonner complétement le sol de son pays, et de se mettre ouvertement en opposition avec son temps. Votre vocation, et elle est bien belle,

1. G. de Humboldt a fait de l'*Hermann et Dorothée* de Gœthe le sujet de toute une théorie philosophique sur la poésie et l'épopée. Son livre, dont le titre exact est : *Essai esthétique sur Hermann et Dorothée*, parut à Brunswick en 1799. Schiller en parle ici d'après le manuscrit qu'il vient de recevoir.

est d'être le contemporain et le citoyen des deux mondes poétiques ; et ce haut et rare avantage vous empêche d'appartenir exclusivement à l'un ou à l'autre.

D'ailleurs, nous aurons bientôt occasion de causer longuement sur ce sujet : car la nouveauté dont je vous ai parlé, et sur laquelle je ne veux pas trop longtemps vous tenir l'esprit en suspens est un ouvrage sur votre *Hermann et Dorothée*, que G. de Humboldt [1] m'a envoyé en manuscrit. Je l'appelle un ouvrage : car il formera un gros livre, et il entre dans la question avec beaucoup de précision et de profondeur. Nous le lirons ensemble, quand vous le voudrez ; ce sera une occasion de parler de tout ce que le raisonnement peut éclaircir ou deviner sur le caractère général et les formes diverses de la poésie. La justice qui vous est noblement rendue par un penseur et un cœur sensible doit vous faire plaisir ; c'est un témoignage éclatant et profond qui décidera le jugement un peu indécis encore de notre public allemand, et assurera, en le hâtant, le triomphe de votre muse sur les résistances qu'elle pouvait rencontrer dans le chemin du raisonnement.

Nous causerons de ce que m'a dit Cotta. Ce que j'ai appris de lui avec le plus de plaisir, c'est la nouvelle de la rapidité étonnante avec laquelle votre poëme se répand partout. Vous aviez bien raison de penser que le sujet plairait particulièrement au public allemand : il a, en effet, enchanté les lecteurs allemands sur leur propre terrain, dans le cercle de leur capacité et de leurs intérêts ; il les a positivement enchantés, ce qui prouve que la force vivifiante de la poésie, plus encore que le sujet, a produit son effet. Cotta pense que Vieweg aurait dû en préparer tout de suite une édition à bon marché : car il est certain qu'en Souabe seulement on aurait vendu plusieurs milliers d'exemplaires.

Je vous donnerai plus de détails quand vous viendrez, c'est-à-dire, je l'espère, après-demain. Adieu ; ma femme vous fait ses compliments.

Schiller.

---

1. Sur G. de Humboldt, v. p. 2, note 3.

68.

Réponse de Gœthe à la lettre précédente.

Je ne puis que dire *amen* à la première feuille de votre aimable lettre ; car elle contient la quintessence de ce que je me suis dit aussi pour me consoler et m'encourager. Mes hésitations proviennent surtout de la crainte de m'attaquer à un sujet qui ne devrait pas être traité du tout, ou pas par moi, ou pas de cette manière. Je veux maintenant laisser de côté tous ces scrupules, et me mettre courageusement à l'œuvre le plus tôt possible.

Je n'attendais réellement pas le travail de Humboldt ; il me fait le plus grand plaisir, d'autant plus que je craignais fort que son voyage ne nous privât, au moins pour quelque temps, de son appui dans le domaine de la théorie. Ce n'est pas un médiocre avantage pour moi que de me trouver d'accord avec la critique, au moins dans la dernière partie de ma carrière poétique.

Je ne vous dis rien de plus aujourd'hui : car, pour en finir, j'ai encore bien des occupations à subir. Demain soir je serai auprès de vous[1], et je compte d'avance sur la fécondité de ces quatre semaines. Adieu. Mes compliments à votre chère femme.

Weimar, le 17 mai 1798.

G**œ**THE.

1. Gœthe vint, en effet, s'installer auprès de son ami, à Iéna, pendant quelques semaines. Une lettre de Schiller à Kœrner nous apprend que la lecture et le commentaire du manuscrit de Humboldt occupa à maintes reprises les conversations des deux poètes. Gœthe, qui allait exciter la verve de son ami, composa lui-même à Iéna plusieurs de ses poésies, entre autres le *Parnasse allemand* et la *Métamorphose des plantes*.

G.

69.

Lettre de Schiller. Il fait part à Gœthe de ses intentions définitives à propos de la division de sa tragédie de Wallenstein.

Iéna, le 18 septembre 1798.

Je me suis remis au prologue[1], aussitôt après mon retour, avec la pensée d'en former une pièce indépendante. Pour atteindre plus sûrement ce but, deux choses sont nécessaires, à ce qu'il m'a semblé :

1° Comme peinture de caractères et de mœurs, il doit être plus complet et plus riche, pour représenter réellement une époque ;

2° J'arriverai aussi par ce moyen à ce résultat, qu'au milieu de la foule des personnages et des peintures particulières il sera impossible au spectateur de suivre un fil quelconque, et de se faire une idée de l'action qui s'y trouve engagée.

Je me vois aussi obligé d'ajouter quelques personnages, et de donner plus de développement à quelques-uns des caractères déjà indiqués ; mais j'aurai toujours devant les yeux votre personnel de Weimar. Dimanche soir vous recevrez le prologue.

Adieu ; ma femme se rappelle à votre souvenir.

SCHILLER.

70.

Réponse de Gœthe. Encouragements à son ami.

J'ai été mercredi à Rossla[2], et n'ai trouvé votre lettre qu'hier à mon retour. Je souhaite qu'en travaillant à votre

---

1. Schiller désigne ici, sous le titre de *prologue*, la première partie de sa trilogie, le *Camp* de *Wallenstein*, le prélude, l'introduction de l'œuvre tout entière. Dans les lettres suivantes, il sera question d'un véritable *prologue*, c'est-à-dire d'une pièce de vers formant comme le programme de l'ère dramatique nouvelle qu'ouvrait *Wallenstein*, et destinée à être lue ou récitée au début de la représentation.

2. Rossla, château dans le comté de Stollberg-Rossla.

prologue, vous puissiez sentir quelle bonne impression il nous a laissée. Une œuvre, telle que votre *Wallenstein*, monument d'une si rare puissance intellectuelle, doit disposer à l'activité de l'esprit quiconque en est tant soit peu capable. Réunissez toute votre énergie, afin de pousser bientôt la pièce sur notre théâtre. Votre pièce vous paraîtra, au retour de la représentation, plus souple et plus maniable que dans le manuscrit, qui est depuis trop longtemps fixé sous vos yeux. Vous êtes si avancé que, à mon avis, un tel essai ne peut que vous être utile.

J'approuve de tout mon cœur ce que vous voulez faire pour le prologue. Je l'attends avec impatience; nous causerons alors de la tactique à suivre.

Adieu; mes meilleurs compliments pour vous et votre chère femme.

Weimar, le 22 septembre 1798.
GOETHE.

71.

Lettre de Schiller[1]. Sur de nouvelles modifications apportées au plan du Wallenstein.

Iéna, le 21 septembre 1798.

Une nuit sans sommeil, qui m'a gâté toute ma journée, m'empêche de vous expédier pour aujourd'hui le prologue; en outre, mon copiste m'a planté là. Dans sa forme actuelle, il aura, je pense, une valeur indépendante, comme peinture vivante d'une époque historique, et d'une certaine forme de la vie militaire. Seulement, je ne sais pas moi-même si tout ce que j'ai dû y faire entrer dans l'intérêt de l'ensemble pourra paraître sur le théâtre. J'y ai introduit, par exemple, un capucin qui fait un sermon aux Croates; ce trait caractéristique du temps et du pays me manquait encore; mais s'il ne peut pas paraître sur le théâtre, ce ne sera pas une grande affaire.

1. Cette lettre de Schiller s'est croisée avec la lettre précédente de Gœthe.

Humboldt m'a écrit et se rappelle à votre souvenir. Il a reçu votre lettre et votre poëme, et il vous répondra au plus tôt ; il est très-content de nos arrangements pour son ouvrage. Il m'écrit aussi quelques mots au sujet de Rétif de la Bretonne[1], qu'il connaît personnellement ; mais il ne me parle pas de ses écrits. Il compare sa manière d'être et d'agir avec celle de notre Richter[2], abstraction faite des différences nationales ; pour moi, ils me paraissent fort différents.

Pour en revenir à mon prologue, je voudrais bien qu'on pût jouer en même temps une autre pièce qui aille avec lui, mais pas d'opéra ; car je suis obligé d'y mettre beaucoup de musique. Il commence par une chanson, et finit par une autre ; au milieu il y a encore une romance ; il fait donc par lui-même assez de bruit ; un drame paisible et moral serait le meilleur moyen de le faire ressortir, puisque son principal mérite doit consister dans la vivacité des peintures.

Adieu ; j'attends avec impatience de vos nouvelles ; nos compliments à Meyer ; a-t-il oublié la *Coupe*?

SCHILLER.

72.

Lettre de Schiller. Il envoie à Gœthe le Prologue du Camp de Wallenstein.

Iéna, le 4 octobre 1798.

Je vous envoie le prologue ; puisse-t-il vous satisfaire. Dites-moi, par le retour du courrier, si vous désirez encore quelque changement. Il vaudrait mieux, ce me semble, supprimer à la représentation ce que j'ai mis entre parenthèses. Bien des choses qu'on lit volontiers ne peuvent pas se dire, et les conditions dans lesquelles on déclame un prologue, la solennité qui en est inséparable, amènent avec elles certaines restrictions dont il n'est pas facile de tenir compte dans son cabinet. Comme le prologue est assez long d'ailleurs, réduisons-le avant la dernière répétition.

---

1. Rétif de la Bretonne, écrivain français du xviii° siècle.
2. Jean Paul Richter, v. p. 43, note 1.

Je suis très-curieux de savoir comment vos acteurs réussiront le camp de *Wallenstein*.

Portez-vous bien ; ma femme vous envoie ses meilleurs compliments.

SCHILLER.

73.

Réponse de Gœthe. Il félicite Schiller, et lui envoie, pour servir de modèle au Sermon du Capucin dans le camp de Wallenstein, un volume du père Abraham a Santa-Clara [1].

Le prologue est tout à fait réussi pour le but auquel il était destiné ; j'en suis très-heureux, et je vous en remercie mille fois. Je ne l'ai encore parcouru que deux ou trois fois pour me pénétrer de l'ensemble, et je ne puis encore vous indiquer ce qu'il pourrait être bon de supprimer, ni les passages qui, dans l'intérêt de l'effet théâtral, demanderaient encore çà et là à être relevés par un petit coup de pinceau.

Demain soir vous recevrez mon édition ; il serait bon que vous pussiez retarder l'impression jusqu'à ce moment, pour que nous n'ayons qu'un seul et même texte ; lundi on l'enverra à Stuttgart.

Je regrette vivement de ne pouvoir dire moi-même le prologue ; mais si Vohs [2] se conduit aussi bien que nos autres acteurs dans le *Camp de Wallenstein*, nous pourrons être contents. Leissring, Weyrauch et Haide [3] déclament les vers rimés comme s'ils n'avaient jamais fait que cela de leur vie. Haide, en particulier, a déclamé quelques périodes vers la fin avec une perfection que je n'avais pas encore vue sur le théâtre allemand.

Après ces bonnes nouvelles, j'ai le regret de vous avouer

---

1. Le père Abraham a Santa-Clara, dont le vrai nom est Ulrich Megerlé, était un moine augustin, né en 1642, dans la Haute-Souabe, mort en 1709. De 1669 à 1709, il prêcha devant la cour de Vienne ; ses sermons, qui ne manquent ni de vigueur, ni d'originalité, abondent en bouffonneries et en excentricités de toute sorte.

2. Vohs, l'un des principaux acteurs de la troupe de Weimar.

3. Comédiens de la troupe de Weimar. Leissring remplissait le rôle du premier chasseur, Weyrauch celui du sergent, Haide celui du cuirassier.

que je n'ai pas pu contribuer d'une seule ligne à votre œuvre; mais je vous envoie un volume du père Abraham, qui vous inspirera pour le sermon du capucin. Voyez, par exemple, à la page 77; c'est un trésor qui porte avec lui les plus hautes inspirations.

Je ne puis non plus venir à bout de la chanson du début; mais j'ai trouvé de quoi la remplacer. On pourra d'ailleurs faire des changements dans les représentations suivantes: le caractère de la pièce exige même qu'on y introduise toujours quelque chose de nouveau et de variable, afin que, dans la suite des représentations le spectateur ne puisse pas s'orienter. En attendant, portez-vous bien; je vous dirai bientôt pour quel jour j'attends votre venue; jusqu'ici tout est encore sens dessus dessous.

Mes compliments à votre chère femme.

Weimar, le 5 octobre 1798.

GŒTHE.

74.

Lettre de Schiller. Il informe Gœthe de quelques changements introduits dans sa tragédie, intitulée le Camp de Wallenstein.

Iéna, le 5 octobre 1798.

Votre satisfaction au sujet du prologue, et le succès de vos acteurs dans le *Camp de Wallenstein*, sont de bien bonnes nouvelles pour moi. Je ne puis retarder jusqu'à demain soir l'impression du prologue; mais quelques légères différences entre le texte parlé et le texte imprimé seront, je pense, sans importance, pourvu que l'exemplaire que vous enverrez à Posselt soit d'accord avec celui qui paraîtra dans l'*Almanach*.

Je vais me mettre au sermon du capucin; le révérend père Abraham me donne bon espoir; je n'ai pas encore pu le lire cependant, Schelling[1] ayant passé tout l'après-midi

---

1. Schelling, l'un des plus illustres philosophes de l'Allemagne, et l'un des chefs de l'école romantique, né à Leonberg (Wurtemberg), en 1775, mort en Suisse, en 1854.

avec moi. Je dois aussi vous prévenir que j'ai introduit dans l'ouvrage quelques autres changements, que je vous enverrai, je l'espère, lundi soir, avec le sermon du capucin ; ils ne concernent pas la pièce tout entière, et peuvent très-bien être appris par les acteurs en une demi-journée.

Vous approuverez, je pense, le changement que j'ai fait de l'officier de police contre une figure dramatique plus déterminée. J'ai introduit à sa place un soldat avec une jambe de bois, qui fera un bon pendant au conscrit. Cet invalide apporte une gazette, par laquelle on apprend directement la prise de Regensburg, et les événements les plus récents qui se rapportent au sujet. Cela me donne l'occasion d'adresser au prince Bernard quelques jolis compliments. Qui se chargera du rôle du soldat boiteux? Nous trouverons bien, je pense, quelque moyen de nous tirer d'affaire.

Si le temps et mes dispositions me le permettent, je tâcherai de faire aussi la romance de Magdebourg, en l'adaptant à une vieille mélodie, pour ne pas occasionner de retard. Je suis tranquille, en tout cas, puisque vous avez de quoi la remplacer.

Si vous pouviez me renvoyer par la messagère mon exemplaire du *Camp de Wallenstein*, cela me rendrait un grand service pour tout ce que j'ai encore à faire. Je n'aurais besoin que des huit ou dix premières feuilles : car dans la fin et le milieu il n'y a rien à changer.

Schelling est revenu avec beaucoup d'ardeur et de plaisir ; il est venu me voir dès le premier moment de son arrivée ; il montre beaucoup de zèle. Il a, dans ces derniers temps, me dit-il, fait beaucoup de lectures sur la théorie des couleurs, pour pouvoir en causer avec vous, et il a bien des choses à vous demander. Après la représentation du *Camp*, il ira vous voir : je lui ai dit que jusque-là vous étiez trop occupé. Ce serait charmant si, avant de venir ici, vous pouviez lui montrer vos expériences.

J'ai fait ces jours-ci la connaissance d'un singulier original, sorte d'illuminé en morale et en politique, que Wieland et Herder se sont empressés d'expédier à la grande nation. C'est un étudiant d'ici, né à Kempten[1] ; il est plein de bonne volonté ; c'est un esprit bien doué et d'une grande énergie

---

1. Kempten, petite ville de Souabe (Bavière).

physique. Il m'a fourni l'occasion d'une expérience toute nouvelle sur la nature humaine.

Portez-vous bien. Plus d'un messager parcourra, je pense, ces jours-ci, la route entre Iéna et Weimar.

Ma femme vous fait ses meilleurs compliments.

Schiller.

75.

Réponse de Gœthe. Il approuve les changements indiqués dans la lettre précédente.

Je vous renvoie le prologue ; j'accepte avec grand plaisir vos changements : ils sont très-heureux ; mais je souhaiterais qu'à la place du passage que j'ai barré on pût mettre celui que j'ai indiqué à la suite dans le manuscrit. Mon désir serait qu'il fût parlé : 1° un peu plus de nos acteurs ; 2° un peu moins d'Iffland ; 3° qu'il fût fait quelque allusion à Schrœder [1].

Ayez la bonté de me faire parvenir à temps pour lundi quelques exemplaires imprimés du prologue ; j'en enverrai un à Schrœder, avec quelques mots aimables, et un autre à Stuttgart.

En tout cas vous pouvez m'envoyer par cet exprès la feuille d'épreuves, si vous n'en avez plus besoin, et m'indiquer si vous acceptez ma correction ; je ferais alors copier immédiatement les deux exemplaires qui doivent partir.

Voici une partie du *Camp de Wallenstein*; continuez à y travailler, bien que je ne puisse vous promettre de me servir de vos corrections pour la première représentation. Tout est maintenant si bien réglé, les acteurs sont si bien rompus à la rime, au rhythme, aux répliques, que je n'ose rien changer, de peur de produire des hésitations ou des interruptions. Adieu ; tout commence à être tellement sens dessus dessous que l'espoir de voir arriver le soir et la fin de tant d'occupations est la seule chose qui me soutienne.

Weimar, le 6 octobre 1798.

Gœthe.

1. Schrœder, auteur dramatique et directeur de théâtre (1744-1816).

76.

Lettre de Gœthe. Sur les répétitions du Camp de Wallenstein[1].

Je vous écris ces quelques mots par le courrier du soir, pour vous dire où nous en sommes.

J'ai fait faire deux copies du prologue, conformes à votre texte imprimé. La période que j'ai changée, et que vous avez acceptée, y sera intercalée.

Pour la lecture qui en sera faite ici, j'ai préparé une autre édition, où j'ai supprimé les *mimes*, et en revanche nommé deux ou trois fois *Wallenstein*, afin que l'on comprenne un peu nos intentions. Quelle différence entre l'œuvre que l'on caresse et que l'on soigne pour soi et ses amis, et celle que l'on expose aux regards d'une foule étrangère ! Vous en ferez l'expérience dans cette occasion, et vous entendrez les choses du monde les plus étonnantes.

D'ailleurs tout va jusqu'à présent à souhait. La salle a un très-bel aspect, et la plupart des gens en sont si satisfaits que les rares critiques qui se rencontrent n'auront pas beau jeu.

Le *Camp de Wallenstein* va très-bien. Aujourd'hui a eu lieu la répétition sur le théâtre ; il faut renoncer à toute espèce de changement. La difficulté de se tirer avec honneur d'une tâche si nouvelle fait que chacun se cramponne à son rôle comme un naufragé à une épave ; ce serait le rendre malheureux que de faire vaciller le point d'appui.

Je ne travaille plus qu'à mettre tous les détails en relief, et à les bien rattacher à l'ensemble.

Je vous adresse ci-joint la chanson du soldat, par laquelle la pièce doit commencer ; la musique sera arrangée demain matin, et j'espère que tout sera bientôt en règle.

Je ne vous ferai pas venir ici plus tôt que de raison ; car il n'est pas encore probable que nous puissions jouer mercredi. Mais dès que le prologue et le *Camp* seront assez bien

1. C'est le titre donné par Schiller à la première partie de sa pièce.

sus pour que vous puissiez les entendre avec plaisir, je vous enverrai un exprès. Tenez-vous prêt pour pouvoir partir aussitôt.

Envoyez-moi le sermon du capucin, dès qu'il sera terminé ; tout le reste est prêt, et les copies dont je vous ai parlé au commencement de ma lettre seront adressées demain soir à Schrœder et à Posselt.

J'ai esquissé un compte rendu de la représentation et de l'effet produit par la pièce ; en quelques heures il sera achevé. Puisque je me suis placé une fois sur le terrain de l'effronterie, nous verrons qui osera lutter avec moi.

Tenez-vous tranquille jusqu'à l'arrivée de mon messager. Si nous voyons demain qu'il soit impossible de jouer mercredi, vous en serez informé mardi par un exprès.

Je puis vous assurer que le but principal sera atteint. Les quelques personnes qui ont entendu le prologue, et les acteurs eux-mêmes, croient qu'ils sauraient bien maintenant comment les choses se passaient au temps de Wallenstein.

Portez-vous bien, et travaillez autant que possible.

Weimar, le 6 octobre 1798.
GŒTHE.

77.

Lettre de Schiller. Il communique à Gœthe le sermon du capucin pour le Camp de Wallenstein.

Je vous envoie le sermon du capucin, tel que j'ai pu le mettre en état, au milieu des distractions de ces derniers jours, où les visites abondaient. Comme il ne doit servir que pour deux ou trois représentations à Weimar, et que je veux prendre mon temps pour en faire un autre définitif, je ne me suis fait aucun scrupule de paraphraser tout simplement mon digne modèle dans quelques passages, et de le copier dans d'autres. Je crois avoir assez bien saisi l'esprit du sujet.

Voici maintenant un point capital : si vous avez lu le sermon, vous verrez vous-même qu'il faut le placer quelques scènes plus tard, après que les deux chasseurs et d'autres personnages auront donné une idée des mœurs des soldats. Si le sermon venait plus tôt, les scènes qui suivent immédiatement en seraient affaiblies, et la gradation serait manquée. Il est bon aussi qu'il soit suivi immédiatement d'une scène vive et animée ; je propose donc qu'on le place avant l'arrivée du conscrit, ou, ce que je préférerais encore, avant l'arrestation du paysan et l'émeute dans le camp.

Il n'y aura rien à toucher à l'économie du reste de la pièce, comme vous le verrez vous-même ; il n'y a qu'une réplique à changer. Les quelques mots que les soldats ont à dire dans cette scène seront appris en deux minutes.

Vous trouverez, je pense, également nécessaires l'entrée du ménestrel, et la danse que j'ai dû placer là pour donner à la scène de l'arrivée du capucin plus de vie et de variété.

Je vous remercie pour la chanson du commencement : elle est très-bien venue ; j'y ajouterai peut-être une ou deux strophes : car elle me semble un peu courte.

A partir de demain je me tiendrai constamment prêt à me mettre en route. Adieu.

SCHILLER.

78.

Lettre de Schiller. Dernières recommandations avant la représentation de Wallenstein.

Iéna, le 7 octobre 1798.

Merci pour les couvertures et les gravures que vous nous avez envoyées, et dont nous avions grand besoin ; merci aussi et surtout pour les bonnes nouvelles que vous me donnez sur la marche de nos affaires au théâtre. La remise de la pièce[1] ne peut m'être qu'agréable ; j'espère pouvoir être là jeudi et à temps. Cette mise en œuvre si animée fait éclore dans mon esprit toute sorte de choses dont mon *Wallenstein* fera son profit. Je pense toujours me servir du *Camp* pour l'ensemble du drame, et j'ai déjà dans l'esprit

---

1. Elle fut reportée au vendredi suivant.

bien des traits importants dont il s'enrichira. Mon travail prend de plus grandes proportions; mais il me devient en même temps plus facile.

Si j'avais pensé que le sermon du capucin pût n'arriver que demain matin, sans être trop en retard, il aurait pu avoir meilleure tournure encore. Au fond, j'ai grande envie de travailler encore un peu sérieusement à ce pastiche. Le père Abraham est un modèle admirable, qu'il faut traiter avec respect, et c'est une tâche intéressante, mais peu aisée, que de le suivre ou de prendre le pas sur lui en fait d'extravagance et de bon sens. Enfin, je ferai mon possible.

J'ai ajouté encore quelques vers à la chanson des soldats; je vous les envoie. Il me semble qu'il sera bon de donner aux spectateurs et aux figurants eux-mêmes, le temps de voir les groupes en mouvement et de prendre leurs dispositions. Vous vous arrangerez sans doute de manière à ce que plusieurs voix se partagent les couplets, et qu'un chœur répète toujours les derniers vers. Vous avez très-gracieusement agi pour les changements que vous avez introduits dans mon texte : il y en a dont je ne vois pas bien clairement la cause; mais nous en causerons. De ces riens-là sortent souvent les remarques les plus utiles.

Adieu. Je suis heureux que l'entrain et la bonne humeur ne vous abandonnent pas au milieu de toute cette agitation presque mécanique.

Ma femme vous fait ses meilleurs compliments.

SCHILLER.

Si vous avez encore quelque chose à me faire dire par la messagère, recommandez-lui de me remettre votre lettre au plus tôt; autrement je ne la recevrais que jeudi.

79.

Billet de Schiller à Gœthe, après la première représentation du Camp de Wallenstein[1].

Après une journée aussi bien remplie que celle-ci, le repos est sans doute ce qu'il y a de meilleur. Je suis heureux que tout le monde nous ait quittés avec une telle impression de plaisir et de satisfaction ; pour moi j'ai passé une journée bien agréable.

J'espère vous voir plus longtemps demain. J'enverrai chercher le copiste tout au matin.

En attendant, dormez bien.

SCHILLER.

80.

Lettre de Schiller. Il annonce à Gœthe à quel point il est parvenu dans la composition de son Wallenstein, et lui décrit sa disposition d'esprit actuelle.

Iéna, le 9 novembre 1798.

Depuis hier, j'ai enfin abordé la partie de mon *Wallenstein* qui, au point de vue pratique est la plus importante, et que jusqu'ici j'avais toujours réservée : c'est la partie consacrée à l'amour. Sa nature purement humaine la met en dehors du reste de l'action, qui est surtout politique, et, par l'esprit général, elle est même en opposition avec lui. C'est maintenant seulement, qu'après avoir donné une forme à la partie politique, je puis en chasser la pensée de mon esprit et me livrer à une inspiration toute différente ; il me faudra même quelque temps pour l'oublier complétement. Ce que j'ai le plus à craindre maintenant, c'est que l'intérêt tout humain de ce grand épisode ne m'emporte et n'amène quelque chan-

---

1. Cette représentation eut lieu le 12 octobre 1798.

gement dans la partie déjà traitée et achevée : car sa nature lui donne la prééminence, et plus je le réussirai à mon gré, plus le reste de la pièce risque d'en souffrir. Car il est bien plus difficile de renoncer à ce qui intéresse le sentiment qu'à ce qui intéresse la seule raison.

Pour le moment, mon affaire est de me rendre maître de tous les motifs qui peuvent se rattacher à cet épisode, soit dans l'ensemble de la pièce, soit dans l'épisode lui-même, et d'attendre ainsi, même au prix d'un peu de lenteur, que la véritable inspiration mûrisse en moi. Je crois être déjà en bon chemin, et j'espère ne rien perdre en faux frais.

Mais ce que je puis dire d'avance, c'est que *Piccolomini* ne peut ni ne doit passer de mes mains dans celles des acteurs avant que la troisième pièce soit complétement écrite, sauf les dernières corrections. Raison de plus pour souhaiter qu'Apollon me soit favorable, afin que, dans les six prochaines semaines, je puisse venir à bout de mon travail.

Pour que mon travail antérieur ne me revienne pas trop à l'esprit, je vous l'envoie dès aujourd'hui. Il n'y reste réellement que deux lacunes : l'une a trait aux relations mystérieuses et magiques d'*Octavie* et de *Wallenstein*, l'autre à la présentation de *Questenberg* aux généraux de l'armée. Dans mon premier travail, elle avait encore quelque chose de roide, et je n'avais pas trouvé la vraie tournure à lui donner. Les deux premiers et les deux derniers actes sont prêts d'ailleurs, comme vous le verrez, et le commencement du troisième est écrit aussi.

Iffland ne m'a pas encore répondu ; je commence à m'en inquiéter, surtout après l'empressement qu'il avait d'abord témoigné lui-même ; il est de son intérêt d'avoir la pièce le plus tôt possible, s'il veut sérieusement la monter.

Portez-vous bien ; mon séjour à la ville m'a, jusqu'ici, entièrement réussi. Ma femme vous fait ses compliments.

SCHILLER.

81.

Réponse de Gœthe à la lettre précédente ; il apprécie les parties du Wallenstein que Schiller lui a envoyées.

Demain, dans la soirée, je serai près de vous, et j'espère y rester quelque temps ; puissent mes désirs ne pas être trompés !
Je vous remercie de l'envoi de *Wallenstein* ; j'ai lu ce matin avec grand plaisir les deux premiers actes. Je commence à bien connaître le premier, et je le regarde comme tout à fait approprié au théâtre. Les scènes de famille sont très-heureusement réussies et du genre qu'il faut pour me toucher. Dans la scène de l'audience, il y a quelques points d'histoire qui pourraient être présentés avec plus de clarté : c'est pour une raison semblable que j'ai nommé deux fois *Wallenstein* dans le prologue ; on ne saurait croire combien on a besoin d'être clair. Mais la conversation nous aidera bientôt à préciser tout cela ; je m'en réjouis de tout mon cœur. Portez-vous bien ; je n'en dis pas davantage.

Weimar, le 10 novembre 1798.

GŒTHE.

82.

Lettre de Schiller. Il parle à son ami du vide que fait autour de lui son départ ; de la théorie des couleurs, dont ils se sont fréquemment entretenus ; de l'envoi à Iffland de la première partie du Wallenstein[1].

Iéna, le 30 novembre 1798.

Je me suis si bien accoutumé à vous voir venir, chaque soir, remonter et remettre en place l'horloge de mes pensées, qu'il me semble maintenant tout étrange, après avoir

---

[1]. Gœthe arriva à Iéna le 11 novembre, et y resta jusqu'au 28, constamment en conférence avec Schiller, et s'efforçant de vaincre ses dernières hésitations.

achevé mon travail, de me trouver seul en face de moi-même. J'aurais bien voulu surtout n'avoir pas attendu aux derniers jours pour commencer nos études sur les couleurs : car une telle occupation, à cause de son caractère pratique m'aurait assurément distrait et reposé de mes travaux poétiques du moment, et j'aurais cherché, en votre absence, à continuer ces études à ma manière. J'ai pu remarquer, du moins, que c'est, dans votre méthode, un point essentiel de séparer rigoureusement de l'hypothèse elle-même ce qui est relatif aux purs faits et à la polémique, afin que l'évidence du fait et celle de l'erreur de Newton[1] n'aille pas s'obscurcir par ce que l'explication peut avoir de problématique, et que l'on ne croie pas que les deux théories réclament l'une aussi bien que l'autre une sorte d'acte de foi. Il est dans votre caractère de bien séparer les choses de leur représentation ; mais il est, malgré cela, bien difficile d'éviter qu'une manière de se représenter les choses, lorsqu'elle a une fois cours, ne se mêle aux choses elles-mêmes, et qu'on ne se laisse aller ainsi à faire une cause réelle d'un simple moyen de faciliter l'exercice de la pensée.

Votre long travail sur les couleurs, et l'ardeur que vous y avez apportée, seront récompensés par un succès au-dessus de l'ordinaire. Vous devez, puisque vous le pouvez, donner là un modèle de la manière de diriger les recherches physiques, et l'ouvrage sera aussi instructif par son exécution que par le profit qu'en tirera la science.

Si l'on réfléchit que le sort des œuvres poétiques est attaché aux destinées de la langue, qui ne reste jamais fixée au même point, on trouve qu'un nom immortel dans la science est chose particulièrement désirable.

Aujourd'hui enfin j'ai pour la première fois laissé mon *Wallenstein* prendre son vol à travers le monde, et je l'ai envoyé à Iffland. Soyez assez bon pour lui envoyer les costumes aussitôt que vous le pourrez : car il pourrait en avoir bientôt besoin. Je lui en ai donné avis par avance.

Portez-vous bien au milieu de toutes vos distractions actuelles. Combien il serait à souhaiter que votre muse, que

---

1. Dans sa *Théorie des couleurs*, Gœthe combattait l'hypothèse de Newton sur la nature de la lumière.

vous n'employez pas en ce moment, pût me venir en aide dans mon travail !

Ma femme vous fait ses meilleurs compliments. Adieu.

SCHILLER.

83.

Réponse de Gœthe. Sur la gravure en Allemagne à l'époque de la Renaissance.

Quel contraste entre l'écho des tranquilles méditations que m'apporte votre lettre et le tumulte qui depuis mon retour ici m'assiége de nouveau ! Cette agitation n'a pas été cependant sans utilité pour moi. Le comte Fries m'a apporté entre autres choses une douzaine de vieilles gravures sur cuivre de Martin Schœn[1], qui m'ont permis pour la première fois de me faire une idée des mérites et des défauts de cet artiste. Quoique notre ami Lerse[2] soutienne l'hypothèse contraire, il me paraît extrêmement probable que les Allemands étaient dès avant cette époque en relation avec l'Italie.

Martin Schœn a vécu quarante ans encore après la mort de Masaccio[3]; aucun vent n'a-t-il, pendant tout ce temps, porté les semences de l'art par-dessus les Alpes ? Je n'avais jamais, jusqu'à présent, réfléchi à cette question, et l'avais jugée sans importance ; désormais elle m'intéressera davantage.

Adieu, faites mes compliments à votre chère femme, et pensez à moi en mangeant le rôti que je vous envoie.

Weimar, le 1ᵉʳ décembre 1798.

GŒTHE.

1. Martin Schœn, peintre et graveur allemand (1420-1486), est cité, en concurrence avec Maso Finiguerra, comme l'inventeur de la gravure en taille-douce ; en peinture, il fut de l'école de Van Dyck.

2. Franz Lerse était un des plus anciens amis de Gœthe ; leur liaison datait du séjour du poëte à Strasbourg ; c'est en souvenir de lui que Gœthe a donné, dans son *Gœz de Berlichingen*, le nom de Lerse à l'un des plus fidèles compagnons du vieux chevalier. Lerse était alors à Weimar.

3. Masaccio (diminutif ironique de Tommaseo, Thomas) (1417-1443), peintre florentin, l'un de ceux qui ont le plus contribué à préparer la grande époque des Raphaël et des Titien.

84.

Lettre de Schiller. Il consulte Gœthe sur l'emploi des croyances astrologiques dans son drame des Piccolomini.

Iéna, le 4 décembre 1798.

Il faut que je vous importune aujourd'hui d'une question astrologique, et que je vous demande votre avis d'esthéticien et de critique dans une affaire très-embrouillée.

L'extension prise par mes *Piccolomini* me contraint à me décider sur le choix du motif astrologique [1] qui doit amener la défection de Wallenstein, et fait naître en lui une confiance audacieuse dans le succès de son entreprise. D'après mon premier projet, cette confiance devait résulter de ce que les constellations étaient jugées favorables, et le *speculum astrologicum* [2] devait avoir lieu sous les yeux du spectateur dans la chambre magique bien connue. Mais cette scène est dépourvue d'intérêt dramatique, sèche, vide, et, par-dessus le marché, les expressions techniques la rendent obscure pour le spectateur. Elle ne produit aucun effet sur l'imagination, et ne paraîtrait qu'une jonglerie grotesque. J'ai donc cherché à la traiter autrement, et je me suis mis immédiatement à l'œuvre, comme vous le verrez par l'envoi joint à cette lettre.

La scène ouvrait le quatrième acte du drame, d'après la nouvelle division, et précédait immédiatement celle où Wallenstein apprend que Sesin est fait prisonnier, et où se place le grand monologue. Je me demande si on ne pourrait pas se passer de la chambre astrologique, puisqu'elle ne sert à aucune opération.

Je désire maintenant savoir si vous pensez que mon but

1. Il s'agit de la prétendue science qui cherchait la connaissance de l'avenir dans les conjonctions des astres.
2. Le *miroir astrologique*; c'était une glace sur laquelle les astrologues prétendaient voir et montrer les signes célestes favorables ou contraires.

7.

qui est de donner, par l'intervention du merveilleux, un élan momentané à Wallenstein, sera réellement atteint par les moyens que j'ai choisis, et si la jonglerie à laquelle j'ai recours a quelque caractère tragique et ne frappe pas uniquement par son ridicule. Le cas est très-difficile, et, qu'on s'y prenne comme on voudra, le mélange de l'extravagant et de l'absurde avec le sérieux et le raisonnable aura toujours quelque chose de choquant. D'autre part, je ne pouvais pas négliger l'influence de l'astrologie, et je devais me conformer à l'esprit du temps, avec lequel le motif choisi est tout à fait d'accord.

Je pourrais développer les réflexions de Wallenstein sur l'astrologie ; et, si la situation n'est pas en contradiction avec l'esprit de la tragédie, ni incompatible avec le sérieux, j'espère la relever par ces réflexions.

Ayez maintenant la bonté de me dire franchement votre avis.

Ce maudit temps me fatigue beaucoup ; la névralgie et les insomnies m'ont encore fait perdre plusieurs jours pour mon travail.

Ma femme se rappelle à votre souvenir ; nous vous remercions bien pour le rôti ; il a été tout à fait le bienvenu.

Adieu.

SCHILLER.

85.

Réponse de Gœthe à la lettre précédente. Il laisse la question indécise.

Votre lettre me trouve au milieu de distractions et d'occupations qui n'ont rien de commun avec un jugement esthétique sur les motifs dramatiques. Je suis donc réduit à vous demander un délai, jusqu'à ce que je puisse recueillir mes idées pour répondre à votre question. Au premier coup d'œil, l'idée m'a paru bien trouvée, et je serais disposé à croire qu'il faut s'y tenir. Comme vous le remarquerez vous-même, il y aura toujours incompatibilité absolue entre cette jonglerie et la dignité tragique ; il ne s'agit donc que de savoir si elle produit un effet qui mérite qu'on la conserve, et c'est, ce me semble, le cas.

Cependant le côté politique du sujet ne vaut peut-être pas

lui-même beaucoup mieux que le côté astrologique, et il me semble que pour apprécier ce dernier il ne faudrait pas le rapprocher directement de l'élément tragique, mais le considérer comme une partie de la caractéristique historique, politique, barbare de l'époque, et ne l'opposer à l'élément tragique que confondu avec tout cet ensemble, pour chercher à les unir tous deux.

La quintuple lettre[1] me plaît, mais je ne sais si elle est préférable à la chambre astrologique. Il y a de bonnes raisons en faveur de l'une et de l'autre. Il faut que je finisse comme j'ai commencé, en avouant que je suis aujourd'hui hors d'état de sentir et de juger juste.

Laissez-moi vous dire adieu, et faites mes compliments à votre chère femme.

Weimar, le 5 décembre 1798.

GŒTHE.

86.

Lettre de Schiller. Il tient Gœthe au courant de ses travaux et de ses dispositions d'esprit.

Iéna, le 7 décembre 1798.

Nous voici de nouveau dans des situations bien différentes, vous dans une vie de distractions qui ne vous permet pas de vous recueillir un moment, moi dans un isolement et une uniformité d'existence qui me fait soupirer après les distractions, pour me rafraîchir l'esprit. Du reste, ces tristes jours, qui n'ont commencé qu'aujourd'hui à s'éclaircir, n'ont pas été tout à fait improductifs : j'ai comblé quelques lacunes importantes dans mon travail, qui forme ainsi un tout plus harmonieux et plus d'aplomb. J'ai écrit diverses scènes toutes nouvelles qui font très-bon effet pour l'ensemble. Cette incompatibilité, dont vous me parlez, entre l'extravagant et le raisonnable, me paraît un peu atténuée par ce fait que cette union étrange d'éléments hété-

---

1. C'est l'F, cinq fois répété au commencement des mots dans la formule : *Fidat Fortunæ Friedlandus ; Fata Favebunt.*

rogènes prend l'aspect d'un caractère persistant, qui résulte de l'ensemble de l'homme, et se retrouve partout. Si je parviens à donner à cette combinaison une forme tout individuelle, elle paraîtra vraie, l'individualité ne parlant qu'à l'imagination, et elle n'aura plus affaire seulement avec la froide raison.

Si vous ne pensez pas que nous devions renoncer à la chambre astrologique, nous en trouverons toujours l'emploi, même dans le cas où nous userions de l'autre jonglerie. Dans le domaine de l'étrange, peu importe qu'on aille plus ou moins loin, et ces bizarreries se soutiendront l'une l'autre. L'important pour moi, c'est maintenant de savoir si ce que je vous ai envoyé dernièrement vous paraît en tout acceptable ; car il n'est pas nécessaire qu'aucun autre élément soit éliminé par celui-là.

Je ne sais rien aujourd'hui qui puisse vous intéresser ; je ne suis pas sorti de mon travail, et je n'ai rien appris du dehors.

Ne pourriez-vous pas me procurer le livre sur le Caucase [1] dont vous m'avez souvent parlé ? J'ai besoin en ce moment d'une lecture divertissante.

Adieu ; mes compliments à Meyer ; ma femme se rappelle à votre souvenir.

SCHILLER.

87.

Lettre de Gœthe. Il traite à fond la question astrologique posée par Schiller dans une lettre précédente.

Quel plaisir j'aurais à causer avec vous une soirée de la question qui nous occupe en ce moment ! car elle est bien plus importante que cette autre : à quel moment Wallenstein revêtira-t-il ses armes ? Je me borne à un bref résumé, et je laisse de côté tous les points sur lesquels nous sommes d'accord.

Après réflexion, je tiens le motif astrologique pour supérieur à celui que vous voudriez lui substituer.

La superstition astrologique repose sur le sentiment obscur

1. Il s'agit de la description générale, historique et topographique du Caucase par Reinegg.

de l'unité de l'immense univers. L'expérience nous apprend que les astres les plus rapprochés ont une influence marquée sur la température, la végétation, etc.; qu'on poursuive toujours progressivement cette idée, on ne peut plus dire où s'arrête cette influence. L'astronome trouve partout une constellation troublée par une autre; le philosophe est porté, ou mieux forcé à reconnaître l'influence des choses les plus éloignées de nous; l'homme, sous l'empire du pressentiment qu'il a de sa propre destinée, n'a qu'à faire quelques pas de plus, pour étendre cette influence au moral, au bonheur ou au malheur humain. Cette conviction et les idées du même genre ne me font pas l'effet d'une superstition; elles tiennent d'aussi près à notre nature, elles sont aussi acceptables que la plupart de nos autres croyances.

Ce n'est pas seulement dans certains siècles, mais à certaines époques de la vie, et chez certaines natures, que ces dispositions se présentent, et cela plus souvent qu'on ne pourrait le croire. Le défunt roi de Prusse [1] n'a désiré l'apparition de votre *Wallenstein* que parce qu'il s'attendait à y trouver les questions astrologiques traitées sérieusement.

Cette sorte de foi moderne aux oracles offre plus d'un avantage à la poésie; mais l'espèce que vous avez choisie ne me paraît pas la meilleure; elle appartient au genre des anagrammes, des chronodistiques, des formules d'évocation qu'on peut lire dans un sens ou dans l'autre; elle est d'une famille absurde et pédantesque qu'on reconnaît tout de suite à son incurable sécheresse. L'art avec lequel vous avez traité ces scènes m'a, au début, si vivement frappé que je n'avais pas fait cette remarque; elle ne m'est venue que par la réflexion. J'ai beau chercher dans les ressources que me suggère mon expérience du théâtre, je ne vois pas le moyen de rendre supportable cette divination par les caractères de l'alphabet.

Ce sont là mes difficultés personnelles, auxquelles je n'ajoute rien. J'en ai parlé à Meyer, qui est aussi de mon avis. Tirez de tout cela le meilleur parti; tout mon désir est que votre travail avance.

Je vais tâcher d'employer de mon mieux ce temps mor-

1. Frédéric-Guillaume II, neveu et successeur de Frédéric II (1786-1797).

celé que j'aurai jusqu'au nouvel an. La seconde livraison des *Propylées* est tout à fait terminée ; le manuscrit de la troisième est approvisionné d'avance ; je n'en ai plus guère que la moitié à rédiger ; je ferai tout mon possible pour en venir à bout d'ici à trois semaines.

Pour la quatrième livraison, j'ai une idée que je vous communiquerai ; je pense m'arranger de manière à être, au printemps, libre pour un grand travail.

Ainsi va notre existence follement laborieuse, comme l'histoire des *Mille et une Nuits*, où une fable se rattache toujours à une autre.

Adieu. Mes compliments à votre chère femme.

Weimar, le 7 décembre 1798.

GŒTHE.

88.

Réponse de Schiller. Remerciments au sujet de la lettre précédente.

Iéna, le 11 décembre 1798.

C'est un vrai don de Dieu qu'un ami sage et vigilant : j'en fais l'expérience une fois de plus dans cette circonstance. Vos observations sont parfaitement justes, et vos raisons absolument convaincantes. Je ne sais quel mauvais génie m'avait engagé à ne pas traiter sérieusement le motif astrologique dans mon *Wallenstein*, lorsque pourtant ma nature me porte à considérer les choses par leur côté sérieux plutôt que par leur côté plaisant [1]. Il faut que la nature du sujet m'ait tout d'abord effrayé. Je vois bien maintenant qu'il faut que je donne à ce sujet une place importante ; le travail s'en trouvera allongé ; mais tout ira bien, je l'espère.

Malheureusement, la nécessité pressante de terminer mon œuvre vient s'imposer à moi à un moment bien défavorable.

---

1. Remarque caractéristique ; Schiller se montre, en effet, toujours disposé à prendre les choses au sérieux, trop au sérieux quelquefois, ce qui produit dans quelques-uns de ses ouvrages une certaine exagération de solennité sentimentale.

Sur deux nuits, il y en a régulièrement une où je ne puis dormir, et il me faut dépenser beaucoup d'énergie pour conserver à mon esprit la clarté et l'entrain nécessaires. Si je n'avais pas en pareil cas une volonté plus énergique que beaucoup d'autres, il faudrait à toute force m'arrêter.

Malgré cela, j'espère encore pouvoir vous envoyer les *Piccolomini* comme cadeau de Noël.

Puissiez-vous passer les mauvaises semaines qui nous attendent encore l'esprit allègre et serein, et, une fois arrivé, venir gaiement nous voir, et vous occuper des affaires que vous avez ici !

Je suis curieux d'apprendre ce que vous avez imaginé pour la quatrième livraison des *Propylées*.

Adieu. Je reçois une visite de mon propriétaire qui m'empêche de vous en dire davantage.

Ma femme vous fait ses compliments ; nos amitiés à Meyer.

SCHILLER.

89.

Lettre de Schiller. Il annonce l'achèvement des Piccolomini.

Iéna, le 24 décembre 1798.

C'est le cœur allégé d'un grand fardeau que je m'assieds à ma table de travail pour vous écrire que je viens d'envoyer les *Piccolomini* à Iffland. Il m'a, dans sa lettre, tellement tourmenté et pressé de terminer, que j'ai réuni aujourd'hui toute l'énergie de ma volonté ; j'ai fait travailler trois copistes à la fois, et, à l'exception de la scène de la chambre astrologique, que je vais bientôt lui envoyer, j'ai mis le tout en état. Une disposition très-heureuse et une nuit de bon sommeil m'ont secondé, et je crois pouvoir dire que cet achèvement précipité n'a en rien nui à mon œuvre. Mais à plus de trente milles à la ronde personne n'a passé une nuit de Noël[1] plus laborieuse, harcelé et tourmenté comme je l'étais par la

---

1. On sait que la veille de Noël est en Allemagne un jour de fête, semblable à notre 1ᵉʳ janvier.

crainte de n'avoir pas fini à temps. Iffland m'a représenté l'embarras où il se trouverait, si, pendant les deux mois prochains de la saison théâtrale, il n'avait rien qui pût faire contre-poids aux opéras que l'on donne avec libres entrées; comptant sur ma pièce, il n'a, me dit-il, songé à aucune autre œuvre, et il estime à 4,000 thalers la perte que lui aurait causée mon retard.

Je vais maintenant employer cette semaine à faire copier l'exemplaire de la pièce destinée à notre théâtre de Weimar, et à méditer la scène astrologique; et la semaine prochaine, ou dans quinze jours, si le temps et ma santé le permettent, je serai près de vous.

Comme je ne sais pas si une somme d'argent que j'attends m'arrivera au moment fixé, je ne veux pas attendre ce moment, et dans l'espoir de pouvoir vous faire un emprunt, si je me trouvais gêné, je prépare mon paquet de voyage.

Je vous remercie de votre obligeance à me procurer un logement. Mon beau-frère pourra me prêter quelques meubles, mais point de literie; si vous pouvez me faire avoir quelque article de ce genre, je n'aurai pas besoin de tout emporter avec moi.

Quant à nos communications[1], une voiture les rendra plus commodes.

Et maintenant, pour aujourd'hui, adieu. J'avais besoin de soulager mon cœur, et de vous annoncer ce nouvel événement de ma vie.

Ma femme vous fait ses meilleurs compliments.

SCHILLER.

90.

Réponse de Gœthe. Il félicite Schiller d'avoir terminé son œuvre.

Toutes mes félicitations pour l'achèvement obligé de votre travail! Je ne vous cacherai pas que, dans ces derniers temps, je commençais à perdre espoir. A voir comment,

---

1. Il s'agit de leurs futures entrevues à Weimar.

depuis plusieurs années, vous travailliez à votre *Wallenstein*, il n'y avait plus à imaginer de cause intérieure qui pût vous décider à l'achever; d'ailleurs tant que la cire est sur le feu, il n'y a pas de raison pour qu'elle ne continue pas à couler. C'est lorsque tout cela sera bien passé que vous comprendrez tout ce que vous avez gagné à cette heureuse décision; elle a pour moi une valeur infinie.

Votre logement au château sera préparé le mieux possible, et je pense que rien n'y manquera; tout ce que pourront réclamer vos besoins depuis les plus grands jusqu'aux plus petits, sera sous votre main. Ne vous laissez donc plus retenir; prenez une bonne fois la résolution de partir le 2 janvier: car nous avons énormément à faire, si nous voulons être prêts pour le 30, et le pis est que ce terme ne peut être reculé. Adieu; faites mes compliments à votre chère femme, et soyez d'avance le bienvenu.

Weimar, le 25 décembre 1798.

GOETHE.

91.

Lettre de Goethe. Il presse Schiller de lui envoyer sa tragédie des Piccolomini.

Si vous nous aviez consultés, mon digne ami, dans le choix de votre décoration, nous aurions eu quelques observations à vous adresser: car donner à la place du symbole la chose elle-même [1] est une tâche difficile; tout cependant sera disposé pour rendre la mise en scène magnifique; nous nous y emploierons avec plaisir. Meyer dessinera lui-même les cartons, il a même commencé déjà un projet réduit.

Pardonnez-moi de faire comme Iffland, et de parler en directeur, sur qui pèsent, en fin de compte, toutes les difficultés de l'exécution.

Demain matin vous recevrez la visite d'un messager, qui me rapportera, j'espère, le soir, une partie de la pièce, ou, en tout cas, le rôle de la duchesse.

1. *C'est-à-dire* convertir une description en une réalité.

N'en ayez pas d'impatience; si vous ne deviez pas venir, vous verriez encore souvent paraître mes messagers. Nous aurons tout de même un rude mois de janvier : car ce n'est pas peu de chose que de monter pour la fin de ce mois une pièce telle que la vôtre, sans rien perdre, pour cela, des divertissements ordinaires à cette époque. Lundi, les quatre costumes de soldats[1] les plus importants seront envoyés à Iffland. Je vous souhaite pour votre voyage une journée comme celle d'aujourd'hui ; je vous salue bien cordialement ainsi que votre chère femme.

Weimar, le 29 décembre 1798.
GŒTHE.

92.

Réponse de Schiller. Il annonce l'envoi de son drame, et exprime la crainte qu'il ne soit trop long pour la scène.

Iéna, le 31 décembre 1798.

Je vous ai envoyé hier le rôle de la duchesse par Wolzogen ; voici maintenant les *Piccolomini* au complet, mais, comme vous le verrez, terriblement raturés. Je pensais avoir fait auparavant assez de coupures ; mais avant-hier en lisant pour la première fois le tout d'un seul trait, sur l'édition que je venais de raccourcir, j'ai vu que le troisième acte me menait au bout de la troisième heure ; j'ai été si effrayé que je me suis mis hier encore une fois à l'ouvrage, et que j'ai supprimé près de quatre cents vers. La pièce sera encore très-longue ; mais elle ne durera pas plus de quatre heures ; et, si l'on commence à six heures précises, le public pourra être chez lui pour dix heures.

Ayez la bonté de lire sous ses deux formes le second acte que je vous envoie en double. Il contient les nouvelles scènes avec Thékla ; et vous auriez eu l'esprit gêné, si, li-

---

1. Il s'agit du *Camp de Wallenstein*, dont il a été parlé précédemment.

sant ces scènes pour la première fois, vous aviez eu les regards mêmes frappés des traces de leur mutilation, et s'il vous avait fallu chercher péniblement le texte à travers les ratures.

J'envoie à Iffland, par le courrier d'aujourd'hui, l'indication de ces nouvelles suppressions; car la longueur démesurée de la pièce doit l'avoir mis dans un grand embarras.

Voilà maintenant mon travail entre vos mains; je n'ai plus aujourd'hui aucun jugement arrêté sur son compte; il m'arrive même de désespérer complétement de sa valeur théâtrale. Puisse-t-il produire sur vous un autre effet, afin que vous me donniez du courage et de l'espoir. J'en ai besoin.

Adieu; le messager partira à trois heures.

Schiller.

93.

Lettre de Schiller. Il exhorte Gœthe à reprendre ses travaux poétiques interrompus.

Iéna, le 5 mars 1799.

J'ai souvent regretté cet hiver de ne pas vous trouver aussi gai et aussi ardent qu'autrefois; et j'aurais bien désiré avoir un peu plus de liberté d'esprit, pour pouvoir être plus à vous. La nature vous a créé pour produire; tout autre état, s'il se prolonge, est en contradiction avec votre être. Un temps d'arrêt aussi long que celui que vous avez imposé à votre activité poétique, ne doit plus durer: il faut y mettre fin, et le vouloir sérieusement. Aussi votre idée de poëme didactique me sourit-elle beaucoup; un tel travail unit les recherches scientifiques à la puissance poétique et vous facilitera d'un domaine à l'autre la transition, qui paraît seule vous faire défaut en ce moment.

Quand je songe, d'ailleurs, à la masse d'idées et d'images que vous avez à mettre en œuvre dans les poésies que vous pourriez entreprendre, et qui sont là vivantes dans votre imagination, si bien qu'il suffirait d'un simple appel pour les évoquer, je ne comprends pas comment votre activité peut se ralentir un moment. Un seul de ces plans que vous avez conçus occuperait la moitié de la vie d'un autre homme. Mais votre réalisme se montre encore ici ; quand nous autres nous trouvons l'emploi de notre activité dans la simple méditation de nos idées, vous n'êtes satisfait que lorsque vous avez donné aux vôtres une complète existence.

Le printemps et l'été arrangeront tout ; après ce long temps d'arrêt, vous n'en serez que plus fécond, surtout si vous vous occupez tout de suite de votre *Achilléide*, où s'agite tout un monde. Je ne puis oublier le court entretien dans lequel vous m'avez exposé le plan de votre premier chant, et je crois voir encore l'expression d'ardeur et d'enthousiasme qui sortait, en cette occasion, de tout votre être.

Vendredi je vous enverrai les deux premiers actes de *Wallenstein*; j'attends qu'Iffland m'ait écrit pour lui envoyer quelque chose.

Portez-vous bien, et ne vous laissez pas assombrir par le retour de l'hiver, qui a ici un fort triste aspect ; nous vous saluons tous deux bien cordialement.

SCHILLER.

94.

Réponse de Gœthe. Il apprécie les deux premiers actes de Wallenstein[1], et annonce qu'il travaille à son Achilléide.

Les deux actes de *Wallenstein* sont excellents ; ils m'ont fait à la première lecture une impression assez vive pour ne me laisser aucune hésitation.

Dans les *Piccolomini*, le tissu de l'œuvre était un peu artificiel, parfois même il pouvait paraître arbitraire, et le

---

[1]. Il ne faut pas confondre cette tragédie de *Wallenstein* avec l'ensemble de la trilogie qui est souvent désignée sous le même nom, ni avec le *Camp de Wallenstein*, qui est la première partie de cet ensemble.

spectateur avait quelque mal à s'y retrouver, à se mettre complétement d'accord avec lui-même et avec les autres. Mais dans ces deux nouveaux actes, on sent, dès le début, la marque de la nécessité et de la nature. Le monde où se passe l'action est posé ; les règles d'après lesquelles on doit les juger sont établies ; et le courant de l'intérêt, de la passion, trouve tout creusé le lit où il doit couler. J'attends le reste avec impatience ; je vois, d'après vos nouvelles dispositions, qu'il sera tout nouveau pour moi.

Au moment où, ce matin, je venais de lire vos deux actes, avec un intérêt et une émotion véritables, la troisième livraison de l'*Athenæum* m'est arrivée ; je me suis laissé aller à la parcourir, et à perdre ainsi mon temps. Maintenant l'heure du courrier sonne, et je ne puis que vous donner une bonne nouvelle, c'est que, ranimé par votre appel, je viens, ces jours-ci, de fixer ma pensée sur les champs troyens [1]. Une grande partie du poëme, qui n'avait pas encore reçu sa forme intérieure, s'est organisée jusque dans ses moindres ramifications ; et comme je ne puis m'intéresser à l'infini que sous la forme du fini, je me plais à penser qu'en m'y appliquant de toutes mes forces, je puis venir à bout du tout d'ici à la fin de septembre. Je chercherai à m'entretenir aussi longtemps que possible dans cette bienfaisante illusion.

Je vous renverrai demain *Wallenstein*.

Faites mes compliments à votre chère femme, à qui je souhaite une meilleure santé, et tâchez de vous rapprocher toujours heureusement de la fin de votre drame.

Weimar, le 9 mars 1799.

GŒTHE.

---

1. Il s'agit de l'*Achilléide*, dont l'action a pour théâtre la plaine de Troie.

95.

Lettre de Schiller. Il envoie à Gœthe son Wallenstein achevé.

Iéna, le 17 mars 1799.

Voici mon œuvre, telle que les circonstances présentes m'ont permis de la terminer. Quelques parties demandent encore une exécution plus achevée ; mais, pour l'effet théâtral et tragique, elle me paraît suffisamment bien traitée. Si vous jugez qu'elle forme vraiment une tragédie, qu'elle satisfait aux principales exigences du sentiment, aux questions essentielles de la raison et de la curiosité, que les événements y sont bien dénoués et que l'unité de l'impression y est sauvegardée, je serai bien heureux.

Je vous laisse à décider si le quatrième acte doit se terminer au monologue de Thékla, ce que je préférerais, ou si le dénoûment de cet épisode rend nécessaires les deux petites scènes qui suivent. Ayez la bonté de me renvoyer le manuscrit assez tôt pour que je puisse l'avoir de nouveau entre les mains demain lundi, à six heures du soir au plus tard, et écrivez sur la couverture l'heure du départ du messager.

Nous causerons de tout le reste. Je vous félicite de tout mon cœur sur les progrès de votre *Achilléide* : ils sont doublement heureux puisqu'ils vous ont fait faire l'expérience du pouvoir de votre volonté sur les dispositions de votre esprit.

Ma femme vous fait ses meilleurs compliments. Nous vous attendons pour les fêtes, avec une grande impatience.

Dimanche soir.

SCHILLER.

96.

Réponse de Gœthe. Félicitations et conseils à son ami au sujet de Wallenstein.

18 mars 1799.

Je vous félicite de tout mon cœur de l'achèvement de votre œuvre ; elle m'a produit une très-vive impression, quoique je n'aie pu que la parcourir bien rapidement après une désagréable matinée de distractions. Elle est très-suffisante pour l'effet théâtral : les nouveaux motifs, que je ne connaissais pas encore, sont très-beaux et très-heureux.

Si vous pouvez plus tard ôter un peu aux *Piccolomini* de leur ampleur, les deux pièces seront, pour le théâtre allemand, un trésor inappréciable, et on les représentera durant de longues années.

A la vérité, la dernière pièce a cet avantage que tout cesse d'y être politique et devient purement humain ; l'élément historique lui-même n'est plus que comme un voile léger à travers lequel brille l'élément humain. L'action du drame sur le cœur n'est ni empêchée ni troublée.

Il faut terminer le quatrième acte par le monologue de la princesse[1] : ce sera toujours à l'imagination d'expliquer son départ. Il y aurait peut-être avantage pour la suite du drame à ce que l'écuyer fût introduit dès la première partie.

La conclusion de l'ensemble, amenée par l'adresse de la lettre, cause un véritable effroi, surtout dans la disposition à l'attendrissement où l'on se trouve. C'est un cas unique, après avoir épuisé tout ce que la crainte et la pitié peuvent exciter dans nos âmes, de pouvoir finir par l'effroi.

Je m'arrête là en me réjouissant de pouvoir jouir avec vous de votre œuvre. J'espère partir jeudi. Mercredi soir vous le saurez d'une manière sûre ; nous lirons alors la pièce

---

1. Schiller n'a pas suivi le conseil de son ami : les deux courtes scènes dont il est question dans la lettre précédente ont été maintenues.

ensemble, et je veux me mettre dans la meilleure disposition d'esprit pour en jouir.

Portez-vous bien ; reposez-vous. Commençons, chacun de notre côté pendant ces jours de fête, une nouvelle vie. Faites mes compliments à votre chère femme et pensez à moi.

Je ne veux pas encore crier victoire au sujet du travail que j'ai comme extorqué aux Muses ; la grande question est encore de savoir s'il vaut quelque chose ; en tout cas, ce sera une préparation.

GŒTHE.

97.

Lettre de Schiller. Il dépeint ses sentiments après l'achèvement de son Wallenstein, et loue l'activité de Gœthe.

Iéna, le 19 mars 1799.

Depuis longtemps je redoutais le moment, tant désiré pourtant, où mon œuvre serait enfin terminée ; et, dans le fait, je me trouve moins bien de ma liberté d'à présent que de mon esclavage de ces derniers temps. La masse qui jusqu'ici m'attirait et me retenait a disparu tout d'un coup, et je me sens comme suspendu dans un espace vide, sans direction et sans occupation. En outre, il me semble qu'il va m'être absolument impossible de produire une nouvelle œuvre. Je ne serai pas tranquille tant que je n'aurai pas fixé mon esprit sur un sujet déterminé, qui me sourie et me donne bon espoir. Dès que j'aurai un but fixe, je serai délivré de cette inquiétude qui me détourne maintenant des petites entreprises. Quand vous serez ici, je vous soumettrai plusieurs sujets de tragédie entièrement fictifs, pour ne pas être exposé à commettre une méprise en première instance, c'est-à-dire dans le choix du sujet. Un penchant et un besoin réel me poussent à traiter un sujet de fantaisie plutôt qu'un sujet historique, un sujet purement passionné et humain : je suis profondément las des soldats, des héros et des rois.

Combien je vous envie votre nouvelle activité ! Vous êtes

sur le terrain de la poésie la plus pure et la plus élevée, dans un monde admirable rempli des formes les mieux arrêtées, où tout est fait et où tout est à refaire. Vous habitez le temple de la poésie, où vous êtes servi par les dieux. J'ai relu Homère ces jours-ci, et la visite de Thétis à Vulcain [1] m'a causé un plaisir infini. Dans cette gracieuse peinture d'une visite familière telle qu'on peut en recevoir tous les jours, dans la description d'un travail d'artisan, il y a tout un infini pour le fond et la forme, et le naïf y prend l'aspect du divin.

Mais que vous espériez terminer l'*Achilléide* en automne ou que vous regardiez du moins la chose comme possible, quoique vous ne comptiez pas le mois d'avril dans votre temps de travail, malgré ma confiance dans votre extrême facilité de composition, dont j'ai été moi-même le témoin, j'y trouve quelque chose d'inconcevable. Je regrette bien que vous soyez condamné à perdre tout ce mois ; mais peut-être resterez-vous dans une disposition favorable à l'épopée, et les soucis du théâtre ne pourront alors vous troubler. Tout ce que je pourrai faire pour vous alléger le fardeau, au moins en ce qui concerne *Wallenstein*, je le ferai avec joie.

Mademoiselle d'Imhof [2] m'a envoyé ces jours-ci les deux derniers chants de son poëme, qui m'ont fait grand plaisir. Le sujet est traité d'une manière tendre et pure à l'aide de moyens fort simples, et avec une grâce peu commune. Quand vous viendrez, nous en causerons.

Je vous renvoie les *Piccolomini* et je vous prie de m'envoyer le *Camp de Wallenstein*, que je veux faire encore copier, pour envoyer ensuite les trois pièces à Kœrner.

Adieu ; ma femme vous fait ses meilleurs compliments ; j'espère apprendre demain que nous pourrons vous attendre jeudi.

SCHILLER.

1. Au 18e livre de l'*Iliade*.
2. Amélie d'Imhof, plus connue sous le nom de Mme de Helwig, était fille d'un officier au service de la compagnie anglaise des Indes. Née à Weimar en 1776, elle mourut à Dresde en 1831 ; elle s'est fait connaître comme poëte, elle a laissé des *Idylles épiques*, visiblement inspirées par l'*Hermann et Dorothée* de Gœthe, entre autres, les *Sœurs de Lesbos*, dont il est question ici.

98.

Réponse de Gœthe. Il engage Schiller à choisir un nouveau sujet de travail, et lui annonce son arrivée à Iéna pour le lendemain.

Nous avons encore beaucoup causé de *Wallenstein* ces jours-ci ; le professeur Meyer l'a lu aussi et il en a été enchanté.

Si vous entreprenez un nouveau travail et que vous préfériez un sujet d'imagination, ce n'est pas moi qui vous en détournerai : l'expérience me semble plutôt prouver qu'avec un sujet de ce genre vous serez beaucoup plus dans votre élément. Je suis impatient de savoir de quel côté vous entrainent maintenant vos préférences.

Meyer m'a dit beaucoup de bien du poëme de mademoiselle d'Imhof ; je suis très-heureux de voir progresser celles de nos femmes qui ont un aussi gracieux talent.

Demain matin je pourrai partir à temps pour être près de vous à midi. Je compte bien rassembler toutes mes forces pour produire quelque chose cette fois-ci. Si vous pouvez aussi vous décider à un nouveau travail, entièrement sorti de vous-même, et répondant à vos préférences comme à votre talent, nous n'aurons pas à nous inquiéter pour cet été.

Le coffret est arrivé à bon port. Mes compliments à votre chère femme. Je suis tout heureux de penser que nous allons bientôt revoir ensemble le ruisseau qui coule devant votre jardin.

Weimar, le 20 mars 1799.

GŒTHE.

QUATRIÈME PARTIE.

Marie Stuart et Jeanne d'Arc.

1799-1800.

Wallenstein à peine terminé, Schiller, stimulé par le zèle de Gœthe, se remet à l'œuvre ; et les deux années qui s'écoulent lui voient produire successivement *Marie Stuart* et *Jeanne d'Arc*. Le poëte a-t-il voulu, dans ces deux drames, chercher quelques allusions à la lutte gigantesque de la France et de l'Angleterre qui commençait à cette époque ? La manière même dont il a conçu ses deux pièces ne permet pas de s'arrêter à cette supposition. Ses deux héroïnes sont pour lui le type, l'une des plus touchantes infortunes, l'autre du plus noble héroïsme ; ce sont deux belles âmes avec lesquelles la sienne sympathise, et dont il est heureux de peindre les actions et les sentiments.

Gœthe s'intéresse moins à ces deux nouvelles œuvres de son ami qu'il ne s'est intéressé à *Wallenstein*; peut-être le choix des sujets, pris hors de l'Allemagne, lui était-il moins agréable ; d'ailleurs sa propre activité se ranimait avec une ardeur nouvelle, et le soin de ses propres travaux l'empêchait de penser autant à ceux de Schiller. C'est le moment où il publie ses *Propylées*, où tant de questions délicates d'art et de poésie sont traitées avec charme ; il écrit la jolie nouvelle intitulée le *Collectionneur* ; il traduit le *Mahomet*, puis le *Tancrède*, de Voltaire ; il arrange son *Iphigénie* pour la scène ; enfin, il compose l'œuvre étrange qui a pour titre la *Fille naturelle*, commencement d'une tragédie, où il voulait peindre les antécédents de la révolution française, et ce grand drame politique lui-même. C'est aussi l'une des périodes où la curiosité des deux poètes se porte avec le plus d'intérêt sur l'examen des œuvres littéraires les plus diverses ; on remarquera le jugement de Gœthe sur le *Paradis perdu* de Milton ; celui de Schiller sur la *Lucinde* de Schlégel, et leurs réflexions à tous deux sur la situation du théâtre allemand de leur temps, et les réformes à y introduire.

99.

Lettre de Schiller. Il confie à Gœthe son projet de prendre l'histoire de Marie Stuart pour sujet de tragédie.

Iéna, le 26 avril 1799.

Le bruit des distractions que j'ai éprouvées à Weimar retentit encore à mes oreilles, et je ne puis parvenir à me calmer. Je me suis mis cependant à lire une histoire du gouvernement de la reine Élisabeth[1], et j'ai commencé à étudier le procès de Marie Stuart[2]. Un ou deux motifs tragiques se sont aussitôt offerts à mon esprit et m'inspirent une grande confiance dans ce sujet qui a, incontestablement, beaucoup de côtés féconds. Il semble se prêter à la méthode d'Euripide, qui consiste dans la représentation complète du sujet. Je vois, en effet, la possibilité de mettre de côté toute la suite du procès, avec tous les faits politiques qui s'y rattachent, et de commencer la tragédie au moment même de la condamnation. Mais nous en causerons, quand mes idées seront plus arrêtées.

Ma femme vous salue bien amicalement; adieu; nos compliments à Meyer.

SCHILLER.

1. Élisabeth d'Angleterre (1523-1603), reine célèbre par sa politique habile et par l'éclat que jetèrent de son temps les lettres anglaises, mais aussi par sa rivalité et sa haine implacable contre Marie Stuart.

2. Marie Stuart, reine de France et d'Écosse (1542-1587), après de tragiques aventures, se vit attaquée par une partie de la noblesse écossaise révoltée, et ne trouva près d'Élisabeth, à qui elle avait demandé un refuge, qu'une longue et humiliante captivité et une mort cruelle.

100.

Réponse de Gœthe. Il met Schiller au courant de ses travaux, et approuve le choix du sujet de Marie Stuart.

Je ne suis occupé présentement qu'à assurer ma liberté, pour pouvoir partir mercredi.

On commence déjà à imprimer la prochaine livraison des *Propylées*, et je mets sous presse la première moitié du *Collectionneur* [1], alors que la seconde se trouve encore dans les limbes. J'espère bien, une fois que nous serons ensemble, l'amener bientôt à la lumière. J'ai trouvé un moyen de nous soustraire facilement et sûrement au tracas des affaires. Je vois avec plaisir la confiance que vous inspire le sujet de *Marie Stuart*. Rien qu'à l'envisager dans l'ensemble, ce sujet paraît se prêter à beaucoup d'effets tragiques. Les livres accompagnent ma lettre. Je suis curieux d'apprendre de vous vos projets plus détaillés de développement.

Portez-vous bien, et faites mes compliments à votre chère femme. Je me réjouis de notre prochaine réunion à un moment où nous avons enfin droit de compter sur le printemps.

Weimar, le 27 avril 1799.

GŒTHE.

101.

Lettre de Schiller. Réflexions sur le séjour et le départ de Gœthe, et sur la vie de Thomasius.

Iéna, le 29 mai 1799.

Depuis deux jours que vous nous avez quittés, j'ai travaillé activement à mon ouvrage commencé, et j'espère que

---

1. Le *Collectionneur*, c'est le titre d'une nouvelle de Gœthe composée sous forme de lettres, et publiée dans les *Propylées*. La première partie, dont il est ici question, comprenait les quatre premières lettres ; les autres n'étaient pas encore achevées au moment où écrivait Gœthe.

le temps devenu moins variable favorisera mes efforts. Quand je cherche à me rendre compte de notre dernière réunion, je trouve que, sans avoir rien produit, nous nous sommes très-utilement occupés. Surtout l'idée de la séparation nécessaire de la nature et de l'art me paraît toujours plus importante et plus féconde, chaque fois que nous revenons ensemble sur ce sujet, et je vous conseille de vous en expliquer amplement dans votre essai sur le dilettantisme.

J'attends le plan de cet essai, quand vous l'aurez fait copier et enrichi de nouvelles observations, et j'espère que le voisinage d'*Aurora* et d'*Hesperus* [1] ne manquera pas de vous fournir de grandes lumières sur ce sujet.

Je suis tombé, hier, par hasard, sur la *Vie de Christian Thomasius* [2], qui m'a fort intéressé. On y voit les louables efforts d'un homme d'esprit et d'énergie, pour s'affranchir du pédantisme de son temps ; et, quoique sa manière de s'y prendre soit elle-même un peu pédante, en face de ses contemporains, il mérite pourtant le titre de philosophe ; c'est une belle intelligence. Il a mis en œuvre le moyen que vous regardez aussi comme le plus efficace, celui d'inquiéter sans cesse ses adversaires par des coups répétés ; et il a écrit le premier journal sous le titre d'*Entretiens mensuels* ; là, sous une forme satirique, et aussi avec le secours de gravures satiriques, mises en tête de chacune de ses livraisons, il s'attaque bravement à ses adversaires, les théologiens et les Aristotéliciens. Il est le premier qui ait osé écrire en allemand des discours académiques. Il y a un de ces discours qui roule sur les belles manières, et sur ce que les Allemands doivent imiter des Français [3] ; je serais bien curieux de le lire ; je tâcherai de le trouver par ici.

1. Allusion à Herder, qui venait d'annoncer la fondation d'un journal intitulé *Aurora*, et à Jean-Paul Richter, qui avait publié en 1795 son roman d'*Hesperus*.

2. Christian Thomasius, né à Leipsig en 1655, mort en 1728, occupa une chaire de jurisprudence à l'université de Halle, dont il fut plus tard recteur. Il s'est occupé de morale et de philosophie, et a contribué à faire connaître la philosophie de Locke en Allemagne.

3. Le titre exact du livre de Thomasius est : *Discours indiquant comment on doit imiter les Français dans la conduite de la vie ordinaire.*

Avez-vous appris quelque chose de mademoiselle d'Imhof et de son ouvrage, et voulez-vous tenter de lui insinuer ce dont nous parlions l'autre jour?

Ma femme vous fait ses compliments affectueux. Nous vous regrettons bien fort, et j'ai bien de la peine à m'habituer à passer les soirées sans causerie. Bien des compliments à Meyer. Adieu.

SCHILLER.

102.

Réponse de Gœthe à la lettre précédente et aux réflexions qu'elle contient.

Dans cette séparation, qui m'est à moi aussi bien sensible, je ne laisse pas de vous porter envie : car vous restez dans votre sphère; votre route ne change pas, et vous êtes certain de pouvoir marcher en avant, tandis que, dans ma situation, le progrès de mes travaux est chose très-problématique. Chaque soir, je vois bien qu'il s'est fait quelque chose; mais ce qui s'est fait aurait pu l'être sans moi et peut-être d'une manière toute différente.

Je chercherai seulement ici à remplir de mon mieux mes devoirs généraux, et je tâcherai que mon séjour loin de vous ne reste pas inutile aux projets particuliers que nous poursuivons ensemble.

J'ai reçu le premier chant du poëme de notre amie[1]; malheureusement il justifie toutes les critiques dont je vous avais parlé. On n'y trouve aucun des moyens épiques de retarder l'action; tout s'y mêle et s'y presse l'un sur l'autre; et le poëme manque ainsi absolument, à la lecture, de calme et de clarté. Dans tout le chant, il n'y a pas un seul alinéa, et on ne saurait vraiment où en trouver la place. Les périodes allongées embarrassent la pensée plus qu'elles ne donnent de grâce à l'ouvrage par leur rondeur. Les parenthèses, les explications obscures abondent; les expressions sont souvent renversées sans aucun but épique, et

---

1. C'est d'Amélie d'Imhof qu'il s'agit.

l'emploi des participes n'est pas toujours heureux. Je verrai à faire mon possible, d'autant plus que je n'estime pas bien haut la valeur de mon temps, quand je suis ici.

Nos travaux sur le dilettantisme risquent, je le prévois, de nous mettre dans une situation singulière : car il n'est pas possible de discerner clairement ses bévues sans ressentir de l'impatience et de l'antipathie. Vous enverrai-je le plan très-développé, ou vous le porterai-je moi-même, c'est encore une grande question.

Ce que je connais de Christian Thomasius m'a toujours beaucoup intéressé. Sa nature enjouée et spirituelle est très-sympathique. Je me mettrai en quête des écrits dont vous me parlez.

Adieu; mes compliments à votre chère femme. Meyer a joint un mot à ma lettre.

Weimar, le 29 mai 1799.

GŒTHE.

103.

Lettre de Schiller. Il juge quelques-unes des principales tragédies de Corneille.

Iéna, le 31 mai 1799.

Je comprends bien que le poëme de notre dilettante[1] vous fasse de moins en moins de plaisir, à mesure que vous le regardez de plus près. Le caractère propre du dilettantisme, c'est que, partant d'un principe faux, il ne peut rien produire qui ne soit faux dans l'ensemble, et il ne laisse aucun remède sérieux à espérer. Je me console en pensant que nous pouvons indiquer que cet ouvrage est un produit du dilettantisme, et qu'en lui témoignant quelque tolérance, nous montrons notre humanité, sans compromettre notre jugement[2]. Le pire, en tout cela, c'est la peine et le mécontén-

---

1. Il est toujours question de Mlle d'Imhof.
2. Ces paroles un peu dures ne s'accordent guère avec le jugement enthousiaste de la lettre 97. Schiller n'était pas ce jour-là en veine d'aménité.

tement que vous en éprouvez. Regardez ce travail comme une dissection au profit de la science : car ce cas tout pratique ne vient pas mal à propos pour éclairer le travail théorique qui nous occupe en ce moment.

J'ai lu ces jours-ci des œuvres bien différentes d'un maître de l'art, et elles ne m'ont guère fait plus de plaisir ; mais comme je n'ai pas à en répondre, je ne m'en tourmente aucunement. J'ai lu *Rodogune*, *Pompée* et *Polyeucte* de Corneille, et l'imperfection réellement énorme de ces œuvres, que j'entendais vanter depuis vingt ans, m'a causé une véritable stupéfaction. Action, arrangement dramatique, caractères, mœurs, langage, tout, jusqu'aux vers eux-mêmes, présente les plus graves défauts ; et la barbarie d'un art qui commence seulement à se former, est loin de suffire à les excuser. Car le mauvais goût, que l'on trouve si souvent même dans les œuvres de génie, quand elles appartiennent à une époque sans culture, n'est pas la seule chose qui choque, ni même celle qui choque le plus ; c'est la pauvreté de l'invention, la froideur dans les passions ; c'est la marche boiteuse et roide de l'action, et le manque presque absolu d'intérêt. Les caractères de femmes sont de misérables caricatures ; et la seule chose qui soit traitée avec quelque bonheur, c'est l'héroïsme ; encore cet élément, qui n'est pas très-riche par lui-même, est-il employé avec une grande uniformité [1].

Racine est, sans comparaison, beaucoup plus rapproché de la perfection, quoiqu'il traîne avec lui tous les inconvénients de la manière française, et que, dans l'ensemble, il soit un peu faible [2]. Je suis maintenant très-curieux de lire les tragédies de Voltaire : car, à en juger par les critiques qu'il adresse à Corneille, on peut penser qu'il a discerné très-clairement ses défauts.

Il est, sans doute, plus facile de critiquer que de produire ; cela me rappelle ma propre besogne, qui est restée encore bien informe. Si les critiques, toujours prêts à médire, et les

---

1. Un pareil jugement fait peu d'honneur au goût de Schiller et à sa connaissance de notre langue ; on a de la peine à expliquer de semblables observations par la seule différence qui sépare l'esprit germanique et l'esprit français.
2. Schiller, si volontiers disposé à enfler la voix à toute occasion, ne prendrait-il pas la simplicité et le naturel pour de la faiblesse ?

dilettanti au travail facile savaient seulement ce qu'il en coûte pour édifier une œuvre raisonnable!

Ma femme vous fait ses meilleurs compliments. Portez-vous bien, et conservez votre gaieté par ce temps de pluie rafraîchissante.

Schiller.

104.

Lettre de Schiller. Il commence à écrire sa Marie Stuart. Jugement sur la Dramaturgie de Lessing.

Iéna, le 4 juin 1799.

Je vous envoie, avec cette lettre, un article de Kœrner[1] sur *Wallenstein*; mais il ne peut nous servir, tel qu'il est, parce que notre ami a trouvé commode de faire parler le poëte à sa place, et ne fait ainsi que remettre sous les yeux du public l'ouvrage déchiré en lambeaux. Si la pièce était déjà imprimée, cela pourrait passer; mais, dans l'état actuel, je n'y trouve pas mon compte. Il n'y a heureusement nulle hâte de l'envoyer : car vous serez, je pense, d'avis avec moi, qu'après avoir attendu si longtemps, on peut bien différer les annonces jusqu'à ce que la quatrième représentation ait eu lieu. D'ici là je reprendrai le travail de Kœrner, en y faisant régner le ton du récit plutôt que celui du drame, et en y introduisant quelques considérations sur l'ensemble.

Le plan du premier acte de *Marie Stuart* est terminé, et il ne reste plus dans les derniers qu'une seule lacune; aussi n'ai-je pu m'empêcher, pour ne pas perdre de temps, de passer immédiatement à l'exécution. Avant d'arriver au second acte, j'aurai achevé d'éclaircir tout ce qui a rapport aux derniers. Aujourd'hui donc, 4 juin, je commence cette nouvelle œuvre avec ardeur et avec joie, et j'espère terminer ce mois-ci une bonne partie de l'exposition.

Aux heures où naguère nous causions ensemble, je lis la *Dramaturgie* de Lessing[2], qui me fournit réellement une ré-

---

1. Sur Kœrner, voir p. 12, note 3.
2. Lessing (Gotthold-Ephraïm), né à Camenz, petite ville de la Saxe, en 1729, mort à Brunswick en 1781, auteur du *Laocoon*, de la *Dramaturgie de Hambourg*, de *Nathan le Sage*, d'*Émilie Ga-*

création des plus intéressantes et des plus fécondes. Il est incontestable que Lessing est des Allemands de son temps celui qui a vu le plus clair dans toutes les questions relatives à l'art, qui a apporté à leur étude l'esprit le plus pénétrant et le plus libéral, et en a démêlé du regard le plus sûr les conditions essentielles. En le lisant, on est tenté de croire que le bon temps du goût allemand est déjà passé; quels sont les jugements portés aujourd'hui sur l'art, qui pourraient soutenir la comparaison avec les siens?

Est-il vrai que la reine de Prusse n'ait pas voulu voir jouer *Wallenstein* à Berlin, afin de faire connaissance avec lui à Weimar [1]?

Portez-vous bien, et jouissez des jours agréables que nous traversons.

SCHILLER.

105.

Réponse de Gœthe. Il critique le jugement de Herder sur Kant, et l'approbation donnée par Wieland à ce jugement.

Je vous félicite d'avoir commencé à écrire votre nouvelle pièce. S'il est très-bon de méditer longuement le plan général de l'œuvre, l'exécution, quand elle vient se joindre à l'invention dans une même période, offre de grands avantages qui ne sont pas à dédaigner.

Kœrner s'est, en effet, rendu sa besogne très-facile : au lieu d'un compte rendu, il ne nous a envoyé qu'un extrait des différents actes. Retouchez-le un peu, et, après la quatrième représentation de *Wallenstein*, on pourra le publier.

Il est très-vrai que le roi et la reine de Prusse [2] n'ont pas vu *Wallenstein* à Berlin, et cela, à ce qu'il semble, pour

---

lotti; c'est, après Gœthe et Schiller, le plus grand nom de la littérature allemande, à laquelle il sut mieux qu'aucun de ses contemporains révéler son génie propre.

1. Voyez l'explication de ce fait dans la lettre suivante.
2. Il s'agit ici du roi Frédéric-Guillaume III (1797-1840), petit-neveu de Frédéric II, et de la reine Louise-Augusta-Wilhelmine-Amélie de Mecklembourg-Strélitz, morte en 1810, dont le fils aîné, frère de l'empereur actuel Guillaume, a régné sur la Prusse de 1840 à 1861, sous le nom de Frédéric-Guillaume IV.

faire une gracieuseté au grand-duc qui leur a demandé leur avis sur le choix des pièces à représenter, et qui a obtenu leur assentiment pour *Wallenstein*.

Pour moi, je n'ai pu échapper au découragement que par une résignation complète; il n'y a pas à penser à un travail d'ensemble un peu suivi. Mais, comme, en attendant, j'ai plus d'une chose à faire, le temps passe, et je vois venir, avec le mois de juillet, une époque plus favorable.

Les *Sœurs de Lesbos*[1] sont expédiées sans qu'il m'en ait coûté trop de peine. Je suis heureux que la première conférence se soit terminée à la satisfaction des deux parties : ce n'est pas seulement un avantage pour le cas présent, c'en est un pour les cas du même genre à venir!

Madame de La Roche[2] n'est pas encore arrivée, et, autant qu'on peut le savoir, son voyage est différé. Peut-être l'orage se dissipera-t-il sans que nous ayons besoin de recourir aux dérivatifs de Lobéda[3].

Vous verrez avec étonnement, et non sans déplaisir, par la dernière livraison du *Mercure*[4], avec quel incroyable aveuglement le vieux Wieland[5] s'associe au triomphe prématuré des adversaires de la philosophie critique. Les chrétiens affirment que la nuit où le Christ est né tous les oracles devinrent muets ; les apôtres et les néophytes du nouvel évangile philosophique assurent de même qu'à l'heure où la *Métacritique*[6] est venue au jour, le vieux de Kœnigsberg[7], non-seulement a été paralysé sur son trépied, mais, comme l'idole de Dagon[8], est tombé sur le nez.

1. Allusion à l'ouvrage d'Amélie d'Imhof mentionné précédemment, page 162, note 2.
2. Madame Sophie de La Roche (née Guterman de Gutershofen), 1731-1807, fut l'amie de Wieland ; elle écrivit une assez faible imitation de la *Clarisse Harlowe*, de Richardson, l'histoire de *Mlle de Hœhnheim*.
3. Gœthe fait allusion à une poëtesse, Mme Bohl, qui habitait le village de Lobéda, près d'Iéna, et qu'il comptait mettre en rapport avec Mme de la Roche, pour se débarrasser de cette dernière.
4. Le *Mercure allemand*, journal littéraire fondé par Wieland en 1772.
5. Sur Wieland, v. p. 37, note 1.
6. C'est le titre de l'ouvrage de Herder contre Kant.
7. *Le vieux de Kœnigsberg*, c'est Kant, qui passa toute sa vie dans cette ville, et y vécut jusqu'à un âge très-avancé.
8. Dagon, idole païenne, que les Philistins adoraient.

Aucune des idoles élevées en son honneur ne resterait debout, et peu s'en faudrait que l'on n'en vînt à regarder comme nécessaire et tout naturel le massacre en masse de tous les kantistes, comme celui des prêtres opiniâtres de Baal.

Pour la cause même de Herder c'est, je crois, un assez mauvais signe, qu'on croie devoir recourir à des moyens si violents, et qui ne peuvent aboutir à aucun résultat.

Je voudrais bien que vous pussiez ce soir assister à nos aventures dramatiques : tout ira bien, j'en suis sûr, parce que ce sera comme une répétition pour préparer la représentation qui doit avoir lieu devant le roi. Hier et avant-hier j'ai assisté avec plaisir aux répétitions préparatoires, et j'ai pu remarquer, à cette occasion, combien il est nécessaire de rester en rapport habituel avec un art et de l'exercer continuellement, si l'on veut jouir de ses productions et être capable d'en juger. J'ai déjà souvent observé que, après un long temps d'arrêt, il faut que je me familiarise à nouveau avec la musique et les arts plastiques, pour pouvoir y trouver plaisir et profit.

Adieu; préparez-moi, par votre ardeur au travail, une belle réception.

Weimar, le 5 juin 1799.

GŒTHE.

106.

Lettre de Schiller. Il décrit son état d'esprit et ses travaux.

Iéna, le 11 juin 1799.

Nous venons d'arriver à très-bon port chez nous; j'ai pu reconnaître pourtant que huit heures de secousses en voiture, et l'agitation causée par une société nombreuse, le tout réuni dans l'espace d'un peu plus d'une demi-journée, me cause un trop violent changement d'habitudes; il me faut deux jours pour m'en remettre complétement.

A cela près, depuis ces quelques jours de beau temps, je jouis, dans mon petit cabinet du jardin, d'une disposition d'esprit si heureuse que je voudrais bien pouvoir la partager avec vous. Mon travail marche lentement, à vrai dire, parce que j'ai à poser les fondements du tout, et que l'essentiel est, au début, de ne rien compromettre; mais j'ai bon espoir, et me crois en bon chemin.

Si je n'avais pas été exposé à perdre trop de temps, j'aurais fait une tentative pour voir la pièce que l'on doit donner demain à Weimar[1]. Dans l'état actuel de mes travaux, la vue d'un nouveau drame historique représenté sur la scène, quelle qu'en soit la valeur, agirait utilement sur moi. L'idée d'avoir fait un drame sur ce sujet ne me paraît pas mauvaise. On y trouve ce réel avantage d'avoir une action concentrée dans un moment décisif, et qui, entre la crainte et l'espérance, doit se hâter vers le dénoûment. Puis l'histoire fournit elle-même d'admirables caractères dramatiques. Mais la pièce a sans doute peu de valeur, puisque vous ne m'en avez rien dit.

Mellisch s'est invité chez nous pour demain à midi avec sa société; on ne manquera pas de penser souvent à vous. Tâchez seulement de venir bientôt, au moins pour une journée.

Je vous dis adieu pour aujourd'hui; je ne sais plus que vous écrire : car je n'ai rien appris de nouveau ces jours-ci, et j'ai vécu absorbé dans mon travail. Ma femme vous fait ses meilleurs compliments[2].

SCHILLER.

1. Il s'agissait d'un drame de Franz Kratter, auteur assez inconnu d'ailleurs, la *Paix sur les rives du Pruth*.
2. Goethe n'a répondu à cette lettre que par un billet sans importance; il était alors à Rossla.

107.

Lettre de Schiller. Sur la composition de Marie Stuart et les sentiments qu'inspirera cette tragédie.

Iéna, le 18 juin 1799.

Il m'a été singulièrement agréable, après un temps d'interruption plus long qu'à l'ordinaire, de revoir enfin votre écriture.

Mon ardeur au travail rencontre cet été bien des obstacles; j'attends, dans huit jours environ, ma sœur et mon beau-frère, le bibliothécaire Reinwald, de Meiningen[1].

Dans ces conditions, il m'est impossible de terminer mon premier acte, comme je l'avais espéré, avant votre arrivée. Mais le travail avance toujours, *nulla dies sine linea*[2]. En écrivant mon drame, je me convaincs de plus en plus de la qualité vraiment tragique de mon sujet; elle tient surtout à ce que, dès les premières scènes, on aperçoit la catastrophe, et, tandis que l'action semble s'en éloigner, on s'en rapproche réellement de plus en plus. La terreur dont parle Aristote n'y manque donc pas, et la pitié viendra sûrement s'y joindre.

Mon héroïne n'inspirera aucun sentiment trop attendri; ce n'est pas mon intention; je veux, au contraire, la traiter toujours comme un être tout physique, et le pathétique résultera plutôt d'une profonde émotion d'ensemble, que d'une compassion personnelle et individuelle. Elle n'éprouve et n'excite aucun sentiment tendre; sa destinée est uniquement de ressentir et d'allumer de violentes passions. Sa nourrice seule a de la tendresse pour elle.

Mais mieux vaut agir et travailler que de continuer à vous dire ce que je veux faire. Adieu.

SCHILLER.

1. Reinwald (Wolfgang-Henri), 1737-1815, était conseiller grand-ducal et conservateur de la bibliothèque de Meiningen.
2. *Nulla dies sine linea* : Point de jour qui ne me voie écrire quelques lignes.

108.

Réponse de Gœthe. Il fait part à son ami de l'explication d'un phénomène d'optique.

Les pertes de temps me causent, je l'avoue, des regrets de plus en plus vifs, et je forme toute sorte de projets pour réserver quelques mois de cette année à la poésie; mais je ne sais trop ce qu'il en adviendra. Les relations extérieures font notre existence, et, en même temps, nous la dérobent; et pourtant il faut bien trouver moyen de s'en accommoder : car un isolement complet, comme celui de Wieland, n'est à conseiller à personne.

Je souhaite que votre travail avance le plus possible; dans les premiers temps, quand l'idée a encore pour nous-mêmes sa nouveauté, tout va mieux et plus vite.

Je ne puis vous dire si j'irai vous voir avant la fin du mois. Le prince vient de s'établir chez moi, et il semble assez peu disposé au repos : car nous sommes préparés à tout ici plutôt qu'à la réception d'un roi.

Pour ne pas rester tout à fait oisif, j'ai mis en état ma chambre obscure [1]; je vais faire quelques expériences, en recommencer d'autres, et surtout voir si je pourrai découvrir quelque chose au sujet de ce qu'on appelle l'*inflexion* des rayons lumineux. J'ai fait hier avec Meyer une curieuse découverte. On raconte, vous le savez, que pendant les soirs d'été, certaines fleurs lancent comme des éclairs, ou des lueurs instantanées. Je n'avais pas encore assisté à ce phénomène; hier soir nous l'avons observé très-distinctement sur le pavot oriental, dont la couleur jaune-rouge est particulièrement remarquable. Mais une investigation rigoureuse nous a prouvé que c'est là un phénomène purement physiologique, et que l'éclair apparent est tout simplement l'image de la fleur avec la couleur complémentaire d'un vert clair nécessaire en pareil cas. Aucune fleur ne produit cet effet, quand on la regarde de face; mais si on la regarde obliquement et du coin de l'œil, la double apparition

---

1. *Chambre obscure*, instrument d'optique.

momentanée a lieu aussitôt. Il faut que l'obscurité règne, afin que l'œil soit complétement reposé et bien sensible, mais qu'elle ne soit pas trop profonde, pour que la couleur rouge conserve toute son énergie. Je crois qu'on pourrait très-bien faire l'expérience avec du papier de couleur; je verrai exactement à quelles conditions. En tout cas le phénomène produit réellement une complète illusion[1].

Portez-vous bien, et employez aussi bien que possible les quinze jours qui doivent s'écouler avant notre prochaine réunion. Pour moi je serai content si je puis vous apporter d'ici n'importe quoi. J'ai commencé, en attendant, à boire de l'eau de Pyrmont[2]. Faites mes compliments à votre chère femme, et recommandez-lui ma Julie[3].

Weimar, le 19 juin 1799.

GŒTHE.

109.

Lettre de Schiller. Il apprécie un morceau des Propylées de Gœthe.

Iéna, le 20 juin 1799.

Le Français qui est venu dernièrement chez moi avec Mellisch, et que j'ai revu aujourd'hui, m'a ôté le temps et les dispositions nécessaires pour vous parler à mon gré de la livraison des *Propylées*[4].

Sous sa forme actuelle, elle m'a paru encore bien plus riche et plus animée que lorsque je l'avais lue par frag-

---

1. Voyez sur la *Théorie des Couleurs* de Gœthe la lettre 82.
2. *De l'eau de Pyrmont*; Pyrmont, sur l'Emmer, était une ville d'eau, dans la principauté du même nom, très-fréquentée et très-célèbre au siècle dernier. Elle fait aujourd'hui partie de la principauté de Waldeck.
3. Julie est la principale héroïne de la nouvelle intitulée le *Collectionneur*; c'est elle qui est censée écrire les trois dernières lettres de ce petit roman.
4. Les *Propylées*, dont le nom est synonyme de *vestibule, introduction à l'art*, étaient un journal artistique publié par Gœthe et Meyer depuis 1798.

ments ; c'est le résultat d'une longue expérience et de continuelles réflexions, exprimé avec une clarté et un naturel admirables ; tout homme capable de comprendre de telles questions en sera vivement frappé. Quant au contenu, on ne peut l'embrasser d'un coup d'œil : tant de choses importantes n'y sont qu'indiquées d'un trait délicat, et comme en passant.

L'exécution des caractères et des types artistiques a beaucoup gagné à ce fait, que parmi les figures un peu chargées des visiteurs, aucune ne s'accorde avec les modèles qui sont tracés ensuite[1]. Sans compter qu'au point de vue poétique le petit roman gagne beaucoup ainsi en richesse et en vérité, au point de vue philosophique on voit s'achever le cercle qui embrasse les trois classes du faux, de l'imparfait et du parfait.

Les dernières parties achevées, que je ne connaissais presque pas, sont très-heureusement réussies, et entretiennent jusqu'à la fin un spirituel enjouement.

Aussi ne douté-je pas que les *Propylées* ne fassent un beau tapage dans le monde, et ne rappellent les *Xénies*.

Adieu ; jouissez bien du beau temps, à qui je dois moi-même d'heureuses et fécondes dispositions.

SCHILLER.

110.

Réponse de Gœthe. Il entretient Schiller de ses projets pour la composition des Propylées.

Je suis enchanté que vous ayez trouvé tant de bien à dire du *Collectionneur*[2]. Vous savez vous-même quelle part vous

---

1. Le *Collectionneur* est une nouvelle satirique, dont les traits sont dirigés contre le dilettantisme et le faux goût des prétendus amateurs des arts. Les premières lettres nous font assister à une suite d'entretiens où se peignent eux-mêmes, par leurs paroles et leurs actions, un certain nombre de ces dilettantes ou amateurs. Dans la 8e et dernière lettre se trouvent, d'autre part, esquissés les types principaux sous lesquels peuvent se ranger les véritables artistes. Le contraste entre ces caractères et ceux des dilettantes précédemment mis en scène est ce qui donne surtout à la nouvelle sa forme piquante et son allure satirique.

2. Le *Collectionneur* paraissait dans les *Propylées*.

avez au fond et à la forme de cet ouvrage; seulement je n'ai eu ni le temps ni les facilités qu'aurait demandés l'exécution, et je craignais que l'ensemble n'eût pas un aspect assez agréable. Avec plus de loisir, j'aurais mêlé plus de sirop à mes substances acides. Mais peut-être l'ensemble ne ressort-il que mieux dans cette sorte d'esquisse. Nous avons nous-mêmes beaucoup gagné à ce travail : nous nous sommes instruits, nous nous sommes amusés, nous faisons du bruit, et la livraison des *Propylées* qui vient de paraître sera certainement quatre fois plus lue que les précédentes. Mais la véritable utilité qu'il doit avoir pour nous est encore à recueillir. Le fondement est bon, et je vous prie d'y réfléchir encore sérieusement. Meyer a saisi l'idée avec enthousiasme, et l'on peut espérer d'importants résultats. Je vous dis tout cela en courant...

Mais quelle que puisse être la valeur de cette composition et l'effet qu'elle est appelée à produire, l'*Esssai sur le dilettantisme* [1] prendra dans les *Propylées* une bien plus grande place encore. Il est de la plus grande importance ; les circonstances et le hasard décideront de la forme sous laquelle il paraîtra. Je ne suis que trop disposé à lui donner une forme poétique, pour que l'effet en soit plus général et plus agréable. A quel point les artistes, les entrepreneurs, les brocanteurs et les amateurs se sont noyés dans le dilettantisme, c'est seulement maintenant que je le vois, depuis que nous avons tant médité sur ce sujet, et que nous avons trouvé un nom à l'enfant [2]. Nous travaillerons encore nos esquisses avec le plus grand soin, pour nous rendre bien maîtres de l'ensemble du sujet, et nous attendrons qu'une bonne inspiration nous suggère la forme sous laquelle nous achèverons notre œuvre. Lorsque nous lèverons nos écluses, il y aura un tapage effrayant : car nous inonderons toute la chère vallée où les bousilleurs ont établi avec tant de bonheur leurs colonies. Comme le caractère

---

[1]. On peut voir par ce qui suit que Gœthe avait l'intention, dans cet *Essai sur le dilettantisme*, de critiquer les faux jugements des prétendus connaisseurs, qui jugent des choses de l'art ou de la poésie sans y être suffisamment initiés.

[2]. Il veut dire par là qu'ils ont trouvé un titre pour résumer tous les résultats de leurs entretiens.

essentiel de cette sorte de gens est d'être incorrigibles et que de notre temps surtout ils sont animés d'une opiniâtreté toute bestiale, ils crieront qu'on leur gâte leurs établissements, et, quand le torrent aura passé, comme des fourmis après une averse, ils remettront toutes choses dans leur ancien état. Mais tout cela sera inutile ; il faut que la sentence leur soit appliquée. Nous laisserons nos réservoirs s'emplir jusqu'aux bords ; puis nous briserons tout d'un coup les digues. Il y aura un déluge effrayant.

J'ai vu dernièrement un dilettante poétique qui m'aurait mis au désespoir, si je n'avais été dans une disposition à le considérer du point de vue du naturaliste, pour me faire une bonne fois de cette engeance une idée bien nette.

En voilà assez là-dessus pour aujourd'hui : il ne nous reste qu'à persévérer dans la voie que nous avons ouverte ; mais il faut nous y maintenir fidèlement. J'emploie mes journées aussi bien que je peux, et je trouve toujours à mettre quelques cailloux dans mon sac. Faites de même, jusqu'à ce que nous ayons le plaisir de nous revoir. Offrez mes compliments à votre chère femme, et remerciez-la de l'intérêt qu'elle prend à mon dernier travail. Je vais maintenant au-devant du destin que me réserve le reste de la journée.

Weimar, le 22 juin 1799.

GŒTHE.

111.

Réponse de Schiller. Réflexions sur le dilettantisme.

Iéna, le 25 juin 1799.

Je crains que vous ne remarquiez dans ces quelques lignes combien mon état actuel est pénible. Mon beau-frère est ici avec ma sœur. C'est un Philistin [1] laborieux, qui ne manque

---

1. *Philistin*, c'est le terme de moquerie par lequel les étudiants allemands désignaient les hommes positifs et vulgaires, incapables de grandes idées et de sentiments généreux.

pas absolument de mérite ; il a soixante ans ; il sort d'une petite ville, où les mille liens des relations sociales ont resserré et étouffé son esprit : une maladie hypocondriaque a achevé de l'abattre ; d'ailleurs, dans les langues modernes, dans la philologie allemande, et même dans certaines parties de la littérature, il ne manque pas de connaissances. Vous pouvez penser sur combien peu de points la conversation est possible entre nous, et combien, sur ces quelques points, je suis mal disposé ; le pis est que je trouve en lui le type de toute une classe de lecteurs et de critiques, classe nombreuse et qui n'est pas à dédaigner : il est clair, en effet, qu'à Meiningen, où il est bibliothécaire, il est encore supérieur à la plupart des autres esprits. Cette étroitesse de vues absolument incorrigible aurait de quoi vous désespérer, si on attendait quelque chose de ces gens-là.

Cette visite, qui durera jusqu'à dimanche, m'enlève une grande partie de mon temps, et me prive de toute inspiration pour le peu de loisir qu'elle me laisse ; c'est une semaine à effacer de ma vie.

Je suis curieux de voir l'effet que va produire le *Collectionneur*. Quand on ne peut pas espérer de bâtir et de planter beaucoup, c'est quelque chose, du moins, que d'inonder et de bouleverser. La seule attitude qu'on n'ait jamais à regretter envers le public, c'est celle de la guerre : et je suis tout à fait d'avis qu'il faut attaquer le dilettantisme avec toutes nos armes. Une forme esthétique, comme celle du *Collectionneur*, assurerait sans doute le succès de notre tentative auprès d'un public très-spirituel ; mais quand on a affaire aux Allemands, il faut leur dire la vérité aussi crûment que possible ; je crois donc qu'il faut laisser régner le sérieux même dans la forme extérieure de l'œuvre. On trouverait peut-être dans les satires de Swift [1] des formes qui nous conviendraient ; ou bien faudrait-il se résigner à suivre les traces de Herder, en évoquant l'esprit de Pantagruel [2].

1. Swift (Jonathan), 1667-1745, l'auteur des *Voyages de Gulliver*, l'un des écrivains satiriques les plus célèbres de l'Angleterre ; nul n'a poussé plus loin que lui la verve et la cruauté dans l'ironie.

2. Schiller fait allusion ici à la polémique violente et triviale de Herder contre Kant ; s'il évoque le souvenir de Rabelais, ce n'est que pour caractériser plus énergiquement le genre adopté par l'auteur de la *Métacritique*.

J'irai probablement dimanche reconduire mes hôtes jusqu'au premier relais du côté de Weimar, et je passerai dans cette ville les deux jours suivants ; j'espère bien, malgré l'agitation dans laquelle vous vivez, vous voir pendant quelques heures. Je me réjouis surtout de vous posséder bientôt ici auprès de nous.

Ma femme vous fait ses meilleurs compliments ; continuez à vous bien porter.

SCHILLER.

112.

Lettre de Schiller. Il apprécie la Lucinde de Schlégel, et annonce qu'il a terminé le premier acte de Marie Stuart.

Iéna, le 19 juillet 1799.

Je viens, il y a quelques heures, de me troubler tellement la tête par la lecture de la *Lucinde* de Schlégel[1], que je m'en ressens encore. Il faut que vous jetiez un coup d'œil sur cet ouvrage, ne fût-ce que pour l'étonnement qu'il vous causera. Comme c'est l'effet ordinaire des œuvres d'imagination, il caractérise son auteur mieux que toutes ses productions antérieures ; seulement c'est sous forme de caricature qu'il nous le représente. Vous y retrouverez cette absence complète de forme, cette disposition fragmentaire qu'il porte partout avec lui, et un accouplement du nébuleux et du caractéristique tellement étrange que, avant la lecture, vous n'en concevriez jamais même la possibilité. Comme il sent combien la poésie lui réussit mal, il s'est formé un idéal de sa propre personne, où l'amour se joint à l'esprit ; il s'imagine réunir en lui une capacité infinie d'aimer avec une détestable ironie, et, après s'être ainsi constitué, il se permet tout, et déclare lui-même que l'impudence est sa déesse.

Il n'y a pas moyen de lire le livre tout entier, tant ce creux bavardage finit par fatiguer. Après tant de rodomon-

1. Sur Schlégel, v. p. 78, n. 1.

tades sur l'art grec, et le temps que Schlégel a consacré à l'étudier, j'avais espéré qu'il aurait gardé quelque souvenir de la simplicité et de la naïveté des anciens. Mais cet ouvrage est le comble de ce que les modernes ont pu imaginer de plus informe et de plus contraire à la nature : on croit lire un mélange de Woldemar, de Sternbald[1] avec quelque roman français bien effronté.

Ces messieurs et ces dames de Weimar nous ont préparé hier de nouveaux matériaux pour notre *Essai sur le dilettantisme*; ils ont ouvert, me dit-on, un théâtre de société. Nous ne ferons pas beaucoup d'amis parmi eux, mais les habitants d'Iéna applaudiront à la justice qui en sera faite.

Vous ne trouverez qu'un acte de *Marie Stuart* achevé. Cet acte m'a déjà coûté bien du temps, et me prendra encore huit jours. La poésie avait à y lutter contre l'histoire, et il m'a fallu bien des efforts pour laisser à l'imagination son indépendance, en cherchant à m'emparer cependant de tout ce que l'histoire m'offrait d'utile. Les actes suivants iront plus vite, je l'espère ; ils sont d'ailleurs beaucoup plus courts.

Adieu. Ma femme vous fait ses compliments; nous avons vu hier votre Auguste[2].

SCHILLER.

113.

Réponse de Gœthe. Jugement sur Schlégel et le dilettantisme.

Je vous remercie de me donner une idée si exacte de l'ouvrage étrange de Schlégel ; j'en ai déjà entendu beaucoup parler. Tout le monde le lit, tout le monde le déchire, et, en somme, on ne parvient pas à savoir ce que c'est. S'il me tombe entre les mains, j'y jetterai aussi un coup d'œil.

Il nous a fallu endurer encore une fois ces jours-ci le dilettantisme, dans toute son abomination; c'est d'autant plus effrayant, que, le bousillage une fois admis, nos gens bou-

---

1. Woldemar, Sternbald, héros solennels et trop souvent déclamatoires des romans philosophiques de F. Jacobi.
2. C'était le fils de Gœthe.

sillent dans toutes les formes. Mais ce qui est incroyable, c'est à quel point ce seul essai a donné à toutes les distractions de notre société, qui n'avait pas, il est vrai, grand'chose à perdre, une tournure plate, vaniteuse, égoïste, et lui a enlevé par cette frivole reproduction tout véritable sentiment des œuvres d'art.

Cette expérience, comme d'autres que j'ai pu faire dans des domaines différents, a renouvelé en moi cette conviction, que pour produire l'une après l'autre quelques œuvres supportables nous n'avons qu'à nous tenir enfermés en nous-mêmes. Tout le reste ne pourrait que tourner à mal.

Je vous félicite d'avoir terminé votre premier acte ; je souhaite d'être bientôt près de vous, et je ne puis renoncer à l'espérance de voir la fin de l'été devenir productive pour moi aussi. Adieu. Auguste a été très-heureux de revoir Charles et Ernest[1], dont il nous parle constamment.

Weimar, le 20 juillet 1799.

GŒTHE.

114.

Lettre de Gœthe. Jugement sur le Paradis perdu de Milton.

Le *Paradis Perdu* de Milton[2], que le hasard m'a mis ces jours-ci entre les mains, m'a suggéré de singulières réflexions. Dans ce poëme, comme dans toutes les œuvres d'art modernes, ce qui excite l'intérêt, c'est l'individualité qui s'y manifeste. Le sujet est horrible ; au dehors il conserve quelque apparence ; au fond il est creux et comme piqué des vers. À l'exception de quelques motifs naturels et énergiques, il y a toute une partie qui est boiteuse et fausse,

---

1. Charles et Ernest, noms des fils de Schiller.
2. Milton (1608-1674), l'un des plus grands poètes de l'Angleterre, fort mêlé, comme personnage politique, à la révolution de 1648, auteur du *Paradis perdu*, du *Paradis regagné*, du *Penseroso*, de l'*Allegro*, etc... Son *Paradis perdu* a pour sujet la chute du premier homme.

jusqu'à faire pitié. Mais c'est un homme digne d'intérêt qui parle ; on ne peut lui refuser du caractère, du sentiment, de l'intelligence, des connaissances, des facultés poétiques et oratoires. Cette circonstance singulière et unique, qu'en sa qualité de révolutionnaire malheureux, il est plus propre à jouer le rôle de diable que celui d'ange, a eu une influence considérable sur le dessin et la disposition du poëme ; la cécité de l'auteur a de même décidé de la tenue et du coloris de l'œuvre. C'est un ouvrage qui restera unique dans son genre, et, comme je le disais, ce que l'art y perd, la nature le regagne [1].

Cet ouvrage m'a aussi amené à réfléchir sur le libre arbitre, dont je ne suis pas autrement très-disposé à me tourmenter l'esprit. Il joue, dans ce poëme, comme en général dans la religion, un assez vilain rôle. Si l'on considère l'homme comme naturellement bon, le libre arbitre n'est plus que le pouvoir maladroit de détourner son choix du bien, et de se rendre ainsi criminel. Admet-on, au contraire, que l'homme est naturellement mauvais, ou, pour parler plus exactement, qu'il est, comme les animaux, abandonné à ses appétits, le libre arbitre est un personnage respectable qui prétend lutter avec la nature contre la nature. On voit aussi par là comment Kant a été amené nécessairement à l'idée d'un mal originel, et comment les philosophes qui trouvent l'homme si admirable à l'état de nature, se tirent si difficilement d'affaire sur le chapitre de la liberté, et se gendarment tant, si l'on ne veut pas accorder avec eux une grande valeur à la tendance naturelle vers le bien. Mais tout cela peut être réservé pour une de nos conversations, comme les éclaircissements de Reinhold [2] sur l'athéisme de Fichte.

Weimar, le 31 juillet 1799.

GŒTHE.

1. Ce jugement est bien sévère ; il s'explique, sans doute, par l'opposition absolue du génie de Gœthe et de celui de Milton.
2. Rheinhold (Léonard), né à Vienne en 1758, mort à Kiel en 1823, s'est fait connaître par ses *Lettres sur la philosophie de Kant.*

115.

Réponse de Schiller. Jugement sur Milton et son époque.

Iéna, le 2 août 1799.

Je vous félicite de vous être retiré dans votre campagne; j'attends de cette résolution d'heureuses conséquences pour votre activité poétique. Après la longue pause que vous avez faite, il ne faudra qu'un peu de solitude et de recueillement pour donner l'essor à votre esprit.

Pendant que vous lisez le poëme de Milton, j'ai eu l'occasion d'étudier l'époque où il a vécu, et qui l'a fait ce qu'il a été. C'était une époque terrible, mais bien propre à éveiller le génie poétique: car l'histoire n'a pas laissé que de compter plusieurs noms célèbres dans la poésie anglaise parmi les personnages agissant sur la scène politique. Cette époque révolutionnaire a été, en ce sens, plus féconde que la révolution française, qu'elle rappelle d'ailleurs par tant de côtés. Les Puritains ont joué à peu près le même rôle que les Jacobins; les moyens sont souvent les mêmes, et l'issue de la lutte diffère peu. De pareilles époques semblent faites pour corrompre la poésie et l'art, parce qu'elles excitent et enflamment l'esprit, sans lui offrir de sujets auxquels il puisse s'attacher. Il tire alors ses sujets du dedans, et l'on voit naître toutes ces œuvres avortées où règnent l'allégorie, la subtilité, le mysticisme.

Je ne me rappelle plus comment Milton résout la question du libre arbitre; mais la solution de Kant me paraît trop étroite; je n'ai jamais pu me réconcilier avec elle. Cette solution repose sur le fondement suivant: que l'homme a un penchant positif vers le bien, comme pour le bien-être sensible; il lui faut donc aussi, lorsqu'il se décide pour le mal, un penchant positif vers le mal, parce qu'une simple disposition négative ne pourrait neutraliser l'action d'un penchant positif. Mais il y a là deux choses absolument hétérogènes: le penchant au bien et le penchant au plaisir sensible, qui sont traités comme des pouvoirs et des quantités de même nature, parce que la personnalité libre doit être placée dans une situation pareille en face des deux penchants, et entre eux.

Heureusement, nous ne sommes pas appelés à mettre le genre humain d'accord sur cette question ; et nous pouvons vivre sans cesse dans le monde des phénomènes. Ces parties obscures de la nature humaine ne sont pas stériles, d'ailleurs, pour le poëte, surtout pour le poëte tragique, et encore moins pour l'orateur : dans la peinture des passions, ils fournissent un moyen d'action qui n'est pas sans importance.

Schiller.

116.

Lettre de Schiller. Il fait part à Gœthe d'un nouveau projet de tragédie tiré de l'histoire d'Angleterre.

Iéna, le 20 août 1799.

Je suis ces jours-ci sur la trace d'une tragédie nouvelle, dont il faudra, à vrai dire, inventer les péripéties, mais dont on peut, ce me semble, trouver le fond dans les événements que voici :

Sous le règne de Henri VII, parut, en Angleterre, un imposteur nommé Warbeck; il se faisait passer pour l'un des fils d'Édouard V, que Richard III avait fait assassiner dans la Tour de Londres[1]. Il sut expliquer avec vraisemblance comment il avait été sauvé, et trouva un parti qui le reconnut et voulut le mettre sur le trône. Une princesse de cette même maison d'York[2], d'où descendait Édouard, voulant susciter des embarras à Henri VII, soutint l'imposture,

---

1. Richard III (1452-1485), longtemps connu sous le nom de duc de Glocester, parvint au trône d'Angleterre par une suite de meurtres ; Édouard V était son neveu ; il le fit assassiner avec son jeune frère dans la tour de Londres.

2. La maison d'York, branche célèbre de la famille des Plantagenets, lutta dans la guerre des deux Roses contre la maison de Lancastre, et fournit trois rois à l'Angleterre, Édouard IV, Édouard V, et Richard III.

bien qu'elle n'en fût pas dupe ; ce fut elle surtout qui poussa Warbeck sur la scène. Il vécut à sa cour, en Bourgogne, avec le titre de prince, et joua quelque temps son rôle ; mais l'entreprise échoua ; il fut vaincu, démasqué et exécuté.

Il n'y a presque aucun profit à tirer des événements euxmêmes ; mais la situation prise dans son ensemble est très-féconde, et les deux figures de l'imposteur et de la princesse d'York peuvent servir de fondement à une action tragique, que l'on inventerait en toute liberté. Je crois qu'on ferait bien de n'emprunter à l'histoire que la situation générale de l'époque et les personnages, et de livrer le reste à la libre invention poétique ; il en résulterait un genre intermédiaire qui unirait les avantages du drame historique à ceux du drame d'imagination.

Pour ce qui regarde la mise en œuvre de ce sujet, il faudrait, je crois, faire le contraire de ce que ferait un auteur comique. Celui-ci ferait sortir le ridicule du contraste de l'imposteur avec son grand rôle, et de son incapacité à le remplir. Dans la tragédie, on le représenterait comme né pour son rôle, et capable de se l'approprier assez pour soutenir des luttes pleines d'intérêt contre ceux qui veulent l'employer à leurs intrigues, et le traiter comme leur créature. Il faudrait qu'il parût tel que l'imposture ne fît que lui donner la place à laquelle il était destiné par sa nature. La catastrophe serait amenée non par ses ennemis, mais par ses partisans et ses protecteurs, par l'amour, la jalousie, ou d'autres moyens du même genre [1].

Si vous trouvez quelque valeur à ce sujet, et si vous croyez qu'il puisse servir de fondement à une fable tragique, je m'en occuperai de temps à autre : car, lorsque je suis au milieu d'une pièce, il y a des heures où j'ai besoin de penser à une œuvre nouvelle.

Adieu ; ma femme vous fait ses meilleurs compliments.

SCHILLER.

[1]. Cette manière de traiter le sujet aurait sans doute l'inconvénient d'être trop en opposition avec la vérité historique, et de perdre la vraisemblance nécessaire pour soutenir l'intérêt.

117.

Réponse de Gœthe. Il décrit ses occupations actuelles, et apprécie le sujet proposé par Schiller.

Ma vie paisible dans mon jardin continue à produire ses fruits ; ils ne sont pas nombreux, mais ils sont bons. J'ai étudié avec beaucoup de soin, ces jours-ci, la vie et les écrits de Winckelmann [1]. J'ai besoin de me rendre bien compte, et en détail, des services et de l'influence de ce vaillant esprit.

J'ai continué à classer mes petites poésies, et à les corriger. Je vois, là aussi, que tout dépend du principe dont on s'inspire. Maintenant que je reconnais la nécessité d'observer plus rigoureusement les lois du rhythme, j'y trouve plutôt un stimulant qu'un obstacle. Il reste, sans doute, encore plus d'un point à éclaircir. Voss [2] nous aurait rendu un grand service, il y a dix ans, si, dans son introduction aux *Géorgiques*, il avait été, sur ce point, un peu moins mystérieux.

Contre mon habitude, j'ai veillé presque tous les jours de cette semaine jusqu'à minuit, pour attendre la lune que j'observe avec un vif intérêt à l'aide du télescope. Il y a une très-sensible jouissance à connaître de si près et avec tant d'exactitude un objet si considérable, et dont, il y a quelque temps, on ne savait pour ainsi dire rien. Le bel ouvrage de Schroter, la *Sélénotopographie* [3], est une introduction qui abrége de beaucoup le chemin. Le silence profond de la

---

1. Winckelmann, né en 1711 à Stendal, mort en 1768 à Trieste, où il fut assassiné par un Italien. Son *Histoire de l'art antique*, publiée en 1764, a fait de lui le fondateur de l'esthétique allemande, et a grandement contribué à généraliser l'intelligence des chefs-d'œuvre de l'art antique.
2. Voss (Henri), né en 1751, à Sommersdorf, dans le Mecklembourg, mort à Heidelberg, en 1826. Son poème de *Louise* a été souvent rapproché de l'*Hermann et Dorothée* de Gœthe. Il a traduit en vers allemands l'*Iliade* et l'*Odyssée*.
3. *C'est-à-dire* la description topographique de la lune.

nuit, ici, dans la campagne, a aussi un grand charme; ajoutez que le matin on n'est réveillé par aucun bruit. Aussi pourrais-je bien prendre une habitude, qui me vaudrait d'être admis dans la société des dignes Lucifuges[1].

On me remet à l'instant votre lettre. Le nouveau sujet de tragédie dont vous me parlez me paraît excellent à première vue, et j'y réfléchirai plus à loisir. Il est incontestable que si l'histoire ne fournit que le simple fait, le sujet tout nu, et que le poëte ait à inventer le fond et la forme, il sera plus à son aise, et mieux disposé que s'il lui faut emprunter à l'histoire toutes les circonstances et presque tous les détails. On est bien obligé, dans ce dernier cas, d'accepter ce que le sujet a de particulier; on s'éloigne ainsi de la vérité purement humaine, et la poésie se trouve trop à l'étroit.

Weimar, le 21 août 1799.
GŒTHE.

118.

Lettre de Schiller. Jugement sur la traduction du Mahomet de Voltaire par Gœthe.

Iéna, le 15 octobre 1799.

On a baptisé ce matin notre petite Caroline, et je commence à retrouver un peu de calme. Ma femme se trouve aussi bien que possible en pareille circonstance, et l'enfant a, lui aussi, fort bien passé ces deux jours.

J'ai commencé à parcourir votre *Mahomet*[2], et à y faire quelques remarques que je vous enverrai vendredi. Du moment où l'on devait faire cet essai de traduction sur une pièce française, et surtout sur une pièce de Voltaire, *Mahomet* était certainement le meilleur choix qu'on pût faire. La nature même du sujet garantit la pièce contre l'in-

1. C'était le nom que se donnaient les membres d'une société qui ne se réunissait que la nuit, et semblait *fuir la lumière* du jour.
2. *Mahomet ou le fanatisme*, tragédie de Voltaire, qui nous montre le fondateur de l'islamisme usant de l'empire que lui donne sur le jeune Séide son rôle de prophète, pour le pousser au meurtre et à l'inceste.

différence, et dans l'exécution cette tragédie se sent moins que les autres de la manière française. Vous avez fait beaucoup en ce sens, et, sans grande peine, vous obtiendrez des résultats importants. Je ne doute pas que le succès ne prouve que l'expérience méritait d'être tentée. Malgré cela j'hésiterais à faire la même épreuve sur d'autres pièces françaises : on en trouverait difficilement une seconde qui s'y prêtât aussi bien. Si, dans la traduction, on fait disparaître la manière propre à l'original, il reste trop peu de poésie et de vérité purement humaine ; conserve-t-on au contraire cette manière, et cherche-t-on à en faire ressortir les avantages dans la traduction, on risque d'effaroucher le public.

La propriété du vers alexandrin de se partager en deux moitiés égales, et la nature de la rime qui fait de deux alexandrins une sorte de couplet, n'influent pas seulement sur la langue des tragédies françaises, mais sur leur esprit tout entier. Les caractères, les idées, la manière d'être des personnages, tout se trouve ainsi soumis à la loi de l'antithèse ; et, comme le violon du musicien conduit les mouvements des danseurs, le rhythme binaire de l'alexandrin règle les mouvements du cœur et de l'esprit[1]. L'intervention de la raison est constamment nécessaire, et chaque idée, chaque sentiment est contraint d'entrer dans cette forme, comme dans un lit de Procuste.

La traduction, en supprimant l'alexandrin et la rime, supprime la base sur laquelle les pièces françaises sont édifiées ; il n'en reste donc que des débris ; la cause ayant disparu, l'effet ne se comprend plus. Je crains donc que nous ne trouvions pas beaucoup à puiser à cette source pour notre scène allemande : on ne pourrait guère emprunter que les sujets mêmes des pièces.

Il y a déjà deux jours que vous nous avez quittés, et je ne me suis pas encore mis au travail ; mais j'espère bien m'y remettre demain.

Bien des compliments à Meyer. Adieu.

Schiller.

1. Ces remarques ne manquent pas de justesse, mais elles témoignent encore d'un certain parti pris contre la poésie française.

119.

Réponse de Gœthe. Remarques sur le théâtre français.

Je suis heureux d'apprendre que l'état de votre chère femme continue à se présenter sous un aspect rassurant; peut-être irai-je bientôt lui faire une visite. Mon existence ici est aussi prosaïque que l'*Almanach de Voss*[1], et je ne vois, dans ma situation actuelle, aucune possibilité de poursuivre un travail qui exige une disposition d'âme un peu passionnée. Or ce qui me reste à faire de *Mahomet* peut, moins que toute autre chose, s'accomplir à l'aide de la seule raison.

Depuis que la lettre de Humboldt et mon travail sur *Mahomet* m'ont fourni de nouvelles lumières sur le théâtre des Français, je lis leurs pièces avec plus de plaisir; j'étudie maintenant Crébillon[2]; c'est un poëte remarquable, mais étrange. Il traite les passions comme les figures d'un jeu de cartes, que l'on peut battre, jouer et rejouer, sans qu'elles changent le moins du monde. Aucune trace de ces affinités délicates, suivant lesquelles les passions s'attirent et se repoussent, s'unissent, se neutralisent, se séparent encore, puis reprennent leur première forme. Il est vrai qu'en marchant ainsi droit son chemin, il trouve des situations qui seraient impossibles partout ailleurs. Pour nous surtout, cette manière nous paraîtrait insupportable. Je me demande pourtant si l'on ne pourrait pas y revenir dans des compositions d'ordre subalterne, dans les opéras, les pièces chevaleresques et féeriques. J'ai là-dessus quelques idées qui nous

---

1. L'*Almanach de Voss*, bien que placé sous l'invocation des Muses, était, en effet, trop souvent rempli d'écrits faibles et prosaïques.
2. Crébillon, poëte tragique français, né à Dijon en 1674, mort en 1762, est resté bien au-dessous des grands poëtes du xviie siècle. Il a surtout visé à exciter la terreur, et on peut à bon droit lui reprocher d'avoir poussé le terrible jusqu'à l'horrible et à l'atroce. Il est étrange que Gœthe croie voir en lui un des grands représentants de notre littérature.

fourniront le sujet d'une conversation et d'un examen plus approfondi.

Adieu ; employons bien les jours qui nous restent.

Weimar, le 23 octobre 1799.

GŒTHE.

120.

Lettre de Gœthe. Il annonce à Schiller qu'il a commencé à traduire le Tancrède de Voltaire.

En considérant la brièveté et la fragilité de la vie humaine (je commence ma lettre comme un testament), et vu mon impuissance présente à rien produire par moi-même, je me suis, mardi soir, dès mon arrivée, rendu à la bibliothèque ; j'y ai pris un Voltaire, et je me suis mis à traduire *Tancrède*[1]. Chaque matin j'y travaille un peu ; et le reste du jour, je le gaspille.

Cette traduction nous sera utile sous plus d'un rapport. La pièce a beaucoup de mérite théâtral, et produira, dans son genre, un heureux effet. Je compte rester ici encore huit jours, et si l'inspiration ne me pousse pas d'un autre côté, j'aurai certainement fait les deux tiers de la besogne. En dehors de cela, j'ai vu beaucoup de monde, et je me suis parfois bien diverti.

Écrivez-moi aussi où vous en êtes de votre travail, et quand vous comptez venir à Lauchstædt[2].

Faites mes compliments à votre chère femme, et ne m'oubliez pas.

Iéna[3], le 25 juillet 1800.

GŒTHE.

1. *Tancrède*, tragédie de Voltaire, dont le sujet est tiré des luttes de la Sicile contre les Sarrasins d'Afrique.

2. Lauchstædt, petite ville d'eaux, qu'on a surnommée le Pyrmont de la Saxe ; elle se trouve dans la province prussienne de Saxe, district de Mersebourg.

3. On remarquera qu'à partir de cette époque, Schiller vient habiter Weimar, où l'ont appelé et retenu les répétitions de *Macbeth* et de *Marie Stuart*. Gœthe, au contraire, était allé à Iéna faire quelques recherches à la bibliothèque de cette ville et se reposer de la vie agitée qu'il menait à Weimar.

9.

121.

Réponse de Schiller. Il entretient Gœthe de la nouvelle tragédie de Jeanne d'Arc qu'il vient de commencer. De l'influence exercée par les idées de Schlégel.

Weimar, le 26 juillet 1800.

Il faut croire que quelque esprit familier [1] m'avait révélé que vous traduisiez *Tancrède* : car, lorsque votre lettre m'est arrivée, il m'a semblé qu'elle ne m'apprenait rien de nouveau. C'est certainement une entreprise utile pour nos projets dramatiques; mais je souhaite vivement que *Faust* ne tarde pas à supplanter *Tancrède*.

Je vous trouve bien heureux de pouvoir, du moins, mener une œuvre à bien. Je ne suis pas dans ce cas, parce que le plan de ma tragédie n'est toujours pas arrêté, et que j'ai encore bien des difficultés à surmonter. Bien qu'à chaque œuvre nouvelle, il faille passer par une période semblable, on ne peut cependant se défendre d'un sentiment pénible: il semble qu'on n'ait rien fait, parce que le soir on n'a rien à montrer.

Ce qui m'embarrasse surtout dans ma nouvelle pièce, c'est qu'elle ne s'ordonne pas, comme je l'aurais voulu, en assez grandes masses, et qu'il me faut, relativement aux temps et aux lieux, la morceler en un trop grand nombre de parties; lors même que l'action a par elle-même une assiette assez solide, c'est toujours un inconvénient pour l'effet tragique. Je vois bien par cette pièce qu'on ne doit jamais se laisser entraîner par une conception générale; il faut, au contraire, pour chaque nouveau sujet trouver une forme nouvelle, et laisser toujours au type du genre une certaine flexibilité.

Je vous envoie un nouveau journal que je viens de rece-

---

1. *Spiritus familiaris*, un esprit familier; c'est un jeu de mots sur le nom du secrétaire de Gœthe qui s'appelait Geist (*esprit*), et qui avait mis Schiller au courant des travaux de son ami.

voir. Vous y verrez avec étonnement quelle est l'influence des idées de Schlégel sur les jugements artistiques de notre temps. Il n'est pas facile de prévoir ce que tout cela deviendra ; mais ni au point de vue de l'invention poétique, ni au point de vue du sentiment de l'art, ces vides et creuses bouffonneries ne peuvent avoir rien de salutaire. Vous ne lirez pas sans surprise : que la véritable création artistique doit être inconsciente, et que votre génie en particulier doit ses plus grands avantages à ce qu'il agit sans conscience[1]. Vous avez donc grand tort de vous être donné jusqu'à présent tant de peine pour travailler avec le plus de réflexion possible, et pour vous rendre compte de la marche de votre esprit. Laisser faire la nature est le propre des grands maîtres de l'art ; c'est ainsi qu'a fait Sophocle.

L'époque de mon voyage à Lauchstædt dépend d'une lettre de Kœrner que je n'ai pas encore reçue. Si ce projet ne réussit pas, j'irai quelque temps à Ettersburg, et je tâcherai de m'y recueillir un peu pour aborder mon nouveau travail.

Puissent les Muses vous être favorables. Ma femme vous fait ses compliments.

SCHILLER.

122.

Lettre de Gœthe. Jugement sur le Tancrède de Voltaire.

Mon travail va son train ; j'écris le matin, au crayon, tout ce que je puis faire de ma traduction, et je la dicte ensuite dans mes moments de tranquillité, afin que le premier manuscrit puisse être déjà à peu près net. A la fin de cette semaine, j'aurai terminé les trois derniers actes; je veux réserver les deux premiers pour m'y attaquer plus tard dans la fraîcheur d'une inspiration nouvelle. Je ne parle pas du tout qui nous sera fort utile, de toute manière, pour le but que nous poursuivons. C'est à proprement parler une pièce à spectacle : car tout y est destiné à être mis sous les yeux du spectateur : et je puis accentuer encore ce caractère : car je

---

1. On reconnaît ici la protestation naturelle d'un esprit maître de lui-même, qui a analysé dès longtemps toutes ses ressources, et chez lequel l'inspiration ne se sépare jamais de la réflexion.

suis moins gêné pour cela que l'auteur français. L'effet dramatique ne peut être manqué : tout a été et sera calculé dans ce but. La pièce, représentant un événement et une action publique, exige des chœurs ; j'aurai soin d'en introduire, et j'espère ainsi donner au drame toute la force compatible avec sa nature et avec sa première conception toute française. Nous y trouverons l'occasion de bonnes et nouvelles expériences.

Iéna, le 29 juillet 1800.

GOETHE.

123.

Réponse de Schiller. De l'utilité de la traduction de Tancrède pour le génie de Gœthe et le théâtre allemand.

Weimar, le 30 juillet 1800.

Le ton enjoué de votre lettre me prouve que vous vous trouvez bien à Iéna : je vous en félicite ; je ne puis en dire autant de moi ; l'état barométrique qui vous est si favorable excite mes nerfs, et je passe de mauvaises nuits. Dans cette situation j'ai reçu comme la bienvenue la nouvelle que Kœrner ne pouvait se mettre en route. Je n'irai donc pas à Lauchstædt ; ce qui me procure un bénéfice inespéré de temps et d'argent : car, malgré tout le plaisir que j'aurais eu à revoir un tel ami, le voyage m'aurait été pénible en ce moment-ci.

Je vous félicite du progrès de votre travail. Les libertés que vous me semblez prendre avec l'original français me paraissent un indice heureux de votre inspiration créatrice : j'en augure aussi qu'avec *Tancrède* nous ferons un pas de plus qu'avec *Mahomet*. J'attends impatiemment que vous me communiquiez votre œuvre, et que nous puissions en causer. Si vous réalisez l'idée des chœurs, vous ferez sur notre théâtre une expérience des plus importantes.

J'espère aussi, à votre retour, vous montrer le plan terminé de ma pièce, pour m'assurer de votre assentiment, avant de passer à l'exécution. Je me suis encore occupé ces jours-ci de l'édition complète de mes poésies ; j'y ai fait imprimer les stances sur *Mahomet*[1]. Gœpferdt[2] pourra, si vous êtes curieux de les voir, vous envoyer les feuilles R et S, dès qu'elles seront imprimées.

Kirms[3] m'a envoyé aujourd'hui un rouleau d'argent, qui a été tout à fait le bienvenu ; recevez à cette occasion mes remercîments.

Ma femme vous fait ses plus affectueux compliments. Portez-vous bien, amusez-vous du cercle bigarré qui vous entoure à Iéna. Mellisch[4] a passé hier par ici ; il va s'établir de nouveau à Dornburg[5]. Il m'a parlé de la joyeuse vie qu'on mène à Wilhelmsthal[6] ; c'est le vrai pays d'Utopie.

Il est arrivé à ma belle-sœur un grave accident : sa voiture s'est brisée ; heureusement elle n'a pas eu elle-même à souffrir. Adieu.

SCHILLER.

124.

Lettre de Gœthe. Sur ses occupations et ses lectures du moment. Il propose à Schiller un projet de drame ayant pour titre : une Fiancée en deuil.

J'ai mis *Tancrède* de côté hier matin ; j'ai traduit, et même, de temps en temps, un peu plus que traduit, la fin du deuxième acte, puis le troisième et le quatrième acte, sauf les dernières scènes. Je crois ainsi m'être emparé du cœur même de la pièce ; il ne me reste plus qu'à y ajouter quel-

---

1. Schiller avait écrit à l'occasion de la traduction de *Mahomet* des stances ayant pour titre : *A Gœthe, quand il mit sur la scène le Mahomet de Voltaire.*
2. Gœpferdt, imprimeur de Schiller.
3. Kirms était un conseiller aulique, ami des deux poètes ; l'argent qu'il venait d'envoyer à Schiller provenait de la représentation de *Marie Stuart* à Lauchstædt.
4. Mellisch (Joseph-Charles) était un Anglais établi à Weimar, où l'avait fixé son goût pour la littérature allemande. Il avait été l'ami de Klopstock et était étroitement lié avec Gœthe et Schiller.
5. *Dornburg*, petite ville très-ancienne sur les bords de la Saale, dans les environs d'Iéna. Le duc Charles-Auguste habitait souvent son château de style italien, construit vers 1728.
6. *Wilhelmsthal* (*la vallée de Guillaume*), résidence d'été des ducs de Saxe.

ques scènes bien animées, pour donner au commencement et à la fin plus d'ampleur que dans l'original. Les chœurs feront très-bon effet ; mais malgré cela, il faudra être sobre de changements pour ne pas détruire l'ensemble de la pièce. Rien d'ailleurs, dans les conditions où nous sommes, ne peut me faire regretter d'avoir à continuer cette entreprise et à la mener à bien.

Hier je me suis occupé de quelques affaires ; aujourd'hui j'ai dénoué un nœud dans mon *Faust*. Si je pouvais encore rester ici quinze jours, cette pièce prendrait une tout autre figure ; mais malheureusement je m'imagine que je suis nécessaire à Weimar, et je sacrifie à cette imagination mes désirs les plus vifs.

Ces derniers jours ne sont pas restés stériles à bien des points de vue. Nous avons longuement médité le sujet de la *Fiancée en deuil*. Tieck[1], dans son journal poétique, m'a rappelé une pièce de marionnettes, que j'ai vue dans ma jeunesse, et qui était intitulée : la *Fiancée de l'enfer*. C'est le pendant de *Faust*, ou plutôt de *Don Juan*. C'est une jeune fille coquette et sans cœur, qui conduit à leur perte ses amis fidèles, mais se fiance à un merveilleux inconnu, qu'on finit par reconnaître pour le diable, et qui l'emporte. Ne pourrait-on pas trouver là, ou dans le voisinage, quelque idée pour la *Fiancée en deuil*?

J'ai lu un écrit de Baader[2], sur le rôle du carré dans la nature d'après Pythagore, ou les quatre régions du monde. Soit que, dans ces dernières années, je me sois plus familiarisé avec ces sortes d'écrits symboliques, soit que l'auteur ait l'art de s'insinuer dans nos intentions, ce petit livre m'a plu, et m'a servi d'introduction à son dernier ouvrage, dans lequel, à vrai dire, même aujourd'hui, je suis loin de tout comprendre.

Un étudiant, qui s'adonne à l'anatomie des insectes, m'en

---

1. Tieck (Louis), né en 1773 à Berlin, mort dans la même ville en 1853, est l'un des principaux poètes romantiques de l'Allemagne : il est connu par ses poésies lyriques, mais il écrivit aussi quelques tragédies, et publia de nombreux écrits sur l'ancienne poésie allemande.

2. Baader (1765-1841), mystique allemand, connu par ses *Leçons de dogmatique spéculative* et par son *Traité de l'extase*.

a disséqué fort habilement quelques-uns ; cela m'a fait faire quelques progrès théoriques et pratiques dans cette partie de la science.

Si l'on pouvait occuper convenablement rien que pendant un trimestre un jeune homme comme celui-là, on arriverait aux résultats les plus satisfaisants. En attendant, si je peux revenir ici avant le moment où certaines chenilles se mettent en chrysalides, je chercherai à utiliser son activité et son adresse. On pourrait s'adonner soi-même à ces travaux, si l'on ne risquait d'être entraîné de force par eux sur un terrain trop écarté.

Lundi je serai de retour près de vous ; j'en aurai de toutes les couleurs à vous lire et à vous raconter. Portez-vous bien, travaillez, et pensez à moi.

Iéna, le 1ᵉʳ août 1800.

GOETHE.

125.

Réponse de Schiller. Il félicite Goethe d'avoir repris la composition de son Faust.

Weimar, le 2 août 1800.

Je suis heureux d'apprendre par votre lettre votre prochain retour, et je vous félicite d'avoir si bien employé votre temps, et d'avoir pensé à votre *Faust*. Je ne désespère pas de voir cette œuvre faire cette année un grand pas vers son achèvement.

Je ne puis cette fois que vous écrire quelques mots. Gœpferdt m'envoie des épreuves qu'il faut renvoyer immédiatement, et je suis forcé d'aller à la bibliothèque, pour y chercher tout un monde de renseignements[1]. Ma pièce me conduit au temps des troubadours, et, pour trouver le véritable ton, il faut que je fasse connaissance avec les Minne-

---

1. Littéralement, *toute une littérature, tout un ensemble de livres sur un sujet donné.*

singer[1]. Il y a encore beaucoup à faire au plan de ma tragédie ; mais j'y travaille avec grand plaisir, et j'espère qu'après m'être attardé à la composition du plan, je n'en avancerai que plus vite dans l'exécution.

L'idée de la *Fiancée de l'enfer* n'est pas mauvaise ; je me ferai raconter cette histoire.

Portez-vous bien jusqu'au jour de notre réunion. Ma femme vous fait ses meilleurs compliments.

SCHILLER.

126.

Lettre de Gœthe. Sur Faust et le personnage d'Hélène.

Après diverses aventures je suis venu ce matin retrouver ma calme retraite d'Iéna, et j'ai cherché à travailler, mais sans rien faire. Heureusement que pendant les huit jours passés à Weimar, j'ai pu conserver dans ma tête les situations dont je vous ai parlé ; voilà mon Hélène[2] vraiment lancée. Mais maintenant, ce qu'il y a de beau dans la destinée de mon héroïne me captive tellement, que je suis tout troublé d'être contraint de la faire bientôt tourner au grotesque. J'ai vraiment bien envie de faire du commencement de ma seconde partie le fondement d'une tragédie sérieuse ; mais je tâcherai de ne pas accroître les obligations dont le sentiment pénible empoisonne déjà bien assez la joie de vivre.

Je vous souhaite d'avancer rapidement dans votre travail. S'il vous était possible de faire, en collaboration avec Meyer, une annonce pour notre exposition de peinture,

---

1. Les *Minnesinger* (c'est-à-dire *chantres d'amour*) ont été en Allemagne ce que furent, en France, nos troubadours et nos trouvères. Ils célébraient dans leurs vers les exploits guerriers et l'amour. Les plus connus sont Henri de Weldeck, Conrad de Wurtzbourg et J. Hadlub.

2. Hélène est un des principaux personnages de la seconde partie du *Faust* de Gœthe.

vous me soulageriez sensiblement. Envoyez-moi un mot par le retour du courrier, et portez-vous bien.

Iéna, le 12 septembre 1800.

GŒTHE.

127.

Réponse de Schiller. Idées générales sur la deuxième partie du Faust.

Weimar, le 13 septembre 1800.

Je vous félicite des progrès de votre *Faust*. N'allez pas seulement, lorsque de belles formes et de belles situations vous viennent à l'esprit, vous laisser troubler par la pensée qu'il sera bien fâcheux ensuite d'avoir à leur faire prendre une tournure barbare. Ce cas pourrait se présenter souvent dans la seconde partie de *Faust*, et il serait bon, une fois pour toutes, d'imposer là-dessus silence à votre conscience poétique. Ce qu'il doit y avoir d'étrange dans l'exécution vous est imposé par l'esprit général de votre œuvre, et ne peut ni en troubler la haute harmonie, ni en diminuer la beauté; il donne seulement à l'ouvrage un autre aspect, et le rend propre à agir sur d'autres facultés de l'âme. La grandeur et la sublimité des motifs communiquera précisément au poëme un charme particulier, et Hélène deviendra le symbole de toutes les belles formes qui viennent s'y égarer. C'est un avantage considérable que de passer sciemment de la beauté à la laideur, au lieu de faire effort, comme c'est notre cas à nous autres barbares, pour nous élever de la laideur à la beauté. Vous devez donc maintenir partout dans votre *Faust* le droit de votre génie[1].

Mon travail avance lentement, mais, du moins, ne recule pas. Ma pauvreté en observations et en expériences tirées du dehors, me contraint à user d'une méthode qui m'est propre; et il me faut bien du temps pour vivifier mon su-

---

1. Littéralement, *droit du poing, droit qu'on maintient par la force.*

jet. Celui-ci d'ailleurs est difficile, et il n'est peut-être pas assez à ma portée.

Je vous envoie quelques nouveautés de Berlin, qui vous mettront en belle humeur ; vous vous réjouirez surtout de la protection que vous accordez Woltmann[1].

Portez-vous bien, et ne quittez pas la voie dans laquelle vous êtes engagé.

SCHILLER.

128.

Lettre de Schiller. Appréciation du Faust.

Weimar, le 23 septembre 1800.

Votre dernière lecture m'a laissé une impression profonde. Le haut et noble génie de la tragédie antique respire dans le monologue, et produit son effet naturel, en remuant par sa calme énergie les dernières profondeurs de l'âme. Quand vous n'auriez rapporté d'Iéna que ce monologue, et tout ce que vous avez disposé dans votre esprit pour le développement ultérieur de cette partie tragique de votre drame, votre séjour à Iéna aurait reçu sa récompense. Si, comme je n'en doute pas, cette synthèse du noble et du bizarre vous réussit, vous aurez par là même trouvé la clef du reste de l'œuvre, et il ne vous sera pas difficile, en procédant analytiquement à partir de ce point, de déterminer et de distribuer le sens et l'esprit des différentes parties. Car ce point culminant, comme vous l'appelez, doit être vu de tous les autres points de l'ensemble, et doit aussi les regarder. Adieu[2].

SCHILLER.

1. Sur Woltmann, voir p. 2, note 2.
2. Cette lettre n'a pas reçu de réponse directe de Gœthe.

129.

Lettre de Schiller. Il propose à Gœthe de lui lire les trois premiers actes de Jeanne d'Arc.

Weimar, le 11 février 1801.

Je vous ai déjà fait connaître tant de parties détachées de ma *Jeanne d'Arc*, que le mieux sera, je crois, de vous soumettre l'ensemble dans l'ordre régulier de son développement. J'ai besoin, en ce moment, d'un coup d'éperon, pour atteindre enfin le but avec un nouvel élan d'activité. Trois actes sont en état; si vous avez envie de les entendre aujourd'hui, je serai chez vous à six heures. Si vous voulez, au contraire, quitter votre chambre, venez chez nous, et restez à souper avec nous. Vous me ferez grand plaisir, et moi-même je courrais moins de risque, si, après m'être échauffé par une lecture de deux heures, je n'avais pas à m'exposer à la fraîcheur de l'air. Si vous pouvez venir, ayez la bonté de le dire aussi à Meyer, mais prévenez-le de ne pas venir avant huit heures.

SCHILLER.

130.

Réponse de Gœthe. Il accepte l'offre de Schiller.

J'accepte la lecture avec le plus grand plaisir, d'autant plus que je voulais vous prier de me faire connaître au moins le plan de votre tragédie. Seulement il m'est impossible de sortir aujourd'hui; Starke[1] m'a fait ce matin à l'œil une opération assez douloureuse, mais qui sera, je pense, la dernière; il m'a défendu de sortir à cause du

---

1. Starke, c'est le nom du médecin de Gœthe.

froid. Je vous enverrai donc ma voiture à cinq heures et demie, et vous pourrez en user aussi pour retourner chez vous après souper. Je me promets beaucoup de bien de cette lecture, pour vos progrès à vous, comme pour mes propres travaux.

Weimar, le 11 février 1801.
GŒTHE.

131.

Lettre de Schiller. Discussion des idées de Schelling sur les effets de l'art et de la poésie.

Iéna, le 27 mars 1801.

Je vais bientôt quitter Iéna, sans y avoir beaucoup agi, ni travaillé, mais non cependant sans quelques résultats; j'ai fait du moins autant que j'aurais pu faire à Weimar pendant le même temps. Je n'ai rien gagné à la loterie, mais je n'ai rien perdu de mon fond.

J'ai, selon mon habitude, moins profité que je ne l'avais cru du monde que j'ai vu ici : quelques conversations avec Schelling et Niethammer[1], et c'est tout. Il y a quelques jours, j'ai fait la guerre à Schelling au sujet d'une affirmation de sa *Philosophie transcendantale* : « Dans la nature, dit-il, on commence avec l'inconscience pour s'élever jusqu'à la conscience ; dans l'art, au contraire, on part de la conscience, et on aboutit à l'inconscience[2]. » Dans ce passage, il ne s'agit, à vrai dire, pour lui que du contraste entre les œuvres de la nature et celles de l'art, et, dans ces

---

1. Niethammer, philosophe allemand, né en 1766 à Beilstein, près Würtzbourg, mort en 1848, s'est fait connaître par deux écrits, l'un sur l'*Éducation*, l'autre sur la *Philosophie et la Religion*.

2. Dans la nature, les êtres qui occupent le bas de l'échelle sont les minéraux, les végétaux privés de toute conscience ; à l'autre extrémité se trouve l'homme, chez lequel la conscience arrive au plus haut degré de clarté et de distinction. Dans le domaine de l'art, suivant Schelling, de la réflexion on redescend à l'inconscience; c'est-à-dire que le poëte ou l'artiste, après avoir raisonné leur

limites, il a raison. Mais je crains que ces messieurs les idéalistes, tout occupés de leurs idées, se soucient trop peu de l'expérience; et, dans le domaine de l'expérience, le poëte commence, lui aussi, par l'inconscience; il peut s'estimer heureux, si la conscience claire du travail de son esprit lui permet de retrouver dans son œuvre une fois achevée, et sans qu'elle se trouve affaiblie, la première et obscure conception d'ensemble qu'il s'en était formée tout d'abord[1]. Sans une conception d'ensemble de ce genre, obscure, mais puissante, qui devance toute intervention de l'art, il n'y a pas d'œuvre poétique possible; la poésie consiste même, je crois, à exprimer et à communiquer cet élément inconscient, à le traduire objectivement. L'homme qui n'est pas poëte, peut, comme le poëte, être frappé par une idée poétique; mais il ne peut lui donner un corps, il ne peut l'exprimer sous une forme, en quelque sorte, nécessaire. Il peut encore, comme le poëte, produire une œuvre avec conscience, et avec un caractère de nécessité; mais une telle œuvre ne commence pas dans l'inconscience, et ne s'y termine pas; elle est uniquement le produit de la réflexion. C'est l'union de l'inconscience et de la réflexion qui fait l'artiste et le poëte.

Avec l'intention de relever la poésie, on en a, dans ces dernières années, faussé la conception. Quiconque est en état d'imprimer son émotion dans un objet, de telle sorte que cet objet me contraigne à ressentir cette émotion, et, par suite, exerce sur moi une vivante action, celui-là est un poëte, un créateur. Mais tout poëte n'est pas parfait.

Le degré de sa perfection dépend de la richesse de son esprit, du fond qu'il possède, et qu'il tend à représenter hors de lui; il dépend aussi du degré de nécessité avec lequel agit son œuvre. Plus son émotion est subjective, moins elle a d'action: la puissance objective repose sur l'idéal. La plénitude de l'expression est exigée de toute œuvre d'art : car ou elle offre ce caractère, ou elle n'existe pas; mais

œuvre, s'abandonnent à une inspiration dont ils ne peuvent se rendre compte, et produisent le beau sans savoir pourquoi ni comment.

1. C'est-à-dire, *l'idée totale, l'idée d'ensemble de son œuvre*, la première conception générale et sympathique qui s'offre à l'esprit du poëte.

le poëte excellent est l'expression de l'humanité tout entière.

Il y a aujourd'hui des hommes d'un esprit assez cultivé pour ne pouvoir être satisfaits que par des œuvres excellentes, mais qui ne seraient pas en état de produire eux-mêmes l'ouvrage le plus modeste. Ils ne peuvent pas créer ; le chemin qui mène du sujet à l'objet est fermé pour eux ; c'est le pouvoir de le franchir qui constitue à mes yeux le poëte.

De même il y a eu et il y a des poëtes capables de produire des œuvres bonnes et originales, mais incapables d'atteindre dans ces œuvres le niveau des hautes exigences de l'art, incapables même de se les imposer. Ces derniers ne manquent que d'un certain degré de poésie ; aux premiers, au contraire, la poésie fait complétement défaut ; c'est une différence qu'on ne fait pas assez aujourd'hui. De là une lutte stérile et interminable, à laquelle l'art ne gagne rien : car les premiers, se maintenant sur le vague terrain de l'absolu, opposent à leurs adversaires l'idée obscure de la perfection ; les autres ont pour eux le fait, limité, mais réel. Or de l'idée, sans le fait et l'action, il ne peut rien sortir.

Je ne sais si je me suis assez clairement exprimé ; je voudrais bien connaître votre pensée sur une question qui, au milieu du combat engagé dans le monde esthétique, a tant d'importance.

Adieu ; jouissez des beaux jours.

Schiller.

132.

Réponse de Gœthe. Réflexions générales sur le génie poétique.

Je vous souhaite un heureux retour à Weimar, et j'espère vous voir bientôt, soit que vous veniez me faire une visite, soit que je me décide à rentrer en ville.

Mon séjour ici m'est très-salutaire ; d'abord je me promène toute la journée en plein air ; puis les occupations ordinaires de la vie me font perdre toute mon inspiration ; il en résulte une disposition à me prêter à tout, une sorte d'indifférence, que je ne connaissais plus depuis longtemps.

Sur les questions contenues dans votre lettre, je ne suis pas seulement de votre avis, mais je vais plus loin encore : je crois que tout ce que fait le génie, en tant que génie, il le fait sans conscience. L'homme de génie peut aussi créer ses œuvres sciemment, après une longue méditation, suivant une conviction arrêtée ; mais le cas n'est qu'accidentel. Aucune œuvre du génie ne peut être corrigée ou débarrassée de ses défauts par la réflexion et ses conséquences immédiates ; mais le génie peut, par la réflexion et l'exercice, arriver à produire enfin des chefs-d'œuvre, dignes de servir de modèles. Plus le génie du siècle est grand, plus celui de l'individu peut aller loin.

Quant à ces grands programmes que l'on prétend aujourd'hui imposer aux poëtes, je doute qu'ils soient de nature à favoriser aucune vocation poétique. La poésie exige de celui qui la cultive une disposition heureuse de l'esprit, un certain amour de la réalité, mais aussi une sorte de limitation, derrière laquelle se tient caché l'absolu. Ces grands programmes détruisent cet état de naïveté créatrice, et, à la place de la poésie, font naître, sous son nom, des œuvres qui n'ont rien de commun avec elle, comme nous en faisons malheureusement, de nos jours, la trop fréquente expérience. Et on en peut dire autant des arts voisins de la poésie, et même de l'art en général. C'est là mon *credo*; je ne prétends nullement d'ailleurs forcer les convictions.

Votre nouveau travail me donne de grandes espérances. L'œuvre est bien conçue, et, si vous prenez le temps nécessaire, elle s'arrondira d'elle-même. Mon *Faust* a aussi fait quelques progrès avec le temps. J'espère que, dans la grande lacune que j'y ai laissée, il ne manquera plus que l'acte de la dispute [1], que l'on peut considérer comme une œuvre distincte, et qu'on ne peut pas improviser. Adieu.

Ober-Rossla, le 6 avril 1801.

GŒTHE.

1. Il s'agit, sans doute, de la discussion entre Méphistophélès et l'étudiant, que Gœthe a placée au second acte de la deuxième partie de son *Faust*. Peut-être encore est-ce une allusion aux scènes finales où le poète nous montre l'âme de Faust disputée au génie du mal par les anges et les esprits du bien.

133.

Lettre de Schiller. Il hésite à faire représenter sa Jeanne d'Arc.

Weimar, le 28 avril 1801.

J'ai dû, il y a huit jours, envoyer au duc ma *Jeanne d'Arc*, et il ne me l'a pas encore renvoyée. Mais, d'après ce qu'il a dit à ma femme et à ma belle-sœur, la pièce, quoique en opposition avec ses goûts, lui a causé une impression à laquelle il ne s'attendait pas. Mais il n'est pas d'avis qu'elle puisse être représentée, et il a peut-être raison[1]. Après m'être bien consulté moi-même, je me suis décidé à ne pas la mettre sur la scène, bien que je doive renoncer ainsi à quelques avantages pécuniaires. D'abord Unger, à qui je l'ai vendue, compte la mettre en vente, à la foire, comme une nouveauté complète; il m'a bien payé, et je ne puis songer à le contrarier sur ce point. Ensuite, je suis effrayé de tous les embarras qu'amènerait la nécessité de faire apprendre aux acteurs leurs rôles et de leur donner des conseils, de la perte de temps qu'exigeraient les répétitions, sans compter la perte plus sûre encore de toute inspiration. J'ai en ce moment l'esprit occupé de deux nouveaux sujets dramatiques, et, quand je les aurai médités et examinés tous deux, je me mettrai aussitôt à un nouveau travail. Adieu ; ne manquez-pas de venir dimanche soir.

SCHILLER.

134.

Réponse de Gœthe. Il encourage son ami à donner sa tragédie au théâtre.

Je ne puis renoncer entièrement à l'idée de faire représenter votre *Jeanne d'Arc*. Elle offre, à vrai dire, de grandes

---

1. Il paraît que le jugement du grand-duc sur ce point était inspiré par d'autres motifs que des raisons de goût.

difficultés ; mais nous en avons déjà surmonté de bien grandes, et l'on peut avoir bon espoir, bien que les expériences théâtrales ne soient pas faites pour augmenter la confiance, l'amour et l'espérance. Que vous ayez personnellement mieux à faire que de vous assujettir à l'éducation dramatique de nos acteurs, j'en suis bien convaincu ; mais il me semble que, dans l'état de demi-activité auquel je suis réduit, je pourrais très-bien me charger de cette besogne. Mais nous en parlerons, quand nous nous reverrons.

Je n'ai pu résister à la tentation de faire ici une promenade[1] ; on n'y pouvait auparavant faire un pas au sec, à cause de l'humidité, ni un pas à l'ombre, à cause du soleil. La promenade m'a mené plus loin que de raison, et me voilà forcé de rester ici jusqu'à ce que mon installation soit faite là-bas ; si je la pressais, on risquerait de ne me faire que de mauvaise besogne. Portez-vous bien dans le monde meilleur où vous vivez, et préparez pour notre plus grande joie de nouvelles œuvres.

Ober-Rossla, le 28 avril 1801.

GŒTHE.

135.

Lettre de Schiller. Il apprécie le compte rendu de sa Jeanne d'Arc qui lui a été envoyé par Schütz[2].

Weimar, le 20 janvier 1802.

Je vais relire votre *Iphigénie*[3], en tenant compte de sa nouvelle destination ; je vais écouter chaque mot, comme s'il était prononcé sur le théâtre, et que je fusse mêlé au public. Ce que vous appelez la partie humaine de la pièce supportera particulièrement bien cette épreuve, et je ne vous

---

1. Gœthe était au château d'Ober-Rossla, dont il a déjà été question, v. p. 130, note 2.
2. Schütz (Gottfried), fondateur et éditeur du *Journal littéraire* d'Iéna. Le compte rendu dont il s'agit avait paru sans nom d'auteur.
3. *Iphigénie en Tauride*, tragédie de Gœthe.

conseille pas d'en rien retrancher. Dimanche soir, je vous dirai comment l'expérience aura réussi.

Schütz m'a envoyé un compte rendu de ma *Jeanne d'Arc*; ce n'est plus la même plume que pour ma *Marie Stuart*; on y reconnaît un homme plus capable; c'est la philosophie de l'art de Schelling appliquée toute fraîche à l'appréciation de ma pièce. J'ai eu occasion d'y reconnaître clairement qu'il manque à la philosophie transcendantale un pont pour passer au domaine des faits réels; les principes qu'elle avance sont singulièrement limités par la réalité d'un fait donné; ils le détruisent ou sont détruits par lui. Dans tout le compte rendu, il n'est pas question de la pièce elle-même; et il n'était pas possible qu'il en fût autrement, du moment où on se lançait dans cette voie : car d'un ensemble de formules générales et creuses à un fait précis il n'y a pas de transition possible. Et on appelle critique d'une œuvre une dissertation qui ne pourrait pas donner la moindre idée de cette œuvre à qui ne l'aurait pas lue. On voit bien par là que la philosophie et l'art ne se sont pas encore réciproquement saisis et pénétrés, et qu'ils font plus que jamais regretter l'absence d'un intermédiaire capable de les réconcilier. C'est ce que vous aviez essayé dans les *Propylées* au sujet des arts plastiques; mais les *Propylées* prenaient les intuitions de la vue pour point de départ, tandis que nos jeunes philosophes veulent passer directement de l'idée à la réalité. Il n'y a donc plus rien de possible que les formules générales, creuses et vides, d'un côté, et de l'autre, les cas particuliers tout nus et tout plats.

J'espère entendre mardi *Turandot*[1] sur le théâtre; alors seulement je serai en état de vous indiquer exactement ce qu'il y a encore à faire, et quels changements le lieu et l'époque actuelle exigent dans cette antique production. Detouches[2] vient de composer pour la représentation une marche qu'il m'a jouée, et qui est d'un très-heureux effet.

Je souhaite que vous vous trouviez bien dans la vieille chambre, témoin de vos travaux d'autrefois, et que vous

---

1. Il s'agit du *Turandot*, de Gozzi, traduit par Gœthe pour la scène allemande.
2. Franz Detouches était le maître de chapelle grand-ducal; il était en fonctions depuis 1799.

ayez bientôt quelque inscription nouvelle à tracer sur les jambages de la fenêtre [1].

SCHILLER.

136.

Lettre de Schiller. Jugement sur l'Iphigénie de Gœthe.

Weimar, le 22 janvier 1802.

Je n'ai pas eu à faire, vous le verrez, dans le manuscrit de votre *Iphigénie*, d'aussi grandes exécutions que j'y avais compté ; cela m'a paru d'une part inutile, et de l'autre assez peu praticable ; la pièce, en elle-même, n'est pas très-longue, puisqu'elle ne contient qu'un peu plus de deux mille vers ; et si vous supprimez les passages que j'ai marqués, on n'arrivera même pas jusqu'aux deux mille. C'était peu praticable, parce que ce qui pourrait ralentir la marche de l'action, tient moins à tel ou tel passage déterminé qu'à l'ensemble de l'œuvre, où la réflexion joue un trop grand rôle, eu égard aux exigences particulières du drame. Souvent aussi les parties que la suppression aurait atteintes avant toutes les autres forment des transitions nécessaires, qu'il serait impossible de remplacer sans modifier toute la marche de la scène. Là où j'hésitais, j'ai fait un trait à la marge ; là où les raisons de suppression l'emportaient, j'ai fait une rature ; les mots soulignés sont ceux dont je désirerais le changement.

Il y a, en général, trop de casuistique morale dans le dialogue ; il y aurait donc avantage à limiter un peu le nombre des préceptes moraux, et des répliques du même ordre.

La partie historique et mythique n'a aucun changement à subir ; elle fait contre-poids à la partie morale : ce n'est pas ce qui parle à l'imagination qu'il faut songer à diminuer.

Oreste est peut-être, dans toute la tragédie, la plus grosse

[1]. Cette lettre n'a pas reçu de réponse spéciale de Gœthe.

difficulté ; il n'y a pas d'*Oreste* sans les *Furies ;* et, comme la cause de son trouble ne tombe pas sous les sens, mais reste cachée dans son âme, ses angoisses sont trop longues et trop uniformes, et elles manquent d'objet. On se heurte là à l'une des barrières qui séparent l'ancienne tragédie de la nouvelle. Voyez si vous pourrez trouver quelque moyen de remédier à ce défaut ; mais, à vrai dire, je ne conçois pas trop comment cela serait possible avec l'économie actuelle de l'œuvre : car vous avez fait du sujet tout ce qu'on en pouvait faire sans recourir aux dieux et aux esprits. Dans tous les cas, je vous recommande d'abréger les scènes où paraît *Oreste*.

Voici encore une réflexion : ne serait-il pas possible, pour animer l'intérêt dramatique, de faire paraître un peu plus tôt *Thoas*[1] et ses *Tauriens*, qui restent pendant deux actes sans bouger, et de faire marcher d'un pas égal les deux actions, dont l'une est maintenant trop longtemps suspendue. On entend bien parler, au second et au troisième acte, du danger couru par *Oreste* et *Pylade ;* mais on n'en voit rien ; rien de ce qui pourrait rendre la situation poignante ne frappe les sens. A mon avis, dans les deux actes où il n'est question maintenant que d'*Iphigénie* et de son frère, il faudrait introduire un motif qui ait rapport aux événements du dehors[2] ; mais l'action extérieure continuerait à marcher, et l'apparition ultérieure d'*Arcas* serait mieux préparée ; tel qu'il se présente maintenant, il est presque un sujet d'étonnement, parce qu'on l'avait entièrement perdu de vue.

Le caractère même de votre drame demande, je le sais bien, que tout ce qu'on appelle proprement action se passe derrière les coulisses, et que les émotions morales, les sentiments, qui ont le cœur pour théâtre, soient comme convertis en action, et placés sous les yeux du spectateur. Il faut maintenir à la pièce ce caractère, et donner toujours le pas à l'élément moral sur l'élément sensible ; je demande seulement que vous développiez celui-ci autant qu'il est nécessaire pour donner à celui-là tout son relief.

---

1. *Thoas*, c'est le roi de la Tauride, pays où Oreste a été jeté par la tempête.
2. Littéralement, *un moyen dramatique dirigé vers le dehors*, c'est-à-dire destiné à frapper les sens.

Iphigénie m'a, d'ailleurs, à cette nouvelle lecture, profondément ému ; mais je ne puis nier que le sujet même n'y ait été pour quelque chose ; c'est l'âme qui en fait le principal mérite.

La pièce ne manquera pas son effet sur le public ; tout ce qui a eu lieu, depuis que vous l'avez écrite, en prépare le succès. Dans le monde de nos connaisseurs, ce que nous y trouvons à critiquer pourra bien lui être compté comme un mérite : et l'on peut bien accepter ces éloges ; il est si souvent arrivé qu'on a critiqué dans nos œuvres ce qui méritait le mieux la louange.

Portez-vous bien, et annoncez-moi bientôt que votre pièce, un peu roidie entre mes mains, a repris dans les vôtres sa souplesse.

SCHILLER.

CINQUIÈME PARTIE.

La Fiancée de Messine. — Guillaume Tell.

1802-1805.

On a vu quelle activité fut déployée par Schiller dans les deux dernières périodes ; l'immense trilogie de *Wallenstein*, *Marie Stuart*, *Jeanne d'Arc* sortant coup sur coup de sa plume, témoignent de la fécondité d'un génie désormais mûri et en pleine possession de lui-même. Malheureusement la santé débile du poëte, déjà fréquemment éprouvée, ne devait pas lui permettre de prolonger une carrière déjà si remplie ; la période que nous commençons se termine par la mort de Schiller, le 9 mai 1805. Toutefois ces dernières années devaient voir paraître ses œuvres les plus achevées, celles où une heureuse imitation de l'antiquité corrige l'exubérance native de son génie, et au charme des grands sentiments ajoute l'attrait d'une perfection plus sobre et plus accomplie. La *Fiancée de Messine* fut composée dans l'hiver de 1802 à 1803, et représentée le 19 mars de la même année ; puis vint *Guillaume Tell*, le chef-d'œuvre vraiment classique de la scène allemande, commencé dès le mois d'avril 1803, et terminé moins d'un an après, représenté pour la première fois le 17 mars 1804. Ce ne furent pas d'ailleurs les seuls travaux de Schiller, qui, dans le même temps, traduisit librement deux comédies de Picard, le *Parasite*, et le *Neveu pris pour l'oncle*, et contribua par la traduction du *Turandot*, de Gozzi, aux fêtes célébrées en l'honneur de la duchesse de Weimar. Il avait tracé le plan d'une tragédie de *Démétrius*, dont l'avaient distrait quelque temps un voyage à Berlin en mai 1804, et la naissance de son quatrième enfant, lorsqu'il fut enlevé, non pas après une courte maladie, mais après une crise rapide issue d'un mal depuis longtemps contracté.

Par une opposition singulière, cette période, si remplie par les travaux de Schiller, n'est signalée par aucune des grandes œuvres de Gœthe ; c'est comme une époque de halte et de recueillement dans sa carrière poétique ; quelques-uns des plus puissants monuments de son génie se forment pourtant en silence, et peu à peu s'élèvent et s'agrandissent ; mais ils ne s'achèveront qu'après la mort de Schiller, en dehors, par conséquent, de la période qui nous occupe. Signalons du moins, en terminant, le poëme de l'*Amitié*, consacré par Gœthe au souvenir de son ami, témoignage touchant du culte que le grand poëte conserva toujours à ce souvenir.

137.

Lettre de Gœthe. Il tient Schiller au courant de ses occupations actuelles.

Voici déjà quelques jours que je veux vous demander comment vous allez ; je m'y décide enfin ; et, pour vous donner envie d'entrer dans quelques détails, je prends les devants, et veux vous raconter ce que je fais.

Le supplément à *Cellini*[1] n'avance jusqu'ici qu'assez doucement ; mais j'ai fait des lectures et des réflexions destinées à hâter mon travail.

J'ai reçu quelques nouvelles gravures, qui m'ont fait plaisir, et m'ont donné quelque distraction.

J'ai arrangé et restauré avec amour un mauvais plâtre d'une tête de Vénus Uranie, qu'on m'avait envoyé de Cassel ; on peut maintenant le regarder. J'ai dû laisser subsister en partie le vague de l'expression, qui, grâce à la magnificence de la forme fondamentale, ne nuit pas trop à l'effet.

J'ai écrit une longue lettre à Humboldt.

Je n'ai pas fait grande acquisition pour ma collection de médailles ; cependant je ne puis maintenant la regarder sans y trouver quelque occasion de m'instruire.

Le docteur Chladni est arrivé, et nous a apporté son *Acoustique* développée en un grand in-4°. Je l'ai déjà lu à moitié, et j'aurai à vous communiquer plus d'une observation intéressante sur le fond, la valeur, la méthode et la forme de cet ouvrage. Chladni appartient comme Éckhel à la classe de ces esprits bienheureux qui ne soupçonnent même pas qu'il y ait une philosophie de la nature, et ne cherchent qu'à constater les faits avec soin, pour les ordonner ensuite, et les utiliser comme ils peuvent, et comme le leur permet leur talent naturellement limité à une spécialité unique, et développé en vue d'elle seule.

---

1. Il s'agit ici de la *Vie de Benvenuto Cellini*, célèbre sculpteur italien, que Gœthe avait prise précédemment pour objet d'étude.

Vous pouvez penser qu'en lisant ce livre, comme dans mes longues conversations avec l'auteur, j'ai toujours suivi mon ancienne méthode de recherche et je m'imagine avoir planté quelques jalons fort utiles pour des études ultérieures.

Je regarde comme d'un bon augure que le docteur soit arrivé maintenant, précisément au moment où nous attendons Zelter [1].

J'ai encore réfléchi à ma théorie des couleurs; tous les faits qui viennent en tant de sens s'y rejoindre encouragent et excitent singulièrement mon esprit.

Pourriez-vous donner un quart d'heure à Chladni? vous ferez connaissance avec le personnage qui vous donnera une idée très-nette de lui-même et de son cercle d'action. Il voudrait bien, en quittant Iéna, aller à Rudolstadt [2]; peut-être pourrez-vous lui donner quelques lignes de recommandation.

C'en est assez pour aujourd'hui; j'aurais pu cependant vous faire encore quelques confidences en plus ou en moins; mais elles se compenseront les unes par les autres.

Adieu; parlez-moi aussi de vous en détail, et, puisque nous ne pouvons sortir ni l'un ni l'autre, faisons comme ces amoureux qui correspondaient par-dessus le paravent.

Weimar, le 26 janvier 1803.

GŒTHE.

1. Zelter était un musicien, ami de Gœthe, qui échangea avec lui une longue correspondance. On lui doit la musique d'un grand nombre des *Lieder* de Gœthe.
2. Rudolstadt, capitale de l'ancienne principauté de Schwarzbourg-Rudolstadt. Dans le voisinage se trouvait le village de Volkstædt, habité par Schiller en 1788.

138.

Réponse de Schiller. Détails sur la Fiancée de Messine. Jugement sur Alfieri.

Weimar, le 27 janvier 1803.

En comparaison de la riche variété de vos occupations, mon activité, concentrée sur un seul point, fait assez triste figure ; encore ne pourrai-je vous faire connaître les fruits de ma solitude que lorsqu'ils seront passés à l'état de faits. J'ai en ce moment une besogne pénible et ennuyeuse, c'est de combler les lacunes qui subsistaient dans les quatre premiers actes ; la chose est faite maintenant, et, de cette manière, j'ai au moins la satisfaction d'en avoir fini avec les cinq sixièmes de mon ouvrage ; le dernier sixième, qui est toujours celui où le poëte se met le plus en frais[1], est aussi en bonne voie. Ce qui sera fort avantageux pour cette dernière partie de l'action, c'est que j'ai séparé l'enterrement d'un des frères du suicide de l'autre ; de cette façon, l'enterrement termine l'acte précédent, comme une chose dont il ressort naturellement ; et c'est seulement lorsqu'il est terminé, que se passe sur la tombe du frère mort la dernière action, c'est-à-dire les efforts inutiles du chœur, de la mère et de la sœur, pour empêcher don César de se donner la mort. Ainsi j'ai évité toute espèce de confusion, et surtout tout mélange regrettable de la cérémonie théâtrale avec le pathétique de l'action.

Dans le cours de mes derniers travaux, j'ai encore trouvé plusieurs motifs importants qui contribueront beaucoup à l'effet de l'ensemble.

Mais j'aurai bien de la peine à être, avant quinze jours, au terme de mon travail ; j'aurais pourtant bien désiré le terminer pour le 8 février, jour de naissance de l'archichan-

---

1. Littéralement, *la sixième partie (le dénoûment), qui est toujours le repas de fête de l'auteur dramatique,* c'est-à-dire l'endroit où il fait le plus de frais pour le public, où il dépense le plus de ressources et de talent.

colier¹; c'eût été un moyen de lui témoigner quelques attentions, en souvenir de son beau cadeau de nouvelle année.

J'ai lu aussi les pièces françaises modernes qui se trouvent dans notre bibliothèque. C'est le duc qui m'a demandé de les parcourir. Je n'y ai rien trouvé d'intéressant, rien que nous puissions utiliser. Mais j'ai commencé à lire une traduction française d'Alfieri²; je n'en puis rien dire encore de positif; toutefois, c'est là une œuvre qui mérite l'attention; et, quand j'aurai parcouru les vingt et une pièces du répertoire français, je me promets bien de profiter de l'occasion pour faire plus ample connaissance avec le poëte italien. Il a un mérite qu'on ne peut en aucun cas lui contester, mais qui, à vrai dire, renferme en même temps un sujet de critique : il sait si bien disposer un sujet pour l'usage de la poésie, qu'il vous donne toujours l'envie de le traiter; cela prouve qu'il ne vous a pas entièrement satisfait; mais cela indique aussi qu'il a su heureusement tirer ce sujet de la prose et de l'histoire.

Si vous pouvez essayer de rompre votre quarantaine, venez donc chez nous demain soir; mais faites-m'en prévenir demain avant midi.

Je verrai avec plaisir le docteur Chladni cet après-midi. Adieu.

SCHILLER.

139.

Lettre de Schiller. Il annonce l'achèvement de sa tragédie, la Fiancée de Messine, et la lecture qu'il en doit faire au duc de Saxe-Meiningen.

Weimar, le 4 février 1803.

Ma pièce est achevée, et, comme j'ai laissé ces jours-ci transpirer la nouvelle, le duc de Saxe-Meiningen a exprimé

---

1. Il s'agit ici du prince et archichancelier Dalberg, dont le jour de naissance tombait le 8 février.

2. Alfieri (Victor) (1749-1803) est l'un des plus grands poëtes tragiques de l'Italie. Il s'est rencontré avec Schiller dans la composition de sa *Marie Stuart*. Il a donné à la tragédie italienne de la force et de la noblesse; mais il reste bien inférieur aux grands poëtes dramatiques de la France, de l'Angleterre et de l'Allemagne.

le désir d'en entendre la lecture. Comme il est mon souverain, et que je lui dois quelques attentions, et comme il se trouve que j'ai ainsi une occasion de fêter l'anniversaire de sa naissance, je ferai ma lecture ce soir à cinq heures, au milieu d'un cercle d'amis, de connaissances et d'ennemis. Je ne vous invite pas à y venir, parce que je sais que vous ne sortez pas volontiers, et que vous aimerez mieux lire ou écouter la pièce seul à seul. Des raisons majeures m'ont fait abréger le dénoûment beaucoup plus que je ne pensais d'abord le faire.

Nous ne pouvons, vous le voyez, accepter votre invitation pour aujourd'hui ; mais nous viendrons le jour que vous nous désignerez. Je suis bien impatient de reprendre nos conversations interrompues.

J'ai vu la Vénus Uranie[1], en passant, chez mon beau-frère; elle m'a fait grand plaisir. Vous trouverez chez lui une autre tête d'une grande beauté, et dont le plâtre est admirablement réussi.

Adieu, de tout cœur.

SCHILLER.

140.

Réponse de Gœthe. Il demande à Schiller des nouvelles de la lecture de sa pièce, et annonce qu'il vient d'achever son Benvenuto Cellini.

Dites-moi donc un mot sur les résultats de votre lecture d'hier : un auteur exercé sait bien distinguer le véritable intérêt de la surprise, et apprécier à leur valeur la politesse et les compliments mensongers. Je vous prie aussi de vouloir bien me communiquer votre pièce; elle me prépare pour les prochaines soirées une véritable fête.

Puis, permettez-moi de vous demander et de vous prier bien amicalement de venir, avec votre beau-frère et ces deux dames, soit lundi soir à l'heure de la comédie, soit mardi après le concert de Chladni, pour causer un instant, et souper avec moi dans l'intimité.

1. C'est la tête de Vénus Uranie dont il a été question dans la lettre 137.

Vous apprendrez avec plaisir que j'ai, moi aussi, à peu près terminé mon supplément à la *Vie de Cellini*. Vous savez qu'il n'y a pas de besogne plus désagréable que de semblables travaux. Combien de lectures et de recherches à faire, si l'on ne veut pas tomber dans le charlatanisme. Je suis tout à fait d'accord avec Einsiedeln au sujet de sa comédie, et je n'attends que les intentions du duc. Je ne connais pas vos projets ; mais, pendant qu'on étudiera cette comédie, on pourrait faire copier les rôles de votre tragédie, préparer tout et se mettre ensuite immédiatement à l'œuvre ; mais nous en reparlerons. Tous mes meilleurs souhaits pour votre santé.

Weimar, le 5 février 1803.

GŒTHE.

141.

Lettre de Gœthe. Il annonce à Schiller l'arrivée de Mme de Staël[1], et lui fait connaître dans quels sentiments il attend sa visite.

Il était à prévoir que si madame de Staël venait à Weimar, on m'y appellerait. Je me suis consulté d'avance, pour ne pas être surpris au moment même, et je m'étais fermement résolu à rester ici. Surtout dans ce triste mois, j'ai à peine assez de force physique pour suffire au travail pénible et difficile auquel je me suis engagé. Depuis la surveillance purement intellectuelle, jusqu'aux questions de typographie et de mécanique, tout retombe sur moi, et l'impression du

---

1. Mme de Staël, fille du financier Necker (1766-1817), est peut-être la plus célèbre et la plus remarquable des femmes auteurs. Elle a écrit deux romans, *Delphine* et *Corinne*, qui forment au point de vue littéraire comme la transition de J. J. Rousseau à Châteaubriand. Son voyage en Allemagne eut lieu en 1803, au moment où elle venait d'être exilée de Paris par la malveillance soupçonneuse de Bonaparte. Elle recueillit chemin faisant des matériaux pour son livre *De l'Allemagne*, qui, en faisant connaître et admirer outre mesure le génie allemand, eut une influence considérable sur la direction de l'esprit littéraire en France au commencement de ce siècle.

programme, qui, à cause des tableaux de Polygnote [1], offre beaucoup de difficultés, demande à chaque instant mon intervention [2]. Combien de jours se passeront encore avant que tout soit terminé, et, malgré une opposition passionnée, mené tout à fait à bien? Vous, mon cher ami, vous frémissez certainement à la pensée de ma situation; Meyer me soulage, sans doute, de son mieux; mais personne ne peut se rendre compte de tous mes ennuis: car tout ce qui n'est pas absolument impossible est considéré comme tout simple. Aussi vous suppliai-je de tout régler à ma place; il n'y a qu'à moi qu'il convienne dans cette circonstance de rester derrière le rideau, et il n'y a que vous qui sachiez me comprendre. Arrangez donc toutes choses le mieux possible. Si madame de Staël veut me voir, elle sera bien reçue; et pourvu que je sois prévenu vingt-quatre heures d'avance, je ferai meubler, pour la recevoir, une partie de l'appartement de Loder [3]; elle trouvera une bonne table bourgeoise; nous nous verrons, nous causerons, et elle restera tout le temps qu'elle voudra. Ce que j'ai à faire ici ne me demande que quelques quarts d'heure par jour; le reste de mon temps lui appartiendra. Mais me mettre en voiture par ce temps, faire le voyage, m'habiller, aller à la cour et dans les réunions, c'est tout simplement impossible; et je suis aussi fermement résolu que vous l'avez jamais été vous-même dans des circonstances analogues.

Je remets tout cela à votre amicale direction; car je ne désire rien tant que de voir et de connaître cette femme remarquable, et si estimée; mais je ne désire pas moins qu'elle se résigne à faire pour venir me trouver ces quelques heures de voyage. Elle est déjà accoutumée, sans doute, à une hospitalité plus pauvre que celle qu'elle trouvera ici. Traitez et arrangez toutes ces questions avec votre délicatesse et votre affection ordinaires, et envoyez-moi un exprès dès qu'il y aura quelque chose qui vaille la peine de m'être annoncé.

1. Polygnote, de Thasos (v. 396 av. J. C.) est compté au nombre des plus grands peintres de l'antiquité.
2. Gœthe était alors occupé de l'impression de son livre sur la *Théorie des couleurs.*
3. Loder était un médecin d'Iéna, qui venait d'être appelé à Halle avec le double titre de professeur et de conseiller privé.

Je vous félicite de tout ce que produit votre solitude, au gré de vos vœux et de vos désirs. Pour moi, je voyage sur un élément étranger ; je pourrais même dire que je m'y embourbe ; j'y perds au dehors, et au dedans je n'éprouve pas la moindre satisfaction. Mais puisque nous sommes destinés, comme Homère et Polygnote me l'apprennent toujours plus clairement, à représenter l'enfer sur la terre, on peut bien appeler cette existence-là une vie. Mille souhaits pour que vous jouissiez d'un bonheur moins terrestre.

Iéna, le 13 décembre 1803.

GOETHE.

142.

Réponse de Schiller. Jugement sur Mme de Staël.

Weimar, le 21 décembre 1803.

Le passage subit et vraiment forcé de ma laborieuse solitude à des distractions de société d'une nature tout opposée, m'a tellement fatigué la semaine dernière, que je n'ai pas pu me mettre à écrire, et que j'ai dû charger ma femme de vous faire le tableau de ce qui se passe ici.

Madame de Staël vous paraîtra tout à fait telle que vous avez dû vous la représenter déjà *a priori;* elle est toute d'une seule pièce, et n'offre aucun trait étranger ou faux, aucun caractère qui ne s'accorde avec une saine nature. Il en résulte que, malgré l'immense distance qui sépare notre nature et notre manière de penser de la sienne, on se trouve très-bien auprès d'elle, on peut tout entendre d'elle, et tout lui dire. Elle représente la culture d'esprit française sous la forme la plus intéressante. Dans tout ce que nous appelons la philosophie, et par conséquent sur toutes les questions fondamentales, sur les sujets les plus élevés, on est et on reste en opposition avec elle malgré tous les discours. Mais le naturel et le sentiment valent mieux chez elle que la métaphysique, et sa belle intelligence s'élève jusqu'à la puissance du génie. Elle veut tout éclaircir, tout pénétrer, tout mesurer ; elle n'admet rien d'obscur, d'inaccessible ; et là où elle ne peut pas porter la lumière, il n'y a rien à ses yeux. Aussi a-t-elle une aversion effrayante pour la philosophie idéaliste, qui, d'après elle, conduit au mysticisme et à la superstition ; et c'est là une atmosphère empoisonnée où elle ne peut plus respirer. Elle n'a aucun sentiment de ce que nous appelons la poésie ; dans les œuvres poétiques, elle ne peut s'approprier que le côté passionné, oratoire, général ; elle n'aura jamais d'estime pour le faux ; mais elle ne sait pas toujours reconnaître la vérité. Vous voyez par ces quelques mots que la clarté, la décision et la vivacité spirituelle de sa nature ne peuvent exercer qu'une action bienfaisante. La seule chose fatigante, c'est l'extraordinaire agilité de sa langue : il faut se faire tout oreilles pour la suivre. Malgré mon peu d'habitude de la langue française, je m'en tire pourtant passablement ; vous qui êtes bien plus exercé que moi, vous vous entendrez très-facilement avec elle.

Voici ce que je voudrais vous proposer : vous viendriez ici le samedi soir ; vous feriez connaissance et vous retourneriez le dimanche à Iéna pour y terminer vos affaires. Si madame de Staël reste jusqu'au nouvel an, vous la retrouverez ici ; si elle part plus tôt, elle pourra aller vous rendre visite à Iéna. L'important est que vous vous fassiez au plus tôt une idée d'elle par vous-même, afin de vous débarrasser d'une sorte de contrainte. Si vous pouvez venir avant samedi soir, cela n'en vaudra que mieux.

Adieu. Mon travail n'a pas beaucoup avancé cette semaine ; mais il n'a pas subi de temps d'arrêt. Il est vraiment fâcheux qu'une visite aussi intéressante nous arrive à un moment si mal choisi, alors que des affaires urgentes, la mauvaise saison et les tristes événements dont on ne peut complétement dominer l'impression, pèsent sur nous en même temps.

SCHILLER.

143.

Lettre de Schiller. Il annonce à Gœthe l'envoi du premier acte de Guillaume Tell.

Weimar, le 12 janvier 1804.

Je viens vous demander des nouvelles de votre santé, et savoir, en même temps, si vous vous sentez en disposition de vous occuper de poésie. Dans ce cas, je vous enverrais le premier et long acte de mon *Guillaume Tell*; il faut que je le fasse parvenir à Iffland [1], et je serais fâché de m'en dessaisir avant de connaître votre appréciation. Malgré toutes les circonstances défavorables qui se multiplient ce mois-ci, mon travail avance passablement, et j'espère l'avoir terminé à la fin du mois prochain.

Le compte rendu que vous m'avez envoyé me paraît tout à fait insipide et presque incompréhensible : c'est un cas fâcheux qui, je le crains, se rencontrera plus d'une fois. Je n'ai pu me faire d'après ce compte rendu aucune idée du livre étudié.

J'ai vu madame de Staël hier chez moi, et je la reverrai aujourd'hui chez la duchesse mère. C'est toujours avec elle la même et vieille histoire; elle ferait songer au tonneau des Danaïdes [2], si l'on n'était plutôt tenté de se rappeler Oknos [3] et son âne.

SCHILLER.

1. Iffland, directeur de théâtre et poëte dramatique, né en 1759 à Hanovre, mort à Berlin en 1814. Ses principales pièces sont *Albert de Thurneisen*, tragédie; les *Chasseurs*, la *Pupille*, les *Célibataires*, comédies.

2. Schiller veut faire entendre par cette comparaison que tous les arguments qu'on oppose à Mme de Staël se succèdent sans effet, sans modifier en rien ses opinions.

3. Ulysse, suivant Pausanias, rencontra, en descendant aux enfers, un certain Oknos occupé à tresser des joncs qu'une ânesse, placée près de lui, dévorait aussitôt : Oknos, sans se lasser,

144.

Réponse de Gœthe. Observations sur le premier acte de Guillaume Tell.

Ce n'est pas un premier acte que vous m'avez envoyé ; c'est une pièce tout entière, et une pièce admirable ; je vous en félicite de tout cœur, et je souhaite bien vivement voir bientôt la suite. Autant que j'en puis juger d'un premier coup d'œil, tout est bien à sa place, et c'est là l'essentiel pour des travaux destinés à produire un certain effet déterminé. Je n'ai souligné que deux passages. Dans l'un, à l'endroit que j'ai marqué, je voudrais un vers de plus, parce que la phrase tourne trop court.

Pour l'autre, voici ce que j'y remarque : le Suisse n'éprouve pas le mal du pays parce que loin de sa patrie il entend le ranz-des-vaches : cet air ne se joue nulle part qu'en Suisse, autant que je sache ; mais parce qu'il ne l'entend pas, parce que son oreille ne retrouve plus les airs auxquels depuis la jeunesse elle est accoutumée. Cependant, je ne vous donne pas cela pour absolument certain. Portez-vous bien, et continuez à nous fournir ainsi par vos belles créations de nouvelles raisons de nous attacher à la vie. Conduisez-vous bravement dans l'enfer de la société, et tressez vos roseaux en gros paquets, pour qu'il y ait au moins de quoi mâcher.

Joie et salut.

Weimar, le 13 janvier 1804.

GŒTHE.

tressait toujours, et toujours l'ânesse mangeait. C'est, on le voit, un autre symbole, mais beaucoup plus grossier, pour exprimer la même idée que plus haut. La plaisanterie est d'un goût plus que douteux.

145.

Lettre de Gœthe. Il raconte la première visite de Mme de Staël.

J'étais précisément sur le point de demander des nouvelles de votre santé : car pendant cette longue séparation, je me fais souvent d'étranges idées.

Aujourd'hui, j'ai reçu pour la première fois Mme de Staël chez moi ; l'impression reste toujours la même ; avec toute sa politesse, elle se conduit assez grossièrement chez des Hyperboréens qui ont pour capitaux de vieux sapins et de vieux chênes, mais dont le fer et l'ambre pourraient encore assez facilement trouver leur emploi, et se changer en parure. En attendant, elle nous réduit à exhiber nos vieux tapis comme présents d'hospitalité, et nos armes rouillées comme moyen de défense.

J'ai vu Müller[1] hier, et il viendra probablement aujourd'hui. Je lui ferai part de vos compliments. Le palais de Weimar est devenu un lazaret, où il ne sait trop que faire : car, lorsque le duc lui-même garde la chambre, il ne doit pas y régner une grande gaieté. Malgré ces désagréments, j'ai le plaisir de voir que votre travail n'est pas interrompu : c'est la seule chose qui serait irréparable ; le peu que j'ai moi-même à faire peut être différé. Tenez-vous en repos jusqu'à ce que vous retrouviez la plénitude de votre activité. A l'occasion de Müller je vous ferai dire demain quelque chose. Adieu.

Weimar, le 23 janvier 1804.

Je vous enverrai peut-être ce soir la nouvelle revue littéraire.

GŒTHE.

---

1. Jean de Müller, né à Schaffouse en 1752, mort en 1809, est un des historiens les plus remarquables de l'Allemagne ; il est surtout connu par son *Histoire de la Suisse* et ses *Essais historiques*.

146.

Lettre de Schiller. Il communique à Gœthe son Guillaume Tell achevé.

Le 20 février 1804.

Je vous envoie mon ouvrage, pour lequel je ne vois rien de plus à faire dans les circonstances présentes. Quand vous l'aurez lu, renvoyez-le-moi, je vous prie, parce que le copiste des rôles attend après.

Si on peut le donner aux environs de Pâques, tâchons de le mettre en état huit jours auparavant, pour profiter encore de la présence de Zimmermann et de l'état actuel de la troupe d'Iéna, qui peut être modifié après Pâques. Mais à cause des costumes à préparer, et des décors qui seraient nécessaires, il faudrait prendre sans tarder notre résolution, et reculer la représentation de *Macbeth*[1]. L'étude des rôles ne constitue pas de sérieuse difficulté : car il n'y en a aucun qui soit d'une bien grande étendue.

Je vous adresse ci-joint mes idées sur la distribution des rôles ; vous verrez par là combien il serait difficile de trouver à qui confier le rôle de Zimmermann. Il faudra bien après Pâques se tirer d'affaire sans lui ; mais les choses iront mieux pourtant ainsi que si la première impression donnée au public manquait de netteté.

Ces préoccupations et aussi le mauvais temps m'ont rendu malade ; et il faut que je garde la chambre pendant quelques jours ; mais si vous voulez vous entendre avec Becker et Genast ainsi qu'avec Meyer et Heidloff, nos affaires pourront néanmoins s'avancer.

SCHILLER.

1. C'était une traduction du drame de Shakspeare qu'on voulait faire paraître sur la scène de Weimar.

147.

Réponse de Gœthe. Courte appréciation de Guillaume Tell.

Votre ouvrage est admirable; il m'a fait passer une bien bonne soirée. Il pourrait y avoir quelques difficultés à placer avant Pâques la date de la première représentation[1]. Si vous pouvez sortir en voiture à midi, j'irai vous chercher.

Le 21 février 1804.

GŒTHE.

148.

Lettre de Schiller. Il fait l'éloge de quelques articles de Gœthe sur des sujets d'esthétique.

Weimar, le 28 février 1805.

C'est avec un véritable plaisir que j'ai lu la série de vos articles esthétiques; on n'en saurait méconnaître l'auteur. Si vous pouviez vous résoudre, ne fût-ce que par intervalles et par boutades, à de semblables excursions critiques, vous serviriez bien utilement la bonne cause d'abord, puis ce qu'il y a de meilleur dans le *Journal d'Iéna*[2]. Cette manière créatrice de reconstruire un ouvrage ou un esprit, cette manière sûre d'indiquer les points destinés à produire le plus grand effet, est précisément ce qui manque à tous les critiques, et c'est pourtant le seul moyen de donner une direction utile aux esprits.

Ces articles sont écrits d'une manière aisée et enjouée, qui communique très-agréablement au lecteur les mêmes dispo-

---

1. La première représentation de *Guillaume Tell* eut lieu le 17 mars 1804, à Weimar.
2. Le titre exact de ce journal était : *Gazette générale d'Iéna*; fondé par Schütz en 1785, il était surtout consacré à la philosophie et à l'esthétique.

sitions. Ne pourriez-vous pas, suivant la même méthode et dans le même ton, passer en revue les pièces de Kotzebue[1]? Cela ne vous coûterait que la peine de dicter, et vous y trouveriez sans doute l'occasion d'autant de saillies heureuses, que chez ce pauvre Grübel, le philistin conscient de Nuremberg.

Je voudrais bien lire les *Matinées de dimanche* de Hebel dans une langue poétique plus pure, et en véritable allemand, parce que l'emploi d'un dialecte, au moins à la lecture, a toujours quelque chose de choquant. Le poëme est d'ailleurs fort beau, et d'un charme irrésistible.

Je vous remercie des lettres de Winckelmann[2]. La lecture en est venue à propos pour hâter ma convalescence; je vais toujours pour le mieux, et je pense bientôt me risquer à l'air.

Conservez toujours votre gaieté et vos forces. Si le vent s'apaise, je tenterai peut-être demain une sortie, et j'irai vous voir.

SCHILLER.

149.

Réponse de Gœthe. Il l'entretient de ses notes sur le Neveu de Rameau.

Vous m'avez fait un grand plaisir par les éloges que vous donnez à mes articles. On ne sait jamais, en pareille matière, si l'on n'est pas allé trop loin, et, d'autre part, ne pas aller assez loin, c'est ne rien faire du tout.

Dans mes *Notes sur le Neveu de Rameau*[3] que je dicte

---

1. Kotzebue, auteur dramatique allemand, né en 1761 à Weimar, mort assassiné en 1819 à Mannheim. Il est plus remarquable par sa fécondité peu ordinaire que par la force et la hauteur de son génie. Ses principales pièces sont: *Misanthropie et repentir*, les *Petites villes allemandes*.
2. Winckelmann, voy. p. 190, note 1.
3. Rameau, né à Dijon en 1683, mort en 1764, est le plus grand compositeur français du xviie siècle. Il s'agit ici non de Rameau lui-même, mais du *Neveu de Rameau*, ouvrage de Diderot, sur lequel Gœthe écrivait des observations et des notes.

maintenant peu à peu, je veux suivre la même méthode, d'autant plus que la matière du texte autorise des remarques bien épicées. Ce sera une occasion de parler librement de la littérature française, que nous avons presque toujours traitée jusqu'ici avec trop de roideur, la considérant tantôt comme notre modèle, tantôt comme notre adversaire. Et puis, comme partout dans le monde se joue toujours la même comédie, on peut trouver dans une représentation fidèle des objets de ce récit l'image de ce que nous voyons autour de nous.

Je désire vivement vous revoir ; ne vous risquez pas trop tôt dehors cependant, surtout par ce mauvais temps.

Je n'ai rien de nouveau à vous envoyer, et je me borne à vous souhaiter cordialement une prompte guérison.

Weimar, le 28 février 1805.

GOETHE.

150.

Lettre de Gœthe. Il communique à Schiller ses notes sur le Neveu de Rameau, et lui demande son avis.

Je vous communique ce que j'ai reçu hier de Leipzig [1]. Gœschen semble renoncer aux Notes, au moment où j'y travaille avec le plus d'ardeur. Vous trouverez ci-joint les épreuves. Ayez la complaisance de les parcourir, et marquez-moi ce que vous trouverez de trop paradoxal, de trop risqué, ou d'insuffisant, afin que nous en causions plus tard. On pourrait, ce me semble, revoir encore ces feuilles du mieux possible, et les renvoyer ; elles ne contiennent pas encore, il est vrai, la moitié des noms qui se rencontrent dans le dialogue ; mais les points essentiels sont déjà traités ; le reste est moins important, et a rapport à la vie d'alors, que l'éloignement des temps et des lieux ne nous permet pas de connaître bien à fond. Les noms relatifs au théâtre,

---

[1]. L'éditeur de Gœthe, pour les notes sur le *Neveu de Rameau*, était à Leipzig.

Clairon, Preville, Duménil[1], par exemple, sont aussi déjà connus, et même dans le dialogue n'ont pas une très-grande importance. Ayez, encore une fois, la bonté de parcourir les feuilles que je vous envoie ; réfléchissez à la question ; nous en causerons ces jours-ci. Adieu.

Weimar, le 3 avril 1805.

GŒTHE.

151.

Réponse de Schiller. Il apprécie les notes sur le Neveu de Rameau.

Weimar, le 24 avril 1805.

Vos Notes se lisent fort agréablement, même lorsqu'on les sépare du texte, sur lequel elles jettent d'ailleurs une si vive lumière. Tout ce que vous dites sur le goût français, sur les auteurs et le public en général, non sans retour sur notre Allemagne, est aussi heureux et aussi juste que vos articles sur la musique et les musiciens, sur Palissot[2] et les autres, sont bien adaptés au sujet de votre commentaire, et instructifs. La lettre de Voltaire à Palissot, et la citation de Rousseau[3] font très-bon effet.

J'ai trouvé peu de remarques à faire, encore n'ont-elles trait qu'à l'expression ; j'en excepte un court passage sur le goût, qui ne me paraît pas très-clair.

Vos Notes me paraissent comme achevées, et je ne vois pas pourquoi vous ne les enverriez pas par le courrier de demain. J'ai compté quinze articles qui intéressent par eux-mêmes ; et la moitié de ce nombre suffirait à justifier l'introduction de vos Notes. J'estime qu'une fois imprimées, elles formeront trois feuilles ; cela s'appelle, il me semble, richement doter votre auteur.

1. Noms d'acteurs français bien connus au xviiie siècle.
2. Palissot (1730-1814), écrivain du xviiie siècle, connu par ses attaques contre les encyclopédistes.
3. Il s'agit de Jean-Jacques Rousseau, l'auteur du *Contrat social*, de l'*Émile* et de la *Nouvelle Héloïse* (1712-1778).

Portez-vous bien, guérissez-vous; n'oubliez pas de m'envoyer *Elpenor*[1].

SCHILLER.

152.

Lettre de Gœthe. Il envoie à Schiller le reste de son manuscrit des notes sur le Neveu de Rameau.

Voici enfin le reste du manuscrit, que je vous prie de revoir, et d'envoyer ensuite directement à Leipzig. Si toutes nos œuvres humaines n'étaient pas, en définitive, des improvisations, ces Notes si vite expédiées me laisseraient quelque scrupule. Ma plus grande consolation est de pouvoir dire : *sine me ibis, liber*[2] : car je ne voudrais pas me trouver partout où parviendra ce livre.

J'ai commencé à dicter l'*Histoire de la théorie des couleurs*, et j'aurai bientôt achevé un des chapitres les plus difficiles.

Je vais bien, d'ailleurs, à condition de faire tous les jours une promenade à cheval. Dès que j'interromps cet exercice, je suis exposé à bien des incommodités. J'espère vous voir bientôt.

Weimar, le 25 avril 1805.

GŒTHE.

153.

Réponse de Schiller. Réflexions sur les qualités générales des écrivains français.

Weimar, le 25 avril 1805.

Les Notes se terminent très-agréablement sur l'article Voltaire, et l'on recueille encore en chemin une bonne somme de renseignements curieux. Cependant, je me vois en désaccord avec vous précisément au sujet de ce dernier article : je ne suis de votre avis, ni quant à la liste des qualités du bon écrivain, ni quant à l'application que vous en faites à Voltaire.

1. *Elpenor* est un drame mythologique de Gœthe, qui est demeuré inachevé.
2. *Sine me ibis, liber* : *tu iras sans moi, mon livre*; paroles adressées par Ovide exilé à son livre qui, plus heureux que lui, allait partir pour Rome.

Sans doute, cette liste ne doit être que l'énumération tout empirique des attributs qu'on se sent porté à exprimer à la lecture d'un bon écrivain. Mais si ces qualités sont rangées sur une liste, à la suite les unes des autres, il arrive que l'on trouve placés sur la même ligne les genres et les espèces, les couleurs principales et les simples nuances. J'aurais du moins exclu de cette liste les grands mots singulièrement compréhensifs, tels que *génie*, *raison*, *style*, *etc.*, et je me serais renfermé dans la détermination de dispositions et de nuances toutes particulières.

Je ne voudrais pas non plus faire entrer dans cette liste certaines qualifications comme celles de *caractère*, *d'énergie et de feu*, qui sont propres à exprimer la force de tant d'autres écrivains, mais ne conviennent pas du tout aux qualités dont vous voulez donner l'idée. Voltaire est, il est vrai, un Protée dont il est difficile de préciser le caractère.

En refusant à Voltaire la profondeur, vous avez mis le doigt sur un de ses principaux défauts; mais je voudrais encore vous voir insister sur ce qu'on appelle l'âme, et qui lui manque si complétement, comme à tous les Français. Vous n'avez pas fait entrer dans votre liste les mots *âme* et *cœur*; peut-être sont-ils contenus en partie dans d'autres attributs, mais non, ce me semble, avec toute la signification qu'on donne à ces termes.

Enfin, je vous poserai cette question : Louis XIV, qui était au fond un caractère très-faible, qui ne s'est jamais signalé comme un héros à la guerre, et dont le gouvernement orgueilleux, et tout en représentation, doit être considéré, si l'on veut juger avec équité, comme l'œuvre des deux ministres qui l'ont précédé et lui ont laissé le champ libre, Louis XIV est-il, plutôt qu'Henri IV, l'expression fidèle du caractère royal chez les Français ?

Cet autre sujet de discussion s'est offert à mon esprit à la lecture, et je n'ai pas voulu le garder pour moi.

Schiller.

FIN.

TABLE.

PREMIÈRE PARTIE.

Les Heures. — Wilhelm Meister.
(1794-1796.)

1. Lettre de Schiller. Il annonce à Gœthe la prochaine publication du recueil des *Heures*, et sollicite son concours. 2
2. Réponse de Gœthe à la proposition de Schiller. 6
3. Lettre de Schiller. Sur les caractères du génie de Gœthe et le développement de son esprit. 7
4. Réponse de Gœthe. Observations sur le jugement émis par Schiller dans la lettre précédente. 11
5. Lettre de Schiller. Il compare son génie à celui de Gœthe. 12
6. Lettre de Schiller. Sur la prochaine publication du premier numéro des *Heures*. 15
7. Réponse de Gœthe à la lettre précédente. Appréciation des lettres de Schiller sur l'*Esthétique*. 17
8. Lettre de Schiller. Sur la philosophie de Kant et de Fichte. 19
9. Lettre de Schiller. Il fait part à Gœthe de ses impressions et de ses réflexions à la lecture du premier livre du *Wilhelm Meister*. 22
10. Réponse de Gœthe à la lettre précédente. 24
11. Lettre de Schiller. Souhaits pour la nouvelle année 1795. 24
12. Réponse de Gœthe à la lettre précédente. 25
13. Lettre de Schiller. Jugement sur le caractère général du *Wilhelm Meister*. 26
14. Lettre de Schiller. Il apprécie le quatrième livre du *Wilhelm Meister*. 27
15. Réponse de Gœthe. Courtes réflexions sur son *Wilhelm Meister*. 29
16. Lettre de Schiller. Il répond aux observations contenues dans la lettre précédente de Gœthe. 30
17. Lettre de Schiller. Appréciation du cinquième livre du *Wilhelm Meister*. 31
18. Réponse de Gœthe à la lettre précédente. 33
19. Lettre de Gœthe. Attaques dirigées contre ses écrits et ses travaux scientifiques; ouvrages qu'il prépare. 34
20. Réponse de Schiller à la lettre précédente. 36
21. Lettre de Schiller. Il applaudit au projet formé par Gœthe de publier, sous le titre de *Xénies*, une série de poésies satiriques. 37
22. Réponse de Gœthe à la lettre précédente. 38
23. Lettre de Schiller. Sur l'idylle de Gœthe *Alexis et Dora*, et sur Herder. 39
24. Lettre de Schiller. Il apprécie le huitième livre du *Wilhelm Meister*. 41
25. Réponse de Gœthe à la lettre précédente. 43
26. Lettre de Schiller. Appréciation générale du *Wilhelm Meister* de Gœthe. 44
27. Lettre de Schiller. Suite de l'appréciation générale de *Wilhelm Meister*. 48
28. Lettre de Schiller. Suite de l'appréciation du *Wilhelm Meister*. 51
29. Réponse de Gœthe aux lettres précédentes sur *Wilhelm Meister* et sur l'idylle d'*Alexis et Dora*. 54
30. Lettre de Schiller. Appréciation des intentions morales de

Gœthe dans son *Wilhelm Meister*. 56

31. Réponse de Gœthe. Son propre jugement sur son *Wilhelm Meister*. 60

32. Lettre de Schiller. Suite de son appréciation du *Wilhelm Meister*. 62

33. Lettre de Schiller. Sur le caractère de Wilhelm dans le roman de Gœthe. 67

DEUXIÈME PARTIE.

LA POÉSIE ÉPIQUE ET LA POÉSIE DRAMATIQUE. — HERMANN ET DOROTHÉE, DE GŒTHE. — LE WALLENSTEIN, DE SCHILLER (1797-1798).

34. Lettre de Gœthe. Réflexions sur la poésie épique. 70

35. Réponse de Schiller sur le même sujet. 72

36. Lettre de Schiller. Comparaison de l'épopée et du drame. 73

37. Lettre de Schiller. De la nécessité de retarder la marche des événements dans le poëme épique. 74

38. Réponse de Gœthe à la lettre précédente. Nouvelles du traité de paix de Ratisbonne. Réflexions sur la tragédie et l'épopée. 76

39. Lettre de Gœthe. Appréciation du livre de Schlégel. Traité du poëme épique. 78

40. Réponse de Schiller aux lettres précédentes sur les théories poétiques d'Aristote. 80

41. Réponse de Gœthe à la lettre précédente. 83

42. Lettre de Gœthe. Il annonce qu'il va revoir son poëme de *Faust*. 83

43. Réponse de Schiller à la lettre précédente. Il approuve les intentions et les plans de travail de son ami. 85

44. Lettre de Gœthe. Il répond aux observations précédentes de Schiller. 86

45. Réponse de Schiller. Réflexion sur le poëme de la *Chasse* et sur le drame de *Faust*. 87

46. Réponse de Gœthe à la lettre précédente. 88

47. Lettre de Schiller à Meyer. Appréciation d'*Hermann et Dorothée*. 89

48. Lettre de Gœthe. Il raconte ses impressions dans son voyage à Francfort-sur-le-Mein. 91

49. Lettre de Gœthe. Réflexions que lui inspirent son voyage et les changements survenus dans sa ville natale. 93

50. Lettre de Gœthe. Sur les *Grues d'Ibycus*, poésie de Schiller ; comment Gœthe se renseigne sur les pays où il voyage. 96

51. Lettre de Gœthe. Première idée du sujet de *Guillaume Tell*. 98

52. Réponse de Schiller. Il apprécie le sujet de *Guillaume Tell* proposé par Gœthe. 99

53. Lettre de Schiller. Sur la différence de la prose et de la poésie ; influence du rhythme. 100

54. Réponse de Gœthe à la lettre précédente. Sur la prose poétique. 102

55. Lettre de Schiller. Sur le *Richard III* de Shakspeare. 103

56. Lettre de Schiller. Comparaison de la poésie épique et de la poésie dramatique. 104

57. Réponse de Schiller. Il accepte et développe les idées de Gœthe sur les conditions différentes du drame et de l'épopée. 111

58. Lettre de Gœthe en réponse aux réflexions de Schiller : De l'influence des circonstances extérieures sur le goût des poëtes pour certaines formes poétiques déterminées. 114

59. Réponse de Schiller. Il in-

dique les causes du mélange fréquent des genres poétiques chez les modernes. 115

TROISIÈME PARTIE.

COMPOSITION ET REPRÉSENTATION DU WALLENSTEIN DE SCHILLER. — L'ACHILLÉIDE DE GŒTHE (1798-1799).

60. Lettre de Schiller. Il exprime les impressions qu'il a ressenties en lisant les premiers actes de son *Wallenstein*, et parle de ses projets de travail pour l'avenir. 119

61. Réponse de Gœthe. Il félicite Schiller de l'achèvement de la première partie de son drame, et l'encourage à le terminer complètement. 120

62. Lettre de Schiller. Il entretient Gœthe d'un projet d'épopée dont le sujet serait fourni par les voyages et les découvertes de quelque hardi navigateur. 121

63. Réponse de Gœthe. Il apprécie le sujet que Schiller lui propose, et explique à quoi tient le charme de l'*Odyssée*. 123

64. Lettre de Schiller. Il annonce qu'il va se remettre à la composition de son *Wallenstein*. 124

65. Réponse de Gœthe. Il encourage son ami dans son travail. 125

66. Lettre de Gœthe. Sur la perfection de l'*Iliade*; projet de son poëme intitulé l'*Achilléide*. 126

67. Réponse de Schiller. Jugement sur le sujet de l'*Achilléide*; il annonce à Gœthe le livre de G. de Humboldt sur *Hermann et Dorothée*. 127

68. Réponse de Gœthe à la lettre précédente. 129

69. Lettre de Schiller. Il fait part à Gœthe de ses intentions définitives à propos de la division de sa tragédie de *Wallenstein*. 130

70. Réponse de Gœthe. Encouragements à son ami. 130

71. Lettre de Schiller. Sur de nouvelles modifications apportées au plan du *Wallenstein*. 131

72. Lettre de Schiller. Il envoie à Gœthe le Prologue du *Camp de Wallenstein*. 132

73. Réponse de Gœthe. Il félicite Schiller, et lui envoie, pour servir de modèle au Sermon du capucin dans le camp de Wallenstein, un volume du père Abraham a Santa-Clara. 133

74. Lettre de Schiller. Il informe Gœthe de quelques changements introduits dans sa tragédie, intitulée le *Camp de Wallenstein*. 134

75. Réponse de Gœthe. Il approuve les changements indiqués dans la lettre précédente. 136

76. Lettre de Gœthe. Sur les répétitions du *Camp de Wallenstein*. 137

77. Lettre de Schiller. Il communique à Gœthe le sermon du capucin pour le *Camp de Wallenstein*. 138

78. Lettre de Schiller. Dernières recommandations avant la représentation de *Wallenstein*. 139

79. Billet de Schiller à Gœthe, après la première représentation du *Camp de Wallenstein*. 141

80. Lettre de Schiller. Il annonce à Gœthe à quel point il est parvenu dans la composition de son *Wallenstein*, et lui décrit sa disposition d'esprit actuelle. 141

81. Réponse de Gœthe à la lettre précédente; il apprécie les parties du *Wallenstein* que Schiller lui a envoyées. 142

82. Lettre de Schiller. Il parle à son ami du vide que fait autour de lui son départ; de la Théorie des couleurs, dont ils se sont fréquemment entretenus; de l'envoi à Iffland de la première partie du *Wallenstein*. 143

83. Réponse de Gœthe. Sur la gravure en Allemagne à l'époque de la Renaissance. 145

84. Lettre de Schiller. Il consulte Gœthe sur l'emploi des croyances astrologiques dans son drame des *Piccolomini*. 146

85. Réponse de Gœthe à la lettre précédente. Il laisse la question indécise. 147

86. Lettre de Schiller. Il tient Gœthe au courant de ses travaux et de ses dispositions d'esprit. 148

87. Lettre de Gœthe. Il traite à fond la question astrologique posée par Schiller dans une lettre précédente. 149

88. Réponse de Schiller. Remerciments au sujet de la lettre précédente. 151

89. Lettre de Schiller. Il annonce l'achèvement des *Piccolomini*. 152

90. Réponse de Gœthe. Il félicite Schiller d'avoir terminé son œuvre. 153

91. Lettre de Gœthe. Il presse Schiller de lui envoyer sa tragédie des *Piccolomini*. 154

92. Réponse de Schiller. Il annonce l'envoi de son drame, et exprime la crainte qu'il ne soit trop long pour la scène. 155

93. Lettre de Schiller. Il exhorte Gœthe à reprendre ses travaux poétiques interrompus. 156

94. Réponse de Gœthe. Il apprécie les deux premiers actes de *Wallenstein*, et annonce qu'il travaille à son *Achilléide*. 157

95. Lettre de Schiller. Il envoie à Gœthe son *Wallenstein* achevé. 159

96. Réponse de Gœthe. Félicitations et conseils à son ami au sujet de *Wallenstein*. 160

97. Lettre de Schiller. Il dépeint ses sentiments après l'achèvement de son *Wallenstein*, et loue l'activité de Gœthe. 161

98. Réponse de Gœthe. Il engage Schiller à choisir un nouveau sujet de travail, et lui annonce son arrivée à Iéna pour le lendemain. 163

QUATRIÈME PARTIE.

MARIE STUART ET JEANNE D'ARC (1799-1800).

99. Lettre de Schiller. Il confie à Gœthe son projet de prendre l'histoire de Marie Stuart pour sujet de tragédie. 165

100. Réponse de Gœthe. Il met Schiller au courant de ses travaux, et approuve le choix du sujet de Marie Stuart. 166

101. Lettre de Schiller. Réflexions sur le séjour et le départ de Gœthe, et sur la vie de Thomasius. 166

102. Réponse de Gœthe à la lettre précédente et aux réflexions qu'elle contient. 168

103. Lettre de Schiller. Il juge quelques-unes des principales tragédies de Corneille. 169

104. Lettre de Schiller. Il commence à écrire sa *Marie Stuart*. Jugement sur la *Dramaturgie* de Lessing. 171

105. Réponse de Gœthe. Il critique le jugement de Herder sur Kant, et l'approbation donnée par Wieland à ce jugement. 172

106. Lettre de Schiller. Il décrit son état d'esprit et ses travaux. 174

107. Lettre de Schiller. Sur la composition de *Marie Stuart* et les sentiments qu'inspirera cette tragédie. 176

108. Réponse de Gœthe. Il fait part à son ami de l'explication d'un phénomène d'optique. 177

109. Lettre de Schiller. Il apprécie un morceau des *Propylées* de Gœthe. 178

110. Réponse de Gœthe. Il entretient Schiller de ses projets pour la composition des *Propylées*. 179

111. Réponse de Schiller. Réflexions sur le dilettantisme. 181

112. Lettre de Schiller. Il apprécie la *Lucinde* de Schlégel, et annonce qu'il a terminé le premier acte de *Marie Stuart*. 183

113. Réponse de Gœthe. Jugement sur Schlégel et le dilettantisme. 184

114. Lettre de Gœthe. Jugement sur le *Paradis perdu* de Milton. 185

115. Réponse de Schiller. Jugement sur Milton et son époque. 187

116. Lettre de Schiller. Il fait part à Gœthe d'un nouveau projet de tragédie tiré de l'histoire d'Angleterre. 188

117. Réponse de Gœthe. Il décrit ses occupations actuelles, et apprécie le sujet proposé par Schiller. 190

118. Lettre de Schiller. Jugement sur la traduction du *Mahomet* de Voltaire par Gœthe. 191

119. Réponse de Gœthe. Remarques sur le théâtre français. 193

120. Lettre de Gœthe. Il annonce à Schiller qu'il a commencé à traduire le *Tancrède* de Voltaire. 194

121. Réponse de Schiller. Il entretient Gœthe de la nouvelle tragédie de *Jeanne d'Arc* qu'il vient de commencer. De l'influence exercée par les idées de Schlégel. 195

122. Lettre de Gœthe. Jugement sur le *Tancrède* de Voltaire. 196

123. Réponse de Schiller. De l'utilité de la traduction de *Tancrède* pour le génie de Gœthe et le théâtre allemand. 197

124. Lettre de Gœthe. Sur ses occupations et ses lectures du moment. Il propose à Schiller un projet de drame ayant pour titre : une *Fiancée en deuil*. 198

125. Réponse de Schiller. Il félicite Gœthe d'avoir repris la composition de son *Faust*. 200

126. Lettre de Gœthe. Sur *Faust* et le personnage d'Hélène. 201

127. Réponse de Schiller. Idées générales sur la deuxième partie du *Faust*. 202

128. Lettre de Schiller. Appréciation du *Faust*. 203

129. Lettre de Schiller. Il propose à Gœthe de lui lire les trois premiers actes de *Jeanne d'Arc*. 204

130. Réponse de Gœthe. Il accepte l'offre de Schiller. 204

131. Lettre de Schiller. Discussion des idées de Schelling sur les effets de l'art et de la poésie. 205

132. Réponse de Gœthe. Réflexions générales sur le génie poétique. 207

133. Lettre de Schiller. Il hésite à faire représenter sa *Jeanne d'Arc*. 209

134. Réponse de Gœthe. Il encourage son ami à donner sa tragédie au théâtre. 209

135. Lettre de Schiller. Il apprécie le compte rendu de sa *Jeanne d'Arc* qui lui a été envoyé par Schütz. 210

136. Lettre de Schiller. Jugement sur l'*Iphigénie* de Gœthe. 212

CINQUIÈME PARTIE.

LA FIANCÉE DE MESSINE. — GUILLAUME TELL (1802-1805).

137. Lettre de Gœthe. Il tient Schiller au courant de ses occupations actuelles. 216

138. Réponse de Schiller. Détails sur la *Fiancée de Messine*. Jugement sur Alfieri. 218

139. Lettre de Schiller. Il annonce l'achèvement de sa tragédie la *Fiancée de Messine*, et la lecture qu'il en doit faire au duc de Saxe-Meiningen. 219

140. Réponse de Gœthe. Il demande à Schiller des nouvelles sur la lecture de sa pièce, et annonce qu'il vient d'achever son *Benvenuto Cellini*. 220

141. Lettre de Gœthe. Il annonce à Schiller l'arrivée de M⁽ᵐᵉ⁾ de Staël, et lui dit dans quels sentiments il attend sa visite. 221

142. Réponse de Schiller. Jugement sur M⁽ᵐᵉ⁾ de Staël. 223

143. Lettre de Schiller. Il annonce à Gœthe l'envoi du premier acte de *Guillaume Tell*. 225

144. Réponse de Gœthe. Observations sur le premier acte de *Guillaume Tell*. 226

145. Lettre de Gœthe. Il raconte la première visite de M⁽ᵐᵉ⁾ de Staël. 227

146. Lettre de Schiller. Il communique à Gœthe son *Guillaume Tell* achevé. 228

147. Réponse de Gœthe. Courte appréciation de *Guillaume Tell*. 229

148. Lettre de Schiller. Il fait l'éloge de quelques articles de Gœthe sur des sujets d'esthétique. 229

149. Réponse de Gœthe. Il l'entretient de ses notes sur le *Neveu de Rameau*. 230

150. Lettre de Gœthe. Il communique à Schiller ses notes sur le *Neveu de Rameau*, et lui demande son avis. 231

151. Réponse de Schiller. Il apprécie les notes sur le *Neveu de Rameau*. 232

152. Lettre de Gœthe. Il envoie à Schiller le reste de son manuscrit des notes sur le *Neveu de Rameau*. 233

153. Réponse de Schiller. Réflexions sur les qualités générales des écrivains français. 233

www.ingramcontent.com/pod-product-compliance
Lightning Source LLC
Chambersburg PA
CBHW062232180426
43200CB00035B/1691